Waren sie nur schön?

Frauen im Spiegel der Jahrtausende

KULTURGESCHICHTE DER ANTIKEN WELT

BAND 42

VERLAG PHILIPP VON ZABERN · MAINZ AM RHEIN

Waren sie nur schön?

Frauen im Spiegel der Jahrtausende

Herausgegeben von

BETTINA SCHMITZ UND
UTE STEFFGEN

VERLAG PHILIPP VON ZABERN · MAINZ AM RHEIN

329 Seiten mit 161 Abbildungen

Umschlag: Statuette der Henut-Nachtu, Ägyptisches Museum Kairo

CIP-Titelaufnahme der Deutschen Bibliothek

Waren sie nur schön?: Frauen im Spiegel der Jahrtausende / hrsg. von Bettina Schmitz u. Ute Steffgen. – Mainz am Rhein : von Zabern, 1989
(Kulturgeschichte der antiken Welt ; Bd. 42)
ISBN 3-8053-1073-0
NE: Schmitz, Bettina [Hrsg.]; GT

ISBN 3-8053-1073-0

Printed in West Germany by Philipp von Zabern
Printed on fade resistant and archival quality paper (PH 7 neutral)

Inhaltsverzeichnis

	Vorwort	7
	Einleitung	9
Erika Endesfelder	Die Stellung der Frauen in der Gesellschaft des Alten Ägypten	23
Bettina Schmitz	Tochter – Ehefrau – Mutter Frauenalltag im Alten Ägypten	69
Manfried Dietrich	Semiramis oder: War die Frau im Alten Orient nur schön?	117
Ruth Röwer-Döhl	Die Frau im antiken Griechenland	183
Hartmut Döhl	Amazonen – Traumfrauen und Schreckensbilder	225
Margret Wensky	Die Frau in Handel und Gewerbe vom Mittelalter bis zur frühen Neuzeit	267
Erika Glassen	Nimm den Schleier, Schwester! Iranische Frauen im Banne des Islam	299
	Abbildungsnachweis	326
	Die Autoren	328

Vorwort

Die Beiträge dieses Bandes gehörten ursprünglich zu einer Vortragsreihe, die im Sommer und Herbst 1985 in Hildesheim stattfand, als dort im Roemer- und Pelizaeus-Museum die Sonderausstellung „NOFRET – DIE SCHÖNE. DIE FRAU IM ALTEN ÄGYPTEN" gezeigt wurde. Museum und Volkshochschule Hildesheim ermöglichten damals die Realisierung der Vorträge als Begleitprogramm zur Ausstellung.

An eine Veröffentlichung der Manuskripte hatten wir zunächst nicht gedacht. Der Plan hierzu entstand erst aufgrund der überraschend großen Resonanz und der überwiegend positiven Kritik von seiten des Hildesheimer Publikums.

Wir möchten an dieser Stelle Herrn Franz Rutzen vom Philipp-von-Zabern-Verlag in Mainz für die Aufnahme des Buches in diese Reihe herzlich danken und ebenso dem Leitenden Direktor des Roemer- und Pelizaeus-Museums, Herrn Dr. Arne Eggebrecht, für vielfältige Unterstützung dieses Publikationsvorhabens.

Unser besonderer Dank gilt natürlich den Autoren, die sich ohne Ausnahme sofort bereit erklärten, an der Publikation mitzuwirken, ihre Manuskripte zu überarbeiten, um sie auf den neuesten Stand zu bringen, sowie bei der Auswahl der Illustrationen zu helfen.

Hildesheim, im Herbst 1987

Bettina Schmitz | Ute Steffgen

Einleitung

I

Die hier abgedruckten Vorträge wurden – wie schon kurz im Vorwort angedeutet – im Rahmen einer Altägypten-Ausstellung gehalten, die sich ganz dem Thema „Frau“ widmete. Unter dem Titel „Nofret – Die Schöne. Die Frau im Alten Ägypten“ war sie in München und Berlin zu sehen; Hildesheim sollte die dritte Station einer Europa-Tournee sein.

Konzept und Katalog der Münchner Ausstellung lösten eine spontane und ungewöhnlich lebhafte Diskussion in der Ägyptologie aus: Wurden hier doch Thesen vorgetragen, die von den meisten Ägyptologen nicht oder doch nicht so pointiert akzeptiert werden konnten. Von „Gleichrangigkeit“ der Geschlechter in allen Bereichen des Lebens war da die Rede, Reizwörter unserer heutigen Frauen-Diskussion wurden – wie es vielen schien – zu unbedacht auf antike Verhältnisse übertragen.

Dies wirkte sich in vielfältiger Weise auf die Vorbereitung der Ausstellung in Hildesheim aus. Man bemühte sich dort, durch weitere Leihgaben aus europäischen und amerikanischen Sammlungen das Thema „Frau“ für das pharaonische Ägypten verbindlicher, facettenreicher und weniger einseitig „positiv“ dokumentiert und damit zwangsweise kontrovers zur bisherigen inhaltlichen Gestaltung vorzustellen. Ein zweiter, ergänzender Katalogband erschien und legte bis zu einem gewissen Grad eine „Gegendarstellung“ des Themas vor – sicher nicht einfach für die Benutzer des Doppelkatalogs und Besucher der Ausstellung, denen hier viel Aufgeschlossenheit gegenüber einem noch lange nicht ausdiskutierten Thema abverlangt wurde!

Während der Vorbereitungsphase fiel uns vor allem auch das Fehlen von wirklich zuverlässigen, tragfähigen, zusammenfassenden Darstellungen des Themas in der wissenschaftlichen Literatur auf; bei genauerem Suchen stellten wir fest, daß dies auf viele Bereiche der Geschichte der Frau zutrifft[1]. Aus diesem Desiderat heraus entwickelte sich die Idee, begleitend zur Ausstellung eine Vortragsreihe zu veranstalten, die Grundinformationen zu Frauen in Ägypten, Mesopotamien und Griechenland, im mittelalterlichen Europa und im heutigen Islam vermitteln sollte. Ausgehend von der Überlegung, daß das Thema „Frau“ nicht isoliert betrachtet werden sollte, sahen wir in den so breit gestreuten Einzelthemen der Vorträge eine Möglichkeit, Neugierde und Interesse an

Zusammenhängen, Hintergründen und dem Umfeld zu wecken, in dem Frauen „durch die Jahrtausende" jeweils lebten.

Die „Frauenfrage" wird seit einigen Jahren wieder verstärkt diskutiert – das Ausstellungsthema und die Vorträge standen somit auch in einem ganz aktuellen, politisch wie gesellschaftlich zum Teil sehr kontrovers behandelten Zusammenhang. In Gesprächen erlebten wir immer wieder, wie viele Vorurteile zum Thema „Frau in der Geschichte" existieren und wie stark diese Vorurteile schlichten Fehlinformationen oder dem gänzlichen Fehlen von Informationen entspringen. Hier sollten die Vorträge Grundwissen vermitteln, das die Diskussion bereichern und aufräumen kann mit alten Vorstellungen: Nicht jede Griechin war nämlich eine Xanthippe; nicht alle islamischen Frauen empfinden den Schleier als Beeinträchtigung; Frauen konnten im „tiefsten Mittelalter" erstaunliche Positionen erreichen im Wirtschaftsgefüge von Städten; der soziale Status der Frau war mitnichten immer nur schlecht, aber man kann eben auch nicht generell von Gleichberechtigung und Emanzipation z. B. der ägyptischen Frauen sprechen... Mit anderen Worten: Uns reizte auch die Frage, ob man die uns so selbstverständlichen Vorstellungen in der heutigen Gesellschaft, die dem Individuum und seinen Rechten unter Stichwörtern wie Selbstverwirklichung, Selbstverständnis, Gleichberechtigung und Emanzipation zentrale Bedeutung einräumt, so einfach auf historische Verhältnisse und Strukturen übertragen kann und darf.

II

Den Untertitel dieses Buches – „Frauen im Spiegel der Jahrtausende" – möchten wir nicht als den Versuch einer Gesamtschau mißverstanden wissen. Einen solchen Anspruch könnte man derzeit überhaupt nicht erheben, da auf so vielen Gebieten der Geschichte das Kapitel „Frau" noch nicht oder noch ganz unzureichend aufgearbeitet ist. Ganz im Gegenteil haben wir bei der Vorbereitung bewußt eine Auswahl vorgenommen und uns dabei auf Beispiele aus Schriftkulturen beschränkt. Schriftlose Kulturen wie die des vorgeschichtlichen Europas etwa wurden absichtlich ausgeschlossen, da deren Hinterlassenschaft gerade wegen der fehlenden Vergleichsmöglichkeiten mit Schriftquellen so sehr schwierig zu interpretieren ist[2].

Auch die ethnologische Forschung bleibt in den Beiträgen dieses Bandes unberücksichtigt, womit auch der Fragenkomplex um die Entstehung der Vormachtstellung der Männer ausgeklammert wird. Diese Dominanz ist zwar in allen hier behandelten Epochen vorhanden, stellt aber gleichzeitig kein auf Hochkulturen beschränktes Phänomen dar, sondern ist auch in nicht staatlich organisierten Gesellschaften mehr oder weniger stark spürbar[3].

So finden sich selbst bei kleineren, einfacher strukturierten Gesellschaften mit primitiver Wirtschaftsführung Hinweise darauf, daß Frauen schon rein räumlich weniger Bewegungsfreiheit hatten als Männer. Ihre Möglichkeiten, über die Familie hinaus soziale Bindungen einzugehen, waren in der Regel sehr gering. Bei Gruppen, deren Mitglieder ihre Ehepartner aus Fremdgruppen wählen mußten, die dann ihren Wohnsitz in der Gruppe des Mannes hatten, war die Situation vor allem für junge Frauen besonders schwierig.

Häufig wurden nur die Mitglieder der väterlichen Familie als Verwandtschaft gezählt, was zur Folge hatte, daß die Frauen nicht nur räumlich von ihrer Familie getrennt waren, sondern auch an ihrem neuen Wohnsitz Fremde blieben, während die Männer ihr ganzes Leben in einer Gruppe und innerhalb ihrer Familie verbrachten. Eine solche Kombination von Regelungen begünstigt natürlich die Gruppenbildung unter Männern, während sie Bindungen unter Frauen erschwert. Bezieht man zusätzlich die größere Mobilität der Männer durch ihre Tätigkeit als Jäger, Krieger oder durch Handel in die Betrachtung ein, wird auch ihr Informationsvorsprung gegenüber den Frauen deutlich, weshalb sich vielfach auch der kultisch-religiöse Bereich fest in männlicher Hand befand. Ebensowenig kann es erstaunen, daß es in vielen dieser Gesellschaften üblich war, die Frau als ein von Natur aus geistig und körperlich minderwertiges Geschöpf zu betrachten. Diese Vorstellung kommt nicht in allen Kulturen gleich stark zum Ausdruck; sie findet sich auch in Hochkulturen. Besonders drastische Beispiele aus der griechischen Antike, die das westliche Denken bis in die Neuzeit beeinflußt haben, zitiert Ruth Röwer-Döhl in ihrem Beitrag.

III

Kommen wir nach diesem Exkurs zurück auf die Schriftkulturen und die Quellen, die den folgenden Beiträgen zugrunde liegen. Ausschlaggebend für die hier betrachteten historischen Epochen sind in erster Linie die schriftlichen Überlieferungen, häufig ergänzt durch archäologische Funde und Befunde. Schriftliche Aufzeichnungen und Kunstwerke, kunstgewerbliche Erzeugnisse und anderes entstanden selbstverständlich nicht, um die Nachwelt über die Stellung der Frau in der damaligen Gesellschaft zu informieren. Schriftquellen setzen sich zudem aus verschiedenen Gattungen zusammen. Dazu gehören historische Abrisse, Biographien, Gesetzestexte, Theaterstücke, Prosa und lyrische Werke, gleichzeitig aber auch Schriftstücke, die geschäftliche Aktivitäten dokumentieren, und überlieferte Gerichtsakten.

Häufig ergänzen sich die Informationen aus den einzelnen Gattungen und vermitteln ein wenn auch bruchstückhaftes Bild der damaligen Verhältnisse. Nicht selten jedoch sind die Quellen auch widersprüchlich, ohne daß es immer gelingt, dies befriedigend zu erklären.

Ein Beispiel für widersprüchliche Überlieferungen sei hier stellvertretend für andere herausgegriffen: Die weiblichen Mitglieder der wohlhabenden Schichten Athens lebten in klassischer Zeit sehr viel eingeschränkter als die Männer. Ihre Ausbildung war auf ein Minimum begrenzt und weitgehend darauf ausgerichtet, ihrer zukünftigen – und auch einzig vorstellbaren – Aufgabe gerecht zu werden, einen Haushalt zu leiten. Sie hatten theoretisch keine Möglichkeit, die Wahl ihres Ehemannes zu beeinflussen, und lebten nach der Eheschließung weitgehend zurückgezogen und auch räumlich getrennt von dem öffentlichen, d. h. Fremden zugänglichen Bereich ihres Mannes[4]. Geht man davon aus, daß das bei verschiedenen antiken Autoren erwähnte „ideale Heiratsalter" allgemein akzeptiert wurde, wurden Frauen sehr früh verheiratet, und der Altersunterschied zu ihren Ehemännern betrug etwa 15–20 Jahre.

Man ist versucht, eine solche Verbindung eher unter dem Aspekt „erfahrener Erwachsener" und „zu unterweisendes Kind" denn als Partnerschaft im heutigen Sinne zu verstehen, und Ruth Röwer-Döhl belegt in ihrem Artikel, daß dies auch damals so gesehen wurde. Hinzu kommt, daß die Frauen keine politische Macht besaßen und – von religiösen Festen abgesehen – keinen Anteil am öffentlichen Leben hatten. Sie waren nur eingeschränkt geschäftsfähig, konnten zwar Vermögen besitzen, jedoch nicht frei darüber verfügen und bedurften, um eigene Forderungen – etwa vor Gericht – geltend zu machen, eines männlichen Vertreters. Die Gestaltung des politischen und kulturellen Lebens lag jedoch ausschließlich in den Händen der männlichen Vollbürger.

Unter diesen Umständen ist es nicht verwunderlich, daß wir mit Ausnahme fragmentarisch erhaltener Lyrik aus etwas früherer Zeit, die bezeichnenderweise auch nicht aus Athen stammt, keinerlei literarische Äußerungen von Frauen kennen. Ebensowenig überraschen die zahlreichen negativen Bemerkungen über Frauen in der zeitgenössischen Literatur. So werden Frauen generell gerne als geschwätzig und ungebildet geschildert. Ihre Neigung zur Trunksucht wird ebenso beklagt wie ihr kurzsichtiges, egoistisches Handeln und ihre Bereitschaft zu sexuellen Ausschweifungen. Hier sind vor allem alte Frauen Zielscheibe des Spottes. Die Zweitrangigkeit der Frau gegenüber dem Mann kommt in Theaterstücken gleichermaßen zum Ausdruck wie in philosophischen Schriften.

Auf der anderen Seite entstanden in diesem geistigen Klima aber auch die überragenden Frauengestalten der griechischen Tragödie. Hier wurden, in der Bearbeitung alter Stoffe, die zeitlich in der Heroenzeit angesiedelt sind, Frauengestalten dargestellt, die sich nicht in die ihnen aufoktroyierte Rolle fügen. Sie stehen für ihre Überzeugungen ein und kämpfen entschlossen für die Durchsetzung ihrer Ziele oder zum Wohle ihrer Angehörigen. Mit diesem Verhalten verstoßen sie auch im Drama gegen die Norm und enden auf tragische Weise. Gleichzeitig bringen die Dramen jedoch viel Verständnis und stellenweise sogar Sympathie für diese Frauengestalten zum Ausdruck, und die Thematik der Dramen war ja auch offensichtlich von allgemeinem Interesse. Bezöge man das Wissen um die Stellung der Frau in der Gesellschaft der klassischen Zeit nur aus dieser Literaturgattung, käme man zu dem Ergebnis, daß Frauen und ihren Problemen viel Verständnis entgegengebracht wurde. Dies war aber, wie aus dem Beitrag über die Frau im klassischen Athen klar hervorgeht, nicht der Fall. Und das, obwohl die Konfliktsituationen, in denen sich die Heldinnen der Tragödien befanden, den damaligen Frauen sicher, wenn auch in abgeschwächter Form, vertraut vorkamen: Auch über sie wurde über ihren Kopf hinweg entschieden, auch von ihnen erwartete man, daß sie ihre Verpflichtungen gegenüber der Familie ihres Mannes und dem Staat über ihre persönlichen Bindungen zu ihrer eigenen Familie stellten. Ebenso selbstverständlich mußten sie sich mit der Untreue ihres Mannes, seiner ausschließlichen Entscheidungsgewalt über die Zukunft der gemeinsamen Kinder und langer Abwesenheit des Haushaltsvorstandes in Kriegszeiten abfinden.

Dennoch standen Frauen, die sich gegen ein solches Schicksal auflehnten und aktiv versuchten, es zu verändern, außerhalb der Norm. Hartmut Döhl bezeichnet sie in seinem Beitrag demnach folgerichtig als „alternative Frauen“, für die im damaligen Alltag kein Raum war. Er untersucht die Frage, inwieweit die alten Erzählstoffe Hinweise auf das „Frauenbild“ der Griechen geben, an einem extremen Beispiel – den Amazonen. Ihre Heimat lag nach der Überlieferung außerhalb der Einflußsphäre der Griechen. Sie gehörten sicher zu den exotischsten Frauen, die man sich vorstellen konnte, und hatten einen festen Platz in der literarischen und wohl auch oralen Tradition der Griechen. Trotzdem wandelte sich ihr Bild im Laufe der Zeit. Der Autor unterscheidet drei „Amazonentypen“. Zunächst waren sie in erster Linie Feinde der Griechen, deren Helden sie bekämpften und selbstverständlich besiegten. Um den Ruhm, den ein solcher Sieg mit sich brachte, zu unterstreichen, mußten Amazonen ihnen ebenbürtig als Krieger dargestellt werden. Ihr weibliches Geschlecht unterstrich das Fremdartig-Bedrohliche dieser Feinde, spielte aber wohl nur eine sekundäre Rolle. Betont weiblich werden Amazonendarstellungen erst im Laufe des

5. Jahrhunderts. Aber auch hier tritt offenbar nicht das Idealbild einer griechischen Frau zutage, sondern es werden eher erotische Wunschbilder der Männer deutlich, eben „Traumfrauen", die jedoch in der Realität unvorstellbar blieben.

IV

Wir sprachen bereits an, daß keiner der Beiträge dieses Bandes sein Thema wirklich erschöpfend abhandeln kann – im Rahmen eines Vortrages und seiner Publikation ist dies weder erreichbar noch angestrebt. Wichtiger als Vollständigkeit scheint uns auch die exemplarische Betrachtung einzelner Aspekte: Es werden also nicht ganze Kulturen oder Zeitalter dargestellt, sondern einzelne Aspekte erläutert, etwa innerhalb der dreitausendjährigen Geschichte Ägyptens oder der Jahrhunderte des europäischen Mittelalters. Die Auseinandersetzung mit Einzel- oder Teilbereichen des Themas „Frau" in dem gegebenen Rahmen könnte aber auch methodisch richtungsweisend sein für eine weitere Beschäftigung mit beziehungsweise Aufarbeitung von ganzen Epochen oder Kulturen.

Andererseits ist uns auch bewußt, daß man das Thema „Frau" nicht isoliert betrachten kann. Politische, sozialgeschichtliche und kulturhistorische Zusammenhänge der jeweiligen Epoche bilden den unerläßlichen Hintergrund, auf dem das Thema untersucht wird. Hier setzen die Autoren dieses Bandes zweifellos ziemlich viele Informationen allgemeiner Natur bei ihren Lesern als bekannt voraus, die sich in diesem Rahmen nicht vermitteln lassen.

Greift man noch einmal das Thema der Vollständigkeit auf, so behandelt Margret Wensky nicht die Frau im Mittelalter schlechthin, sondern ausdrücklich nur einen Aspekt dieses großen Komplexes, der weniger bekannt sein dürfte als andere. Im Mittelpunkt steht die relativ wichtige Rolle, die Frauen im Wirtschaftsleben der Städte gespielt haben. Dieses Phänomen ist nur für bestimmte Abschnitte des Mittelalters nachweisbar, gilt also nicht etwa für die gesamte Epoche. Die Autorin grenzt ihr Thema konsequent dreifach ein: Sie beschränkt sich auf eine ganz klar umrissene Örtlichkeit, die Städte, in einer bestimmten Phase des Mittelalters und innerhalb der weiblichen Bevölkerung auf die Gruppe der berufstätigen Frauen.

Als besonders interessant fiel uns dabei auf, daß Frauen, obwohl sie oft eine wirtschaftlich bedeutende Stellung erreichten, offenbar nie den Anspruch erhoben haben, aktiv am politischen Leben – durch Sitz und Stimme im Rat – teilzunehmen. Bei Männern liefen dagegen Mitgliedschaft in Zunft oder Gilde und Ausübung eines politischen Amtes mit Selbstverständlichkeit parallel. Gelegentlich übernahmen Frauen verantwortungsvolle Positionen im Geschäft ihres Mannes, um ihm so ein politisches Engagement zeitlich zu erlauben.

Die Quellen lassen also die generelle Aussage zu, daß die aktive Teilnahme am politischen Leben nur für Männer möglich war. Frauen waren hier ausgeschlossen, obwohl sie innerhalb ihrer Berufsgruppe in Frauenzünften organisiert sein konnten bzw. viele Zünfte das berufliche Engagement der Frauen in ihren Satzungen zumindest aber berücksichtigten.

Diese nach Geschlecht vorgenommene Regelung wurde von den Frauen offenbar nicht in Frage gestellt, was den heutigen Betrachter erstaunen mag. Dies sollte uns eine Warnung sein, allzu schnell heutige Sichtweisen und aktuell relevante Fragestellungen auf historische Zusammenhänge übertragen zu wollen – gleichgültig ob es sich um die relativ nahe Vergangenheit des Mittelalters oder Jahrtausende zurückliegende Lebensumstände von Frauen im antiken Griechenland, in Mesopotamien oder Ägypten handelt.

Margret Wenskys Quellen und ihre Auswertung führen uns einen weiteren nachdenklich stimmenden Aspekt vor Augen. Sobald Frauen wirklich wirtschaftliche Macht ausübten, wie es für die Frauenzünfte in Köln und Paris nachweisbar ist, verhielten sie sich wie Männer in vergleichbaren Positionen in reinen Männerberufen, d. h., die Frauen wurden zu Ausbeuterinnen ihrer weiblichen Untergebenen sowie der von ihnen Abhängigen. Das läßt sich besonders klar am Beispiel der Seidspinnerinnen darstellen, die völlig auf die Seidmacherinnen als Abnehmerinnen ihrer Ware angewiesen waren.

Im 16. Jahrhundert erkennt man dann eine deutliche Zurückdrängung und schließlich das Verschwinden der Frauen aus dem handwerklichen Berufsleben der Städte. Es kam sogar vereinzelt zu Berufsverboten für Frauen. Diese Entwicklung scheint u. a. durch den Umstand bedingt gewesen zu sein, daß eine wachsende Zahl von Männern in Beruf und Wirtschaft drängte und „versorgt" werden mußte. Dieser Tendenz konnten die Frauen, sicher auch bedingt durch ihre politische Ohnmacht, auf Dauer nichts entgegenhalten.

V

In einen ganz anderen, aber nicht weniger interessanten Bereich führt der Beitrag von Manfried Dietrich, der sich den Frauen im alten Vorderen Orient widmet. Auch er stieß für sein Forschungsgebiet auf einen gewissen Aufarbeitungsnotstand; denn zum Thema „Frau" fehlt es hier bisher noch ganz entschieden an Vorarbeiten allgemeiner Natur, wenn auch eine Reihe von Einzeluntersuchungen vorliegt. Dem steht eine enorme, praktisch nicht überschaubare Fülle an Schriftdokumenten gegenüber, die gerade aus Mesopotamien und Syrien erhalten ist und alle Gattungen schriftlicher Äußerungen von der Literatur über Gesetzescodices bis hin zu Geschäftsbriefen und -akten umfaßt. Die Quellen datieren aus drei Jahrtausenden, von den ersten Schriftzeugnissen der Sumerer bis zu denen der welterobernden Assyrer und Perser.

In dem hier vorgegebenen Rahmen kann aus diesem Angebot natürlich nur in Auswahl, gezielt zu bestimmten Aspekten des Themas zusammengetragen, präsentiert werden, wie der Verfasser mit Recht einschränkend bemerkt. Auch kann nicht jede Epoche der reichbewegten Geschichte dieses Raumes gleichermaßen berücksichtigt werden; und ebenso mußte eine klare räumliche Beschränkung auf die städtischen Kulturen vorgenommen werden unter Verzicht auf eine Darlegung der ganz anders gelagerten Verhältnisse bei den Nomaden und der reinen Landbevölkerung.

Als „Aufhänger" wählte der Autor Semiramis, die sagenumwobene babylonische Königin, ein klassisches Beispiel dafür, wie Überlieferung und Tradition eine historische Person durch allgemeine Vor- und Fehlurteile zu einem Zerrbild verwandeln können. Nach Richtigstellung und Einordnung des Semiramis-Urbildes Sammuramat folgt ein Überblick über die weiblichen Angehörigen von Königsfamilien, gegliedert nach Müttern, Ehefrauen und Töchtern von Herrschern. Denn auch für Mesopotamien und Syrien gilt: Über die Oberschicht, speziell die Königsfamilie, ist am meisten überliefert, lassen sich daher auch die zuverlässigsten Aussagen gewinnen.

Struktur und Machtverhältnisse innerhalb der Königsfamilie waren aber offensichtlich auch Vorbild für die bürgerliche Familie. Die Zeugnisse lassen den Schluß zu, daß es im alten Orient feststehende allgemeine Meinung war, der Platz der Frau läge in der Familie und ihre eigentliche Aufgabe sei das Leben für die Familie. Dies scheint nicht kritisch hinterfragt worden zu sein, jedoch fehlt es auch hier bezeichnenderweise ganz an Selbstzeugnissen von Frauen, die hierzu allein Auskunft geben könnten. Andererseits besaß die altorientalische Frau der gehobenen Bürgerschicht Freiheiten, wie sie in anderen antiken Kulturen nicht nachgewiesen werden können. Das gilt zwar nicht für alle Zeiten und Gegenden, sondern konnte bisher nur punktuell festgestellt werden. Es ergibt sich aber ein höchst interessantes Bild: Frauen sind belegt als Verwaltungsfunktionärinnen, Schreiberinnen, Grundbesitzerinnen und -verwalterinnen, als Wirtschaftleiterinnen. Am häufigsten sind sie allerdings am Palast als Untergebene der Königin oder an Frauenklöstern in diesen Funktionen nachweisbar, also in einem stark feminin geprägten Umfeld.

Trotzdem muß Manfried Dietrich nach sorgfältiger Wägung der Belege feststellen, daß diese als Ausnahmen eigentlich nur wieder die Regel bestätigen: Der eigentliche Standort der Frau lag nicht in der Öffentlichkeit, sondern im privaten Bereich ihrer Familie. Und dort war es nicht weit her mit „Freiheiten": Die bürgerliche Frau galt z. B. erst nach Geburt eines Sohnes als völlig abgesichert in der Ehe, sie konnte sonst verstoßen werden oder zumindest ihren Rang verlieren zugunsten einer anderen Frau. „Frei" war die Frau erst als Witwe, weil sie dann nämlich mit Hilfe ihrer Brautgabe und der Mitgift aus der Ehe wirtschaftlich unabhängig wurde.

Eine Frau konnte nicht etwa frei ihren Lebenspartner wählen, dies war Vorrecht ihres Vaters oder auch ihrer Brüder. Allerdings hatten auch Männer keine Wahl: Eheverträge schlossen die beiden Familien ab, ihre Nichteinhaltung wurde mit hohen Strafen geahndet. Die Gesetzessammlung des Codex Hammurabi (um 1700 v. Chr.) enthält hochinteressante Bestimmungen zum Thema Ehe in der bürgerlichen Oberschicht und unterscheidet genau zwischen den Rechten von Männern und Frauen, übrigens deutlich zugunsten der Männer. Im offenen Widerspruch dazu stehen andererseits literarische Äußerungen, die große Ehrfurcht gegenüber der Mutter bezeugen, woraus M. Dietrich sicher mit Recht schließt, daß hier wie in ähnlichen Fällen, etwa in Ägypten, die Zeugnisse für eine hohe Wertschätzung der Mütter keine Aussagen über den sozialen Status der Frau innerhalb der Gesellschaft an sich zulassen. Im Urteil eines Juristen zu diesem Sachverhalt klingt es übrigens noch schärfer: „Die Ehrerbietung gegenüber Frauen allerdings sagt nicht viel. Sie ist, das lehren Vergangenheit und Gegenwart, eher ein Indiz für Unterdrückung als für Herrschaft".[5]

VI

Gleich zwei lange Beiträge dieses Bandes befassen sich ausführlich mit altägyptischen Frauen – dies erklärt sich aus dem ursprünglichen Anlaß der Vortragsreihe. Gerade weil im Rahmen der damaligen Ausstellung das Thema „Stellung der Frau" sehr kontrovers angegangen worden war, bemühen sich die Autorinnen um eine sachliche, möglichst emotionsfreie Darstellung dessen, was man derzeit guten Gewissens zu diesem Thema für Ägypten aussagen kann. Erika Endesfelder entwirft so anhand einer vorsichtigen Auswertung des archäologischen und des schriftlichen Quellenmaterials ein Bild der Frau in Ägypten, beginnend mit den noch schriftlosen Anfängen der ausgehenden vorgeschichtlichen Zeit.

Ihr Augenmerk gilt beim Gang durch die altägyptische Geschichte der Entwicklung staatlichen und gesellschaftlichen Lebens und der davon abhängigen Stellung der Frau in der Gesellschaft. Sie bezieht dabei – soweit es aufgrund der Quellenlage möglich ist – alle Schichten der Bevölkerung in ihre Betrachtung ein. Bettina Schmitz untersucht dagegen mehr die Rolle der Frau in einem eng begrenzten Bereich der Gesellschaft, der Familie, am Beispiel der bürgerlichen Oberschicht des Beamtentums und der Bewohner der wirtschaftlich und sozial privilegierten Arbeiter- und Handwerkersiedlung des Neuen Reiches in Deir el-Medineh.

Hervorgehoben werden soll der methodische Ausgangspunkt, der eigentlich selbstverständlich sein sollte, aber so oft bewußt-unbewußt übersehen wird und hier von Erika Endesfelder in ihrer Einleitung mahnend formuliert wird: „Frauen bilden keine eigene, sozial-ökonomisch definierbare Gruppe, sondern ordnen sich immer, zusammen mit ihren Vätern, Brüdern, Ehemännern und Söhnen, in das bestehende Sozialgefüge der Gesellschaft ein. Eine Darstellung der gesellschaftlichen Position von Frauen kann daher nicht von „der Frau" an sich ausgehen, sondern muß berücksichtigen, daß Frauen prinzipiell Teil aller in der Gesellschaft vorhandenen Schichten und Klassen sind und immer nur an dem Status der Männer aus dem gleichen sozialen Milieu gemessen werden können."

Die Autorin schildert anschließend, wie es im Laufe der Zeit dazu kam, daß „Frauen bald als Menschen minderer Qualität" galten und daß diese Entwicklung unterschiedslos für alle Kulturen – also auch das alte Ägypten – nachweisbar ist. Sie stellt sodann kurz die Grundlinien des ägyptischen Gesellschaftssystems dar und die Probleme, die mit seiner Überlieferung verbunden sind: Die Quellen stammen zum überwiegenden Teil aus dem Bereich der Oberschicht und zeigen uns daher die Gesellschaft aus deren Blickwinkel; alle offiziellen Verlautbarungen – seien es nun Texte oder Darstellungen – unterlagen zudem den Richtlinien der Maat, der Weltordnung, mit der die Ägypter auf rein gedanklicher Basis eine Realität schufen, die nicht unbedingt mit der gelebten Wirklichkeit des Alltags übereinstimmen mußte. Aus diesen Gründen ist das Bild der Frau, wie es die Inschriften und Bilder widerspiegeln, oft sehr verzerrt und in manchen Bereichen für Ägypten wahrscheinlich nie mit Sicherheit rekonstruierbar, da einfach die entsprechenden Quellen fehlen.

Folglich müssen beide Autorinnen sehr vorsichtig bei der Auswertung der Quellen vorgehen und können an manchen Stellen statt der zumindest heute noch nicht absehbaren Lösungen nur offene Fragen formulieren und Probleme vorstellen. Erika Endesfelder streift dabei auch weniger gut bezeugte Teilbereiche wie Witwentum, Prostitution und Sklaverei. Eine Abrundung erfährt dieses Bild durch die Erörterung der Aufgaben, die Frauen im Kult übernehmen konnten. Ein eigener Abschnitt ist schließlich den weiblichen Gottheiten gewidmet, wobei sie energisch der Ansicht entgegentritt, Göttinnen hätten in Ägypten eine besondere, den männlichen Gottheiten übergeordnete Rolle im religiösen Denken gespielt. Das Gegenteil ist eher der Fall: Schöpfung und Herrschaft sowie die für das Land so entscheidende Fruchtbarkeit der Felder und des Viehs gehörten in die alleinige Zuständigkeit männlicher Gottheiten. Schutz und Abwehr feindlicher Mächte wie auch die menschliche Fruchtbarkeit waren dagegen Domänen der weiblichen Gottheiten. Für die hier vor allem interessierende pharaonische Zeit ist in Ägypten keine Göttin mit den Funktionen einer „Allmutter" oder „Übermutter" nachweisbar, entgegen allen immer wieder aufgestellten anders lautenden Behauptungen. Schon die oben skizzierte „Aufgabenteilung" sagt klar aus, daß es eine Vorrangstellung weiblicher Gottheiten gegenüber den männlichen in Ägypten nie gegeben hat.

Nach dieser tour d'horizon über Quellen aus 3000 Jahren zur Stellung altägyptischer Frauen kommt Frau Endesfelder zu einem Ergebnis, das auf einen Enthusiasten ernüchternd wirken mag: „Unter diesen Bedingungen, die grundsätzlich in der gesamten dynastischen Zeit bestanden, waren die Ägypterinnen ungleich freier als die Frauen in einer Reihe anderer Gesellschaften dieser und späterer Zeiten. Dennoch wird man wohl kaum von einer dem Manne gleichberechtigten Stellung der ägyptischen Frau sprechen können. Die ägyptische Gesellschaft war ganz eindeutig „männlich" ausgerichtet."

Und: Beschränkung auf die Familie, Ausschluß von Bildung und Beruf sowie ökonomische Abhängigkeit führten auch in Ägypten dazu, „Frauen weitgehend zu entmündigen und sie der doppelten Unterdrükkung durch Gesellschaft und Familie zu unterwerfen". Diesen Eindruck vermitteln letzten Endes auch die Beispiele aus dem familiären Leben, die der Beitrag von Bettina Schmitz unter den drei Aspekten der Frau – Tochter, Ehefrau, Mutter – vorstellt. Besonders erschwerend für die Interpretation erweist sich hier angesichts der großen Fülle des Materials die Tatsache, daß es sich stets um bildliche bzw. schriftliche Aussagen *über* Frauen, nie um Selbstzeugnisse *von* Frauen handelt. Aber immerhin vermitteln die Gerichtsakten, Briefe und Testamente aus der kleinen Siedlung Deir el-Medineh in Ausschnitten – wie in Momentaufnahmen – ein getreues Bild des für Frauen oft mühseligen Alltags.

VII

Das Thema des Beitrages von Erika Glassen schließlich mag im Rahmen der Vortragsreihe zunächst überraschen. Hier werden Erscheinungen der Gegenwart behandelt, die vordergründig mit den übrigen Themen wenig gemein zu haben scheinen. Wir sind jedoch der Auffassung, daß die Bedeutung des Artikels in unserem Zusammenhang weit über eine reine Information zu Leben und Selbstverständnis der Frau im modernen Islam hinausgeht.

Die modernen Massenmedien haben uns in den letzten Jahren mit zahllosen Berichten zur arabisch-mohammedanischen Welt überschwemmt. Da tut es gut, einen einzelnen, der breiten Öffentlichkeit wohl eher unbekannten Aspekt wie das Ja zum Schleier durch viele iranische Frauen in so klarer und präziser Form vorgetragen zu bekommen.

Uns wurden dadurch vor allem nochmals zwei Dinge deutlich: Wie schwierig es für Außenstehende ist, Vorstellungen und Denkweisen aus einem fremden kulturellen Umfeld, selbst bei theoretisch optimalen Informationsmöglichkeiten, nachzuvollziehen, und wie sehr wir uns von in diesem Falle westlich-abendländischen Wertmaßstäben leiten lassen. Der Artikel ist also auch eine Mahnung; denn wenn ein Aspekt gegenwärtigen Frauenlebens schon so große Schwierigkeiten für das Verständnis bereitet, um wieviel vorsichtiger und behutsamer muß man dann erst vorgehen, will man die Situation der Frauen in lang zurückliegenden historischen Kulturen beurteilen, deren Überlieferung – und sei sie noch so umfangreich – immer bruchstückhaft ist und bleiben wird.

In diesem Sinne hoffen wir, mit der Herausgabe der Vorträge Denkanstöße zu geben und das Interesse einer breiteren Öffentlichkeit zu wecken bzw. andere dazu anzuregen, dem Thema „Geschichte der Frau“ weiter nachzugehen.

Bettina Schmitz — Ute Steffgen

ANMERKUNGEN ZUR EINLEITUNG

1 Bei der Durchsicht der Literatur fällt auf, daß es nur wenige sozialgeschichtliche Studien zum Thema „Frau in der Antike" gibt; sie stammen darüber hinaus überwiegend aus dem angelsächsischen Raum. In deutscher Übersetzung liegt bislang nur Sarah B. Pomeroy, Goddesses, Whores, Wives and Slaves. Women in Classical Antiquity, New York 1984 (= Frauenleben im klassischen Altertum, Stuttgart 1985) vor.

2 Zu diesem Problem zuletzt ausführlicher Hermann Müller-Karpe, Frauen des 13. Jahrhunderts v. Chr., Kulturgeschichte der antiken Welt Bd. 26, Mainz 1985.

3 Ausführlich diskutiert wird die Stellung der Frau bei Wildbeutern, Nomaden und agrarischen Gesellschaften in Klaus E. Müller, Die bessere und die schlechtere Hälfte. Ethnologie des Geschlechterkonflikts, Frankfurt – New York 1984.

4 Ein Versuch, diese Trennung anhand von archäologischen Befunden (Hausgrundrissen) nachzuvollziehen, findet sich bei S. Walker, Women and housing in classical Greece: the archaeological evidence, in: A. Cameron, A. Kuhrt, Images of Women in Antiquity, London – Canberra 1983, 81–91.

5 U. Wesel, Der Mythos vom Matriarchat. Über Bachofens Mutterrecht und die Stellung von Frauen in frühen Gesellschaften, Frankfurt 1980, 37.

Erika Endesfelder

Die Stellung der Frauen in der Gesellschaft des Alten Ägypten

1. EINLEITUNG

Frauen bilden keine eigene, sozial-ökonomisch definierbare Gruppe, sondern ordnen sich immer, zusammen mit ihren Vätern, Brüdern, Ehemännern und Söhnen, in das bestehende Sozialgefüge der Gesellschaft ein. Eine Darstellung der gesellschaftlichen Position von Frauen kann daher nicht von „der Frau“ an sich ausgehen, sondern muß berücksichtigen, daß Frauen prinzipiell Teil aller in der Gesellschaft vorhandenen Schichten und Klassen sind und immer nur an dem Status der Männer aus dem gleichen sozialen Milieu gemessen werden können. Dennoch existiert eine Gemeinsamkeit aller Frauen, durch die sich die Position der Frauen von der aller Männer einer gegebenen Gesellschaft unterscheidet: Den Frauen fällt der zeit- und kraftaufwendige Teil in der menschlichen Reproduktion zu. Bei der Wahrnehmung dieser Aufgabe ist die Frau zeitweise auf den besonderen Schutz und die Fürsorge der sozialen Gemeinschaft, in der sie lebt, angewiesen, aber im Verlauf der Geschichte entstanden daraus Abhängigkeit und Unterdrückung.

Spätestens mit der Seßhaftwerdung der Menschen, lange vor dem Beginn der Klassengesellschaften, hatten sich durch die natürliche Arbeitsteilung zwischen den Geschlechtern und Generationen Kinderaufzucht, Hausarbeit und Teile des häuslichen Handwerks zur Domäne der Frau entwickelt. Ob diese Tätigkeiten von Anbeginn bereits mit einem negativen, aus sozialer Abhängigkeit resultierenden Prestige verbunden waren oder ob sie zunächst durchaus als Quelle des dem Manne gleichberechtigten gesellschaftlichen Ansehens der Frau galten, läßt sich vorläufig nur hypothetisch klären. Eine gesellschaftliche Organisationsform, in der Frauen über Männer herrschten, wird jedoch heute weitgehend ausgeschlossen[1]. Frauenstatuetten mit stark ausgeprägten Geschlechtsmerkmalen im Fundmaterial jungsteinzeitlicher Kulturen sowie Figürchen von schwangeren, gebärenden und stillenden Frauen aus frühen Ackerbaukulturen sprechen immerhin dafür, daß in dieser Zeit die weibliche Fruchtbarkeit kultisch verehrt wurde[2]. *Abb. 1*

Mit der Durchsetzung des Privateigentums an den Produktionsmitteln, aus der dem Ehemann und Privateigentümer die alleinige Verfügungsgewalt über die Existenzmittel der Familie erwuchs, wurde das

häusliche Betätigungsfeld für die Frau zur Fessel, oft zum Gefängnis, aus dem sie bei Strafe der gesellschaftlichen Verachtung und Verfolgung nicht mehr ausbrechen konnte.

Unter den Bedingungen der ökonomisch differenzierten Klassengesellschaft galten Frauen bald als Menschen minderer Qualität, denen eigenes Urteils- und Entscheidungsvermögen abgesprochen wurde und die daher in allen wichtigen Angelegenheiten männlicher Vertretung und Leitung bedurften. In den antagonistischen Klassengesellschaften unterlagen Frauen deshalb einer besonderen, zweifachen Unterdrükkung: der Unterdrückung innerhalb der Familie, personifiziert zumeist durch Vater oder Ehemann, und der allgemein gesellschaftlichen Unterdrückung als Mitglied einer bestimmten sozial-ökonomischen Schicht oder Klasse, der sie durch Geburt oder Heirat angehörten[3]. Beide Formen sind eng miteinander verbunden, ja bedingen einander, und so gestattet der Status, den Frauen innerhalb einer konkreten Gesellschaft einnehmen, durchaus Rückschlüsse auf die Art und Qualität dieser Gesellschaft, auch wenn die Frauen niemals eine eigenständige, sozialökonomisch definierbare Gruppierung innerhalb der menschlichen Gesellschaft darstellten.

Das gilt selbstverständlich auch für das Alte Ägypten, das zu den wenigen sogenannten primären Klassengesellschaften gehört. Günstige Umweltbedingungen hatten hier zu einem sehr frühen Zeitpunkt die Erarbeitung eines relativ hohen und stabilen landwirtschaftlichen Mehrproduktes ermöglicht, das bereits in den letzten Jahrhunderten des 4. Jahrtausends v. Chr. (etwa seit dem mittleren Negade II) so hoch und stabil war, daß ohne Schaden für die Reproduktion der Gesellschaft ein recht bedeutender Teil davon für die Ausstattung und den Bau von Gräbern verwendet werden konnte. Seit der Wende vom 4. zum 3. Jahrtausend v. Chr. läßt sich der mühsame Weg dieser Gesellschaft erkennen, die urgemeinschaftlichen Verhältnisse zu verlassen und eine staatlich organisierte Gesellschaftsform zu errichten, deren wichtigste wirtschaftliche Grundlage zunächst im institutionellen Bodeneigentum bestand.

Geistiger und politischer Mittelpunkt dieser Gesellschaft war der König, der Befähigung und Autorität für sein hohes Amt aus seiner postulierten Nähe zu den Göttern schöpfte, als deren Sohn er galt und deren Willen er allein kannte und erfüllte. Seine Aktivitäten erschienen daher der ägyptischen Gesellschaft von existentieller Bedeutung für ihr Bestehen. Um ihn herum bildete sich eine ständig größer werdende Schicht

◁ *Abb. 1 Zu den frühesten Frauendarstellungen aus Ägypten gehören Statuetten wie diese aus gebranntem und bemaltem Ton; um 3500 v. Chr.*

von Würdenträgern, Beamten und Schreibern, die in seinem Auftrage über den wesentlichen Teil des landwirtschaftlichen Mehrproduktes verfügten und dabei das Selbstverständnis einer ökonomisch herrschenden Klasse entwickelten.

Der größte Teil der ägyptischen Gesellschaft bestand jedoch zu allen Zeiten aus der Bauernbevölkerung, die – für uns weitgehend anonym – in Dörfern und kleinen Siedlungseinheiten lebte und den Boden bearbeitete, dessen Erträge über ein kompliziertes System von Verantwortlichkeiten dem Staat oder Tempeln zuflossen. Die mit ihren Wurzeln noch stark in den urgemeinschaftlichen Vorstellungen verhaftete frühe Klassengesellschaft des Alten Ägypten durchlebte mehrfache Höhen und Tiefen ihrer staatlichen Zentralgewalt, bis sie am Ende des 1. Jahrhunderts v. Chr. unter der Herrschaft der Ptolemäer ausklang. In den etwa dreitausend Jahren ihres Bestehens traten unterschiedliche religiöse Richtungen in den Vordergrund, wurden wieder von anderen abgelöst, ohne dabei jedoch vollständig zu verschwinden. Es gab immer wieder Zeiten mit verstärkter Ämtererblichkeit, ohne daß es aber zur Herausbildung eines Amtsadels gekommen ist. Persönliches Privateigentum am Boden begann sich nur sehr zögerlich aus dem institutionellen Eigentum herauszulösen, Handwerk und später auch Handel profilierten sich, ohne jedoch zu einer echten Profitquelle zu werden.

Das geistige Konzept dieser Gesellschaft verkörperte sich in der 'Maat', der richtigen Welt- und Lebensordnung, die allen Mitgliedern der Gesellschaft ihren Platz anwies, vom Pharao bis zum Bauern, ohne dabei in konkrete, durchformulierte Vorschriften gefaßt zu sein. Eine Verletzung der 'Maat' bedeutete Gefährdung der Weltordnung. Jedes Mitglied der Gesellschaft war deshalb moralisch verpflichtet, seinen Teil an der Verwirklichung der 'Maat' zu leisten, und eine der wichtigsten Aufgaben des Pharaos bestand darin, die Realisierung der 'Maat' zu garantieren[4].

Aber das Prinzip der 'Maat' war das Konzept der Privilegierten und Herrschenden dieser Gesellschaft. Wie die Masse der bäuerlichen Bevölkerung dachte, welche Vorstellungen von der Welt ihrem Handeln zugrunde lagen, wissen wir nicht. Denn alle Überlieferungen, alle Zeugnisse, die zu solchen Fragen Auskunft geben, stammen ausschließlich von den Leuten, die schreiben bzw. sich auf Grund ihres gesellschaftlichen Status' ein Grab leisten konnten. Die Ansichten und Aktivitäten der gesamten Gesellschaft werden deshalb für uns nur aus dem Blickwinkel dieser gehobenen, bevorzugten Klasse erkennbar. Ihr Anteil an der Gesamtbevölkerung war jedoch sehr gering. Vorsichtige Schätzungen nehmen für das Alte Reich eine Gesamtbevölkerung von etwa 1–1,5 Millionen Menschen, für das späte Neue Reich eine Gesamtbevölkerung von etwa 3 Millionen Menschen, für das 1. Jahrhundert v. Chr. eine Gesamtbevölkerung von etwa 5 Millionen Menschen an. Davon rechnet man für das Alte Reich mit ca. 1% (= 10000–15000) literaten Personen. Ihr Anteil vergrößerte sich zweifellos im Laufe der Zeit, dürfte aber im späten Neuen Reich kaum mehr als 2% (= 60000) Personen betragen haben[5]. Schreib- und Lesekundigkeit waren die wichtigsten Vorbedingungen zum Eintritt in die herrschende Klasse, wichtiger noch als Abstammung. Ihre Bedeutung wurde erst im Neuen Reich durch eine militärische Laufbahn aufgewogen, wobei – vielleicht mit Ausnahme der hochgeehrten Streitwagenkämpfer – eine Karriere innerhalb des Militärs im wesentlichen die Karriere eines Militärbeamten war, die ebenfalls nur literaten Leuten offenstand. Alles in allem wird selbst im späten Neuen Reich die gesamte Oberschicht kaum mehr als ca. 100 000 Personen umfaßt haben, war aber in sich stark differenziert und reichte vom niederen Acker- und Tempelschreiber, der in seiner Lebensweise der Bauernbevölkerung noch sehr nahestand, bis zu den höchsten Würdenträgern des Staates einschließlich des Pharaos.

Unser Bild von der altägyptischen Gesellschaft ist durch zwei Faktoren verzerrt: Der eine dieser Faktoren besteht in der sozialökonomischen Position der ägyptischen „Berichterstatter", die die gesellschaftlichen Zustände ihrer Zeit nur unter dem Aspekt ihres eigenen Selbstverständnisses als Oberschicht sahen und akzeptierten. Auch wenn die real vorhandenen Unterschiede der Lebenslage der einzelnen Bevölkerungsgruppen von ihnen durchaus konstatiert wurden[6], so gab es doch noch kein tieferes, auf der bewußten Kenntnisnahme dieser Unterschiede basierendes Nachdenken. Eine bewußte Hinwendung einzelner Mitglieder der Oberschicht zu den unterprivilegierten Schichten, etwa aus sozialem Mitleid oder aus Widerspruch zu bestehenden Herrschaftskonzepten, existierte ganz offenbar in der altägyptischen Gesellschaft noch nicht.

Der zweite Faktor, durch den unser Bild von der gesellschaftlichen Realität des Alten Ägypten verschoben wird, ist das erwähnte Prinzip der 'Maat'. Das, was auf Grab- und Tempelwänden aufgezeichnet und dargestellt wurde, war weniger ein Bericht konkreter historischer Ereignisse, auch wenn diese nicht selten den Ausgangspunkt bzw. den Anlaß für die Darstellung bildeten, als vielmehr die für die Ewigkeit bestimmte Realisierung der 'Maat', die das wirkliche Leben nur bedingt widerspiegelte. Wichtige und große Bereiche des gesellschaftlichen und persönlichen Lebens konnten dabei vollständig ausgespart bleiben, weil sie für das Jenseits entweder eo ipso als geklärt galten oder völlig unwichtig waren.

Das soziale Umfeld der altägyptischen Frauen wurde daher von einer Vielzahl komplizierter und nicht selten widersprüchlicher Faktoren und Erscheinungen bestimmt, die in den Phasen der Durchsetzung, des Bestehens und der Auflösung einer frühen Klassengesellschaft über den langen Zeitraum von etwa 3000 Jahren wirksam waren. Schriftlich fixierte Normen, die die Erwartungshaltung der ägyptischen Gesellschaft gegenüber ihren Mitgliedern dokumentieren, sind jedoch nur aus den „Lehren" und „Idealbiographien" für Schreiber und Beamte zu erschließen, d.h. für den männlichen Teil der herrschenden Klasse, der direkt oder mittelbar im Dienste des Pharaos bzw. eines seiner Würdenträger stand. Für andere Teile der Bevölkerung sind solche Lebensregeln nicht überliefert, auch nicht für die Frauen der Oberschicht.

Immerhin gibt aber eine der ältesten Weisheitslehren, die des Ptahhotep aus dem Ende des Alten Reiches, an zwei Stellen recht aufschlußreiche Hinweise darauf, wie sich ein auf seine Karriere bedachter Beamter gegenüber den Frauen verhalten sollte. Der erste Ratschlag bezieht sich auf den Umgang mit fremden Frauen, mit denen der zukünftige Beamte entweder in Ausübung seiner Dienstpflichten oder im Privatleben zusammentreffen konnte. *„Hüte dich vor den Frauen"*, empfiehlt Ptahhotep dem Schüler, *„an jedem Ort, den du als Herr, als Bruder oder Freund betrittst, hüte dich, den Frauen zu nahen".*[7] Als Grund für seine Warnung gibt er „Ablenkung vom Nützlichen" an. Allerdings scheint – unausgesprochen – auch für Ptahhotep ein Haus ohne Frau unvorstellbar gewesen zu sein, wenngleich vermutlich ein Schüler, der sich allzu wörtlich an die erste Anweisung gehalten hatte, sicherlich in Schwierigkeiten geriet, durch eigene Initiative zu einer Ehefrau zu kommen.

„Wenn du angesehen bist, solltest du deinen Hausstand gründen", unterweist Ptahhotep den künftigen Beamten weiter. *„Du sollst deine Frau darin lieben, fülle ihren Leib, bekleide ihren Rücken, Salböl ist das Heilmittel für ihre Glieder. Erfreue ihr Herz, solange du lebst, denn ein Acker ist sie, der für seinen Herrn nützlich ist. Du sollst aber nicht die Befehlsgewalt trennen"*, erläutert Ptahhotep weiter, *„lasse sie fern sein von der Macht und beschränke sie, denn ihr Sturm ist ihr Tun, wenn sie sieht. Glätte ihr Herz für das, was dir geschieht, dann hältst du sie auf Dauer in deinem Hause. Wenn du sie hinderst, Wasser ist es. Eine Frau gibt man wegen ihrer beiden Arme und fragt man sie, macht sie (sogar) einen Kanal."*[8]

Auch wenn dieser Text durch einige unverständliche Anspielungen nicht immer die gewünschte Eindeutigkeit besitzt und deshalb eine gewisse Breite für unterschiedliche Interpretationen ermöglicht, so ist seine generelle Aussage doch erkennbar. Explizite werden zwei Anweisungen ausgesprochen: 1. Ein Beamter soll seine Frau lieben und sie materiell gut versorgen, wobei ihre Nützlichkeit und ihre Tüchtigkeit betont werden; 2. ein Beamter soll seine Frau jedoch nicht an seinen Dienstpflichten teilhaben lassen, weil sie emotional unbalanciert reagiert.

Dieser Abschnitt der Lehre des Ptahhotep umreißt recht deutlich das Spannungsfeld zwischen Gesellschaft und Familie, aber auch zwischen Ideal und Realität, das die Situation der altägyptischen Frauen prägte und in dem sie in ihrer jeweiligen konkreten Situation agierten.

Die vorhandenen Zeugnisse der konkreten persönlichen Situationen der Frauen, d.h. die Darstellungen aus Gräbern, die Statuen und die Textzeugnisse, beziehen sich fast ausschließlich auf die Kreise, in denen die Familie nicht mehr gleichzeitig auch eine Produktionseinheit darstellte. Die Einkünfte dieser Familien stammten vielmehr im wesentlichen aus der Tätigkeit des Vaters oder des Ehemannes für den Pharao, für eine staatliche Institution oder für den Tempel. Dazu gehören dann auch die Handwerker, die in Werkstätten mit unterschiedlichen Unterstellungsverhältnissen aus zugeteiltem Material vorgegebene Arbeitsleistungen erbrachten. Über Stellung und Verhalten der Frauen der bäuerlichen Bevölkerung, in der die Familie noch weitgehend mit der Wirtschaftseinheit identisch war und damit den Frauen einen auf ihrer not-

Abb. 2 Eine Frau in traditionellem Trägerkleid bringt den Feldvermessern Essen aufs Feld; aus dem Grab des Menena in Theben-West, um 1400 v. Chr.

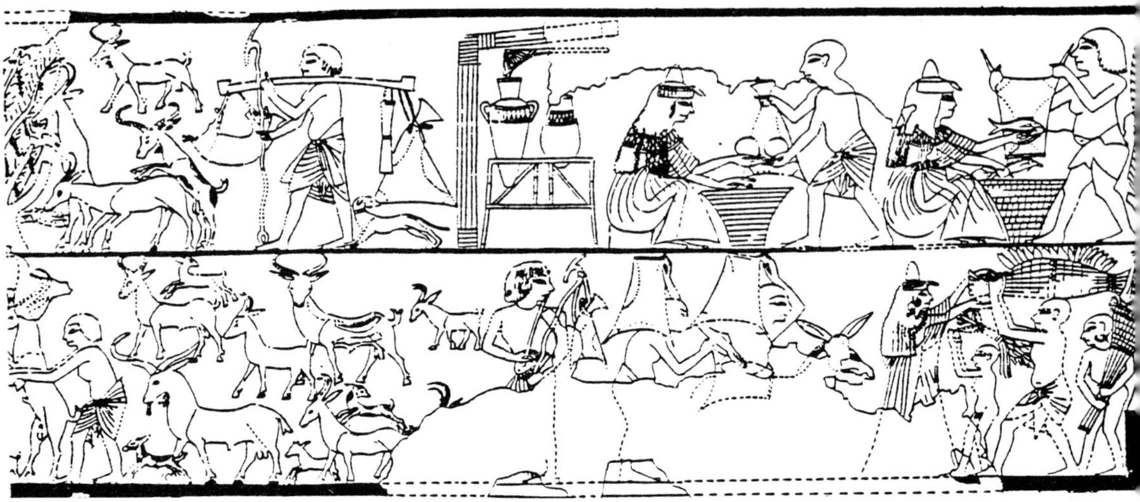

Abb. 3 Marktszene: Händlerinnen mit ihren Kunden auf dem Uferdamm, rechts ein gerade angekommenes Schiff. Aus dem Grab des Ipui in Theben-West, 13. Jh. v. Chr.

wendigen Mitarbeit beruhenden Status gewährleistete, fehlen Informationen fast völlig. Charakteristisch für den Zustand der ägyptischen Gesellschaft bis in die Ptolemäerzeit hinein ist, daß es auch in der Oberschicht – trotz der weitgehend vollzogenen Trennung von Produktion und Familie – noch zu keiner ideologisch begründeten Diskriminierung der Frau als weiblichem Menschen gekommen ist. Diese Feststellung wird auch durch folgende Beobachtung aus der Schriftsprache unterstützt: Die Wörter für „Mensch" und „Mann" sind im Ägyptischen nicht identisch. Der Plural „die Menschen" wird zumeist mit dem Zeichen für Mann *und* Frau determiniert[9]. Einschränkend muß jedoch hinzugefügt werden, daß hier, wie auch bei anderen Ausdrücken für gemischte menschliche Kollektive (wie: Angehörige, Familie, Hausgenossen, Kinder, Nachbarn, Nachkommenschaft, Stamm, Verwandte), die Reihenfolge der Determinative nicht willkürlich gewählt werden konnte, sondern eine feststehende Abfolge „Mann – Frau " zeigt. Dieser Befund läßt dann doch wohl eine zumindest in den Kreisen der Schriftkundigen gängige Vorstellung von einer Vorrangstellung des Mannes vermuten. Erst im Koptischen, der mit griechischen Buchstaben geschriebenen Schriftsprache des christlichen Ägypten, sind die Begriffe „Mensch" und „Mann" in dem Wort „rome" nahezu zusammengefallen[10].

Eigentumsrechte an Frauen besaß der Mann nur, wenn erstere einen entsprechenden Status als Dienerin oder Sklavin innehatten, in den sie

durch Geburt bzw. als Angehörige eines kriegerisch unterworfenen Volkes gekommen waren. Als Familienangehörige, Tochter oder Ehefrau befanden sich die ägyptischen Frauen in einer von Fall zu Fall unterschiedlichen persönlichen oder wirtschaftlichen Abhängigkeit, in das Eigentum oder die Vormundschaft eines Mannes gerieten sie dadurch aber noch nicht. Der Verkauf bzw. die Verpfändung insbesondere weiblicher Familienmitglieder, in anderen frühen Gesellschaften durchaus üblich, war im pharaonischen Ägypten unbekannt.

Nicht selten gibt auch die Bekleidung der Frauen, speziell die, die außerhalb des Hauses getragen wird, indirekte Hinweise auf bestehende, durch gesellschaftliche Anschauungen fundamentierte Abhängigkeits- und Unterdrückungsverhältnisse. Aus den überaus zahlreich erhaltenen bildlichen Darstellungen läßt sich jedoch unschwer erkennen, daß die Frauen zu keiner Zeit des pharaonischen Ägypten dem Zwang unterlagen, beim Verlassen des Hauses Kopf und Körperformen unter Tüchern und Umhängen zu verbergen, wenngleich aus Rücksicht auf das Klima durchaus auch gelegentlich von Umschlagtüchern Gebrauch gemacht wurde[11]. *Abb. 2*

Generell scheint das Auftreten von Frauen in der Öffentlichkeit nicht als unschicklich gegolten zu haben. Das ist aus Darstellungen von Marktszenen zu erkennen, die seit dem Alten Reich Frauen als selbständige Teilnehmerinnen am örtlichen Handel zeigen[12]. Noch Herodot, der *Abb. 3* im 5. Jahrhundert v. Chr. Ägypten bereiste, bemerkte voller Erstaunen: „*So gehen bei ihnen* (den Ägyptern) *die Weiber auf den Markt und treiben Handel, während die Männer zu Hause bleiben und weben.*“[13]

In bezug auf die Bildung der Personennamen existierten keinerlei wesentliche Unterschiede zwischen den Geschlechtern. Im Mittleren Reich gab es sogar eine auffällige Tendenz, Mädchen und Jungen mit völlig gleichen Namen zu versehen. Theophore Personennamen wurden von beiden Geschlechtern getragen, wobei wohl im allgemeinen – aber nicht obligatorisch – für die Namensbildung von Jungen Götter und von Mädchen Göttinnen bevorzugt wurden[14]. Familiennamen waren im Alten Ägypten noch unüblich. Wollte oder sollte eine Frau genauer bezeichnet werden, fügte man ihrem Namen den Namen ihrer Mutter oder den ihres Vaters bei.

3. DIE RECHTLICHE STELLUNG DER FRAU

Keine Gesellschaft kommt ohne allgemein anerkannte Normen für die Beziehungen der Individuen untereinander und zu den Institutionen der Gesellschaft aus. Sie geben zwar keine Einsichten in Ursachen und Hintergründe strittiger Sachverhalte, wohl aber eine Vorstellung von der Art der Streitfälle und der angestrebten Lösungen. Leider existiert für das Alte Ägypten kein Text, der dem aus dem Alten Babylonien erhaltenen „Kodex Hammurabi“ ähnlich ist. Diese Gesetzessammlung aus dem 18. Jahrhundert v. Chr. klärt u.a. die Beziehungen Mann – Familie – Eigentum und Frau – Familie – Eigentum bis in kleine Details und schafft dadurch eine solide Basis für eine Analyse der Stellung der Frau in Familie und Gesellschaft. Es hat den Anschein, als habe kodifiziertes Recht in einer derart präzisierten Form im Alten Ägypten noch nicht existiert und die Rechtsprechung sei im wesentlichen nach ausgewählten Präzedenzfällen erfolgt[15].

Dennoch läßt sich aus den vorhandenen Zeugnissen erkennen, daß Frauen vor Gericht generell dem Mann gleichgestellt waren. Sie konnten sowohl sich selbst als auch ihre Streitsache selbständig vertreten und waren ebenso in der Lage, als Zeugen zu fungieren, ohne auf männlichen Beistand angewiesen zu sein.

Diesem juristischen Status entsprach auch ihr Status in bezug auf das Eigentum. Über ihr persönliches Eigentum konnten Frauen prinzipiell selbständig verfügen und taten es auch. Das gilt für den Erwerb, die Verwaltung sowie die zeitweise oder endgültige Weitergabe mobiler und immobiler Sachen[16]. Selbst als Besitzerinnen von Boden, dem wichtigsten Produktionsmittel des pharaonischen Ägypten, sind Frauen bezeugt. So berichtete der Würdenträger Meten aus dem 26. Jahrhundert

v. Chr. davon, daß seine Mutter Nebesneith ihm testamentarisch einen Anspruch auf 50 Aruren Land (= 13,675 ha) vermacht habe[17], und noch 1500 Jahre später weist der Papyrus Wilbour, eine unter Ramses V. verfaßte Landliste aus dem mittelägyptischen Gebiet von Hardai, 131 Frauen als Inhaberinnen von Ackerland aus[18]. Nach den „Stallmeistern" *(ḥrj iḥ)*, denen das Land wohl zur Versorgung der von ihnen betreuten Gespanne gegeben worden war, und den Soldaten *(wᶜw)*, die das Land quasi als Dauersold zur Versorgung ihrer Familien innehatten, stellen Frauen, deren Titel *ᶜnḫ.t-n-njwt* gemeinhin als „Bürgerin" übersetzt wird, sogar die zahlenmäßig bedeutendste Personengruppe dieser Liste dar.

Im allgemeinen wird wohl angenommen, daß diese Frauen das Land für ihre heranwachsenden Söhne verwalteten, die in Nachfolge ihrer früh verstorbenen bzw. im Kriege gefallenen Väter ebenfalls für den Kriegsdienst bestimmt waren. Aber der letzte große Feldzug dieser Zeit, für den gehäufte Todesfälle von Soldaten wahrscheinlich gemacht werden können, war unter Ramses III. geführt worden und lag mithin bereits etwa 30 Jahre zurück, so daß mehrheitlich wohl kaum noch eine direkte Vormundschaftsverwaltung als Erklärung in Frage kommen kann. In einigen Fällen war die eigentliche Besitzerin zum Zeitpunkt der Listenerhebung bereits verstorben, und das Land wird als „in der Hand ihrer Kinder" bezeichnet, was auf einen normalen Erbgang schließen läßt und genau dem Vermerk für männliche verstorbene Landinhaber entspricht[19].

4. BERUF, BILDUNG, GESELLSCHAFTLICHE AKTIVITÄTEN DER FRAUEN

Die generelle juristische Gleichberechtigung der Frauen des pharaonischen Ägypten kann jedoch nicht darüber hinwegtäuschen, daß ihre Möglichkeiten, persönliches Eigentum zu erwerben, weitgehend auf den Rahmen der Familie beschränkt blieben. Eine Durchsicht der Belege läßt unschwer erkennen, daß persönliches Eigentum von Frauen im wesentlichen aus Erbschaften oder Schenkungen von seiten der Eltern bzw. des Ehemannes stammte. Für eine eigenständige, mit Einkünften versehene „Berufstätigkeit" bot die ägyptische Gesellschaft ihren Frauen nur einen ganz geringen Spielraum. Die regulären Ämter und Berufe innerhalb der zivilen und erst recht der militärischen Verwaltungen wurden von Männern ausgeübt. Der natürliche „Beruf" der Frau, aus dem sie ihre gesellschaftliche Anerkennung bezog, war der einer Hausfrau und Mutter. Daneben gab es nur wenige Tätigkeiten, die Frauen offenstanden und ihnen einen materiell unabhängigen Status hätten sichern können. Über das Schicksal unverheiratet gebliebener Frauen ist nichts überliefert. Ein größerer gesellschaftlicher Bedarf an unverheirateten Frauen, etwa als Priesterinnen oder in ähnlichen Funktionen, bestand nicht.

Im Grunde ergibt sich wenig zur Klärung der gesellschaftlichen Stellung der ägyptischen Frauen aus der Betrachtung der Rolle der weiblichen Mitglieder der Herrscherfamilie, denn Frauen aus den Kleinfamilien von Herrschern nahmen auch in anderen Gesellschaften eine Sonderstellung ein. Sie konnten gelegentlich, vor allem wenn es sich um kluge und ambitionierte Persönlichkeiten handelte, enge Vertraute und Beraterinnen ihrer regierenden Ehemänner oder Väter sein. Nicht selten waren sie in der dynastischen Erbfolge Trägerinnen von Machtansprüchen und konnten dadurch einen von Geburt her nicht oder weniger prädestinierten Amtsnachfolger durch Heirat legitimieren. Sie konnten zeitweilig für ihre noch unmündigen Söhne amtieren oder sorgten durch Verschwörungen für die Beseitigung des gerade regierenden Herrschers oder seines bereits bestimmten Erben zugunsten ihres eigenen Sohnes. Prinzessinnen wurden oft mit politisch einflußreichen Würdenträgern oder deren Söhnen verheiratet. Als Besonderheit für das Alte Ägypten ist hier jedoch anzumerken, daß politische Heiraten ägyptischer Königstöchter ins Ausland nur sehr selten und erst relativ spät erfolgten. Noch Amenophis III. wies den babylonischen König Kadaschman-Enlil, der zur Festigung der politischen Verbindungen zwischen beiden Reichen seine Schwester in den Harem des ägyptischen Herrschers gesandt hatte und sich als Gegenleistung eine ägyptische Prinzessin erbat, mit den Worten ab: *„Von alters her ist eine ägyptische Prinzessin an niemanden vergeben worden."* [20]

Aber auch der Empfang ausländischer Fürsten- und Königstöchter in Ägypten und damit ihre Aufnahme in den königlichen Harem als Ehefrauen des regierenden Herrschers scheinen als Mittel der Außenpolitik zur Stabilisierung guter Beziehungen erst mit den großen Eroberungen des Neuen Reiches in Gebrauch gekommen zu sein. Erstmalig sind für Thutmosis III. vier aus Syrien stammende Ehefrauen nachzuweisen[21]. Den Titel einer „Großen königlichen Gemahlin" erhielt eine Ausländerin jedoch erst etwa 200 Jahre später. Es war die Tochter Hattusilis III., des mächtigen Herrschers von Chatti, die Ramses II. in seinem 34. Regierungsjahr nach langjährigen und zähen Verhandlungen zur Bekräftigung des Friedensvertrages zwischen beiden Ländern heiratete.

Wenngleich ein direkter Einfluß ausländischer Frauen des Herrschers auf wichtige Entscheidungen der Staatspolitik im Grunde nicht feststellbar ist, so wurde doch durch den ständigen Zustrom vorderasiatischer Prinzessinnen, die zumeist mit einem recht bedeutenden Gefolge anreisten, der Harem im Neuen Reich zum Zentrum vorderasiatischen Kultureinflusses am ägyptischen Königshof.

Im allgemeinen sind jedoch gelegentliche politische Aktivitäten von Frauen der Herrscherfamilie auch aus Gesellschaften bekannt, die ihren weiblichen Mitgliedern ansonsten nur sehr geringe soziale und ökonomische Rechte einräumten. Sie sind daher wenig charakteristisch für die Lage der ägyptischen Frauen insgesamt.

Unter diesem Aspekt ist auch die Schaffung des Amtes der „Gottesgemahlin des Amun" am Beginn der 18. Dynastie (2. Hälfte des 16. Jahrhunderts v. Chr.) zu sehen. Dabei wurde in der Regel die älteste Prinzessin zur künftigen Königin und, was vielleicht noch wichtiger war, zur Mutter des künftigen Thronfolgers bestimmt. Im Grunde handelt es sich dabei zunächst um eine besondere ägyptische Form der Sicherung der Erbfolge im Herrscherhaus, die gleichzeitig eine enge Verbindung zum Amunstempel, der in sich geschlossensten ideologischen und wirtschaftlichen Macht des Landes, etablierte. Durch die Institution der Gottesgemahlin wurden Eheschließungen zwischen Geschwistern, häufig Halbgeschwistern, für das Herrscherhaus sanktioniert, die sonst in der ägyptischen Gesellschaft kaum mit Sicherheit nachzuweisen sind.

Prinzipiell geht das Amt der „Gottesgemahlin des Amun" auf Praktiken zurück, die wohl schon lange vor der 18. Dynastie in der Herrscherfamilie üblich waren. Dabei wurde die älteste lebende Tochter der königlichen Hauptgemahlin als Trägerin des Erbanspruches auf den Thron angesehen und konnte erforderlichenfalls durch Heirat einen an sich nicht voll erbberechtigten Thronfolger, zumeist einen Sohn des regierenden Pharaos mit einer Nebenfrau, legitimieren[22]. Später, nach der 20. Dynastie, als sich der Amunstempel nicht nur als ideologische und wirtschaftliche, sondern auch als staatliche Macht etabliert hatte, mußte das zuvor nur gelegentlich unterbrochene Prinzip der Vereinigung der Funktion einer Hauptgattin des regierenden Königs und einer „Gottesgemahlin des Amun" völlig aufgegeben werden. Der Aspekt der Sicherung der dynastischen Erbfolge trat damit ganz zurück, und die Einflußnahme auf die Politik des Amunstempels wurde zur wichtigsten Aufgabe. Oft wurde nun das Amt mit Königstöchtern besetzt, die verständlicherweise unverheiratet bleiben mußten. Daher regelte man ihre Amtsnachfolge mit Hilfe einer Adoption durch die Vorgängerin.

Generell galt die Institution der „Gottesgemahlin" als wichtiges politisches Amt, das mit eigenem Vermögen und eigenem Wirtschaftsbetrieb ausgestattet war. Die „Gottesgemahlin" war umgeben von männlichen Beratern und Beamten. Frauen sind in größerer Zahl nur in der Spätzeit (25. und 26. Dynastie) in ihrer Umgebung zu belegen, aber ausschließlich in Kultfunktionen. Nur einmal (in der 26. Dynastie) erscheint selbst in dieser Institution, die von einer Frau „geleitet" wurde, auch eine „weibliche Schreiberin" *(sš-sḥm.t)* [23].

Selbständig als Pharao regierende Frauen gab es in der gesamten, mehr als zweitausendfünfhundertjährigen Geschichte des pharaonischen Ägypten nur viermal:

- Nitokris am Ende der 6. Dynastie,
- Sobek-Nofru am Ende der 12. Dynastie,
  beide regierten am Beginn nachfolgender Wirrezeiten, in denen die Zentralgewalt weitgehend zusammengebrochen war;
- Hatschepsut, die zunächst die Regentschaft für ihren unmündigen Neffen Thutmosis III. übernommen hatte, dann aber doch selbst für weitere 20 Jahre als Pharao im Amt blieb, und schließlich
- Tawosret, die ebenfalls zunächst für den minderjährigen Siptah als Regentin angetreten war und nach seinem frühen Tod noch für einige Jahre selbst die Königstitulatur trug.

Dagegen war die Anzahl der männlichen Herrscher des pharaonischen Ägypten unvergleichlich höher. Selbst unter Auslassung der in bezug auf die Abfolge der legitimen Pharaonen sehr unübersichtlichen Zeiten der 7.–10. Dynastie, der 13.–16. Dynastie sowie der kuschitischen und persischen Fremdherrschaften der 25. und 27. Dynastie, in denen die Besetzung des Pharaonenthrones der ägyptischen Kompetenz entzogen war, kommt man auf eine Anzahl von 123 männlichen ägyptischen Königen. Bei einem Zahlenverhältnis von 4 zu mehr als 123 wird deutlich, daß an der Spitze der ägyptischen Gesellschaft von einer Gleichberechtigung von Königstöchtern und Königssöhnen in bezug auf die erbliche Amtsnachfolge keine Rede sein konnte.

Ein ähnliches Bild ergibt sich für die nachgeordneten Funktionsbereiche aller staatlichen und gesellschaftlich relevanten Ebenen. In dem rie-

Abb. 4 Im Haushalt der hohen Beamten des Mittleren Reiches war das Waschen Männersache; aus einem Grab in Beni Hasan, um 1900 v. Chr.

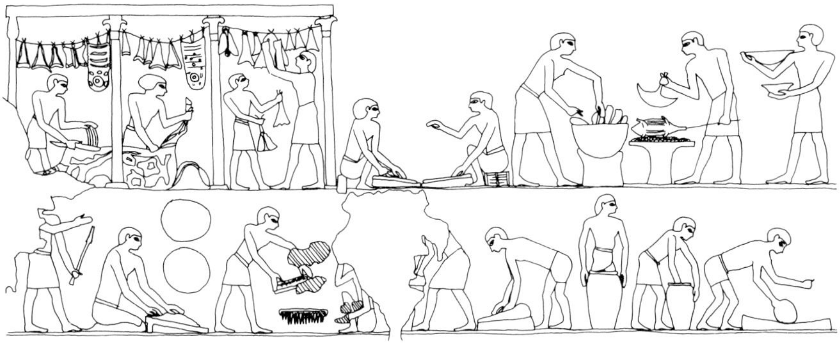

Abb. 5 Offizielle Darstellungen in den Gräbern der Beamten zeigen in der Küche unerwarteterweise nur Männer beim Zubereiten von Speisen; Malerei aus einem Grab des Mittleren Reiches in Theben-West, um 1950 v. Chr.

sigen, seit der 1. Dynastie überlieferten Titelmaterial sind weibliche Amtsinhaber nicht nur so selten, daß es einer großen Mühe bedarf, sie überhaupt aufzuspüren, sondern derartige weibliche Amtstitel sind auch im Kontext oft so vage, daß eher an eine Titularfunktion bzw. an eine Amtsverwaltung für noch unmündige Söhne als an eine reale Ausübung der entsprechenden Funktionen zu denken ist[24].

Bemerkenswert erscheint, daß bei Hofe und in den Haushaltungen sehr hoher Würdenträger für eine Reihe von Tätigkeiten, die eigentlich aus dem „Dienstleistungsbetrieb" der Familie stammen und daher zumeist als „typisch weiblich" angesehen werden, nur Männer bezeugt sind. So sind ausschließlich männliche Wäscher überliefert, und auch in den zahlreichen Küchendarstellungen agieren nur männliche Köche. Dagegen galten sowohl das Kornmahlen als auch das Spinnen als ausschließlich weibliche Tätigkeiten. Aber an den seit dem Neuen Reich bezeugten vertikalen Webstühlen sind auch Männer dargestellt, während an den zuvor üblichen horizontalen Webstühlen nur Frauen arbeiteten. Die Schneiderei, die nach den erhaltenen Darstellungen der Männer- und Frauenkleidung mit kunstvoll drapierten und plissierten Einsätzen einen recht beachtlichen Stand erreicht haben muß, ist leider weder in bildlicher noch in schriftlicher Form bezeugt. Es sind nicht einmal Bezeichnungen für die entsprechenden Spezialhandwerker überliefert.

Abb. 4, 5, 6

Abb. 16, 29

Aus unbekannten Gründen scheint die Parfümherstellung, bei der die Duftstoffe von Blüten in wässrigen oder öligen Substanzen gebunden wurden – die Alkoholdestillation war im Alten Ägypten noch unbekannt –, ein Ressort der Frauen gewesen zu sein[25].

Abb. 7

Abb. 6 Die Küche des Gaufürsten Amenemhet, dargestellt in seinem Grab in Beni Hasan, um 1950 v. Chr.: Männer beaufsichtigen hier das männliche Küchenpersonal.

Was dagegen die Staats- und Verwaltungsgeschäfte aller Ebenen angeht, waren sie grundsätzlich den Männern vorbehalten. Für den Einsatz von Intellekt und Organisationstalent der Frauen bestand auf diesen Gebieten keine direkte offizielle gesellschaftliche Verwendung.

Dem entsprachen dann auch die Erziehung und die Bildung. In den praktischen Tätigkeiten wurden die Kinder zunächst und hauptsächlich von ihren Vätern und Müttern unterwiesen, indem sie ihnen bei der täglichen Arbeit zur Hand gingen. Das gilt insbesondere für die bäuerliche Bevölkerung. Spezialisierte handwerkliche Tätigkeiten mußten in den entsprechenden Werkstätten gelernt werden, in die die Knaben und Mädchen noch als Kinder, häufig unter Anleitung ihrer dort tätigen Eltern oder Verwandten, eintraten.

Für die Beamtenlaufbahn wurden jedoch nur Knaben vorbereitet, die Schreiben, Lesen, Rechnen und alle anderen erforderlichen Kenntnisse entweder im Büro ihres Vaters oder in speziellen Schreiberschulen erwarben, die an den verschiedenen staatlichen oder Tempelinstitutionen bestanden. Die exklusivste Form der Bildung wurde zweifellos bei Hofe vermittelt, wo eine Elite von Kindern hoher Würdenträger, aber auch

Abb. 7 Parfümherstellung durch Frauen nach einem Grabrelief der Spätzeit, 600–400 v. Chr.

Kinder unterworfener ausländischer Herrscher, die teils als Geiseln, teils als präsumptive, ägyptentreue Nachfolger ihrer Väter vorgesehen waren, zusammen mit den Kindern des Pharaos erzogen wurden. An dieser Ausbildung scheinen auch Mädchen beteiligt gewesen zu sein, wie die Darstellung einer Prinzessin mit Schreibzeug aus dem Alten Reich nahelegt[26]. Der bekannteste unter den Prinzessinnenerziehern ist sicherlich Senenmut, dem neben anderen hohen staatlichen Ämtern auch die Erziehung der kleinen Tochter der Hatschepsut und Thutmosis' II. anvertraut war.

Die Weisheitslehren mit ihren Regeln für eine der 'Maat' entsprechende Lebensführung richteten sich ausschließlich an junge Männer; Lebensregeln für Frauen sind – wie bereits an anderer Stelle betont – nicht überliefert. Andererseits ist aber auch nichts bekannt, aus dem hervorgeht, daß Mädchen und Frauen dem Schreiben ferngehalten werden sollten. So wird sicherlich die eine oder andere Frau diese Kunst beherrscht haben, vor allem wenn sie aus einer Familie stammte, in der die Söhne vom Vater unterrichtet wurden. Aber offiziell besaß die ägyptische Gesellschaft keine Verwendung für schreibende Frauen. Biographien, wie sie für Männer der pharaonischen Zeit auf den Wänden ihrer Gräber bzw. auf Grabstelen erhalten sind – wenn auch oft mit stark abstrahiertem und idealisiertem Inhalt –, waren für Frauen völlig ungebräuchlich[27]. Daher sind wir über die Lebensläufe von Frauen und damit über ihre Erziehung denkbar schlecht unterrichtet. Vermutlich wurden sie von ihren Müttern auf ihre künftigen Aufgaben aus Hausfrau und Mutter vorbereitet und erhielten gegebenenfalls zusätzlichen Tanz-, Gesangs- und Instrumentalunterricht, der sie für den Tempeldienst befähigte. Dafür scheint es dann auch spezielle Lehrer gegeben zu haben[28]. *Abb. 14, 30*

5. DIE STELLUNG DER FRAU IN DER FAMILIE

Wichtigstes und wesentlichstes Betätigungsfeld für die Frauen des Alten Ägypten war die Familie, wobei hier – wie bereits weiter vorn ausgeführt – nur die Familienverhältnisse betrachtet werden können, in denen die Einheit von Produktion und Familie weitgehend aufgehoben war. Der Schreiber, Beamte oder Priester, ja selbst der Handwerker erhielt von der Institution, für die er seine Arbeiten durchführte, ein festgesetztes Einkommen in Naturalien, d.h. Getreide (oft auf der Basis von Brot- und Bierrationen berechnet), Gemüse, Fisch, Öl, Leinen, Sandalen und anderes mehr. Bei Würdenträgern und Beamten konnte das Einkommen auch aus den Einkünften von Landanteilen bestehen, die auf Lebenszeit des Würdenträgers oder auch darüber hinaus im Besitz einer *Abb. 11*

Familie blieben, aber letztlich doch irgendwie zum Eigentum einer staatlichen Institution oder eines Tempels gehörten.

Nicht selten hatte jemand auch Ämter an mehreren Institutionen inne, von denen jedoch nicht alle gleichermaßen mit Einkünften versehene Tätigkeiten darstellten. Einige der Titel konnten Rangtitel sein, die seinen gesellschaftlichen Status bezeichneten. Gelegentlich flossen jemandem auch Einkünfte aus ererbten Ansprüchen auf Felder oder Ämter zu, und das konnte dann – wie bereits festgestellt – auch Frauen betreffen. Aber im Normalfall stammte wohl der weitaus überwiegende Teil des Familieneinkommens der nicht in der Landwirtschaft beschäftigten Bevölkerung aus den Einkünften des Mannes für seine Tätigkeit. Inwieweit Frauen mit Eigenbesitz bzw. mit eigenen Einkünften aus dem Toten- bzw. Tempeldienst an den materiellen Aufwendungen für die Familie beteiligt waren, ist unklar. Da sich jedoch unabhängiges, individuelles Privateigentum an Produktionsmitteln in der Gesellschaft Ägyptens nur sehr langsam und in geringem Umfang durchsetzte und das Familieneinkommen daher vorwiegend aus Einkünften für eine Tätigkeit bzw. für ein Amt bestand, existierten kaum Bedingungen, die die Entwicklung der ägyptischen Familie zu einer auf Erwerb und Mehrung von Eigentum gerichteten Institution begünstigten.

Abb. 18, 76 Die Familie, so wie sie uns zumeist in Texten und Darstellungen entgegentritt, war primär eine Kleinfamilie, bestehend aus einem Elternpaar in überwiegend monogamer Ehe und seinen noch nicht erwachsenen Kindern. Diese Kleinfamilie war in ein übergeordnetes, blutsverwandtschaftliches System eingebettet, zu dem die Zugehörigkeit grundsätzlich für weibliche und männliche Mitglieder gleichermaßen unverlierbar war, so daß jeder Ägypter zu einer Verwandtschaftsgruppe väterlicherseits und einer Verwandtschaftsgruppe mütterlicherseits gehörte. Aus dieser Zugehörigkeit erwuchsen ihm sowohl juristische als auch moralische Rechte und Pflichten[29].

Die Einehe war die natürliche und selbstverständliche Verbindung, in der erwachsene Menschen lebten und Kinder großzogen. Sie war so selbstverständlich, daß für sie keine spezielle, abstrakte Bezeichnung existierte. Ebenso bedurfte sie keiner staatlichen oder religiösen Anerkennung und unterlag daher auch keinerlei offiziellen Vorschriften außer den allgemeinen Moralnormen. Diese sahen, wie aus einer Reihe mehr oder weniger beiläufiger Bemerkungen in Texten aus unterschiedlichen Zeiten zu schließen ist, vor, daß zwischen den Ehepartnern ein

Abb. 8 Figürliche Flaschen, als Schwangere oder Mutter mit Kind gestaltet, dienten zur Aufnahme von Salböl für die Körperpflege werdender Mütter. Gebrannter Ton; Neues Reich. ▷

Verhältnis gegenseitiger Achtung, Fürsorge und Zuneigung bestand, daß der Mann Frau und Kinder angemessen versorgte und die Frau den häuslichen Angelegenheiten in ordentlicher Weise nachging. Seit dem frühen Mittleren Reich wurde der Status der weiblichen Verfügungsgewalt im Hause mit der Bezeichnung *nb.t pr* „Herrin des Hauses" umschrieben, die wie ein Titel vor dem Namen der Frau geführt wurde, die neben dem Hausherrn als seine Ehefrau an der Spitze des Haushaltes stand[30]. Auch hier scheint die allgemeine Verhaltensnorm nicht den Empfehlungen des Ptahhotep gefolgt zu sein, der in seiner Lehre aus dem Ende des Alten Reiches geraten hatte: *„Halte sie fern von der Macht und beschränke sie."* [31]

Allgemeiner Konsens scheint darüber bestanden zu haben, daß die Ehe als ein auf Lebenszeit berechnetes Verhältnis angesehen wurde. Es gibt jedoch eine Reihe von Anhaltspunkten, die deutlich machen, daß die Einehe nicht absolut obligatorisch war, d.h., ein materiell gutgestellter Mann konnte also auch Nebenfrauen haben[32]. Dabei ist jedoch zu berücksichtigen, daß hierbei auch Versorgungspflichten eine Rolle gespielt haben können, die ein Mann gegenüber der Witwe eines nahen Anverwandten hatte und die zweifellos am leichtesten zu erfüllen waren, wenn er die betreffende Frau in seinem Haushalt aufnahm.

Das Eheverhältnis konnte zu Lebzeiten beider Partner auch beendet werden. Zumindest theoretisch war ein solcher Schritt sowohl durch den Mann als auch durch die Frau möglich. Im allgemeinen sahen die gesellschaftlichen Anschauungen aber wohl die dauerhafte monogame Ehe mit entsprechendem Kindersegen vor. Für den Mann waren – neben der Organisation des Haushaltes und des täglichen Lebens – Kinder, insbesondere Söhne, die das Amt des Vaters als „Stütze des Alters" übernehmen konnten, der wünschenswerte Zweck der Ehe. Für die Frau waren die Kinder eine Notwendigkeit, denn sie garantierten ihr im Alter die Versorgung, auch wenn ihre Ehe vorzeitig gelöst worden war. Jedoch läßt sich die Bemerkung Herodots, daß nur Töchter zur Versorgung ihrer alten Eltern verpflichtet waren, Söhne dagegen nicht[33], aus dem ägyptischen Quellenmaterial nicht verifizieren.

Abb. 8

Der starke Wunsch nach Kindern als Ziel einer Ehe findet seinen Ausdruck sowohl in den überaus zahlreichen medizinischen Texten, die sich mit Schwangerschaft, Geburt und Wochenbett befassen[34], als auch in einer Reihe von Zaubersprüchen, die dem Schutz von Mutter und Kind dienen sollten[35].

In der Regel wurde eine Ehe begründet, wenn der junge Mann seine Ausbildung abgeschlossen und ein mit regulären Einkünften versehenes Amt angetreten hatte. Die Weisheitslehre des Ptahhotep instruierte den Schüler: *„Wenn du angesehen bist, solltest du deinen Hausstand gründen"* [36], und die aus späterer Zeit stammende Lehre des Anch-

Scheschonk präzisierte: *„Nimm dir eine Frau, wenn du zwanzig bist, damit du einen Sohn hast, solange du jung bist".*[37] Dagegen scheint das Heiratsalter für Mädchen viel niedriger gewesen zu sein. Sie traten wohl mit 12–13 Jahren in die Ehe[38].

Über die eigentlichen Modalitäten bei der Begründung des Eheverhältnisses existieren bis in die 20. Dynastie überhaupt keine Informationen, und auch danach sind sie recht spärlich. So ist weitgehend unbekannt, welchen Anteil die Familien bzw. die Eltern am Zustandekommen einer Ehe hatten. Es fällt aber auf, daß da, wo sich die Herkunft der Eheleute ermitteln läßt, die Eltern oft aus der gleichen Berufsgruppe bzw. Siedlungseinheit stammten, d.h., in solchen Fällen haben offenbar die Kinder von Berufskollegen oder Nachbarn geheiratet, und das gilt ebenso für die Angehörigen der obersten Kreise.

Die recht umfangreiche, auf Papyri und Ostraka der 19. und 20. Dynastie überlieferte Liebesdichtung spiegelt alle Themen wider, die man in dieser Art von Literatur erwartet: Sehnsucht, heimliche Liebe, Werbung um den Partner, und zwar durchaus gleichberechtigt von beiden Seiten, Enttäuschung, Trennung und Abschied. Was aber völlig fehlt, ist das Motiv von Trennung und Verzicht durch elterliches Gebot. Hierbei kann zwar der Zufall der Überlieferung eine Rolle spielen, aber das Fehlen elterlicher Gewalt bei der Partnerwahl paßt gut zu dem harmonischen Bild, das die Alten Ägypter selbst von ihren Familien zeichneten. Aus der Liebesdichtung gewinnt man durchaus den Eindruck, daß von den Ägyptern gegenseitige Zuneigung als wesentlichstes Kriterium für das Zustandekommen einer Ehe angesehen wurde. In diese Richtung könnte auch ein Absatz aus den Liebesliedern des Papyrus Harris weisen, der lautet: *„Schöner, du, mein Herz ist darauf aus und bereit, die Dinge zu besorgen als deine Hausfrau, damit dein Arm auf meinem Arm liegt."*[39] Daß hier das durch Statuen geläufige Bild eines altägyptischen Ehepaars angedeutet wird, ist offensichtlich.

Von dem jungen Mann scheint die Gesellschaft erwartet zu haben, daß er bei Gründung eines eigenen Hausstandes bereits über eine gewisse wirtschaftliche Position verfügte; für die Braut dagegen sind Vorbedingungen für die Ehe nicht zu erkennen, insbesondere scheint die Jungfräulichkeit des Mädchens in der gesellschaftlichen Anschauung keine Rolle gespielt zu haben[40], denn das ägyptische Wörterbuch kennt keinen einzigen Terminus für weibliche Unberührtheit. Wollte man den Tatbestand der Jugendlichkeit von Mädchen beschreiben, gebrauchte man den Ausdruck „eine, die noch nicht geboren hat" bzw. „eine, die noch nicht geöffnet wurde durch Geburt". Das kann jedoch kaum als Synonym für Jungfräulichkeit gebraucht worden sein.

In der Bezeichnung von Jugendlichen existierten keinerlei wertende Unterschiede zwischen jungen Mädchen und jungen Männern. Abgesehen von den Genusendungen entsprechen sie einander und scheinen reine Altersbezeichnungen zu sein[41].

Auch wenn – wie bereits betont – die Ehe weder religiös noch juristisch institutionalisiert war, galt Ehebruch als Vergehen, das Sanktionen nach sich ziehen konnte. Jedoch gewinnt man den Eindruck, daß der Ehebruch durch die Frau weitaus härter bewertet wurde als der durch den Mann[42]. In zwei Märchen, dem Papyrus Westcar aus dem Alten Reich und dem Zweibrüdermärchen aus dem Neuen Reich, werden Ehebrecherinnen sogar mit dem Tode bestraft. Profantexte enthalten dagegen keine Hinweise auf Todesstrafe, wohl aber auf Konsequenzen unterschiedlichster Art, wobei die Frau in einem solchen Falle wohl das eheliche Haus verlassen mußte. Jedoch sind auch Gerichtsverfahren überliefert, in denen sowohl von seiten der Frau als auch von der des Mannes der Tatbestand ehelicher Untreue anhängig gemacht und damit gewissermaßen eine gesellschaftliche Beurteilung des Falles gefordert wurde. Immerhin scheint der Ehebruch durch den Mann differenziert gesehen worden zu sein, und gegenüber dem *gmj ktj* „eine andere finden" galt *nk ḥmt ṯꜣj* „eine (verheiratete) Frau schänden" als schweres Verbrechen und ist sogar im 125. Kapitel des Totenbuches, dem sogenannten negativen Bekenntnis, enthalten als Sünde, die der Tote schwört, nicht begangen zu haben.

Abb. 32

Die Auflösung der Ehe war wohl zu allen Zeiten des pharaonischen Ägypten möglich und in der Regel, wenn nicht eindeutige Verfehlungen der Frau vorlagen, mit einer materiellen Abfindung für sie verbunden. Seit dem Neuen Reich gibt es Belege dafür, daß der Frau im Falle der Ehescheidung etwa ein Drittel des gemeinschaftlich in der Ehe erworbenen Vermögens zustand[43]. Aus der Spätzeit (beginnend mit dem 9. Jahrhundert v. Chr., etwa seit der 22. Dynastie) sind dann sogenannte Eheurkunden belegt, d.h. schriftliche Verträge, die zu Beginn des Eheverhältnisses zwischen den Ehepartnern geschlossen wurden und die wichtigsten vermögensrechtlichen Prozeduren sowohl für den Beginn als auch für eine mögliche Beendigung der Ehe festhielten. Sicherlich gab es bereits in der vorausgegangenen Zeit dafür Absprachen. Sie richteten sich aber wahrscheinlich nach allgemein anerkannten Regeln, die keiner besonderen schriftlichen Fixierung bedurften. Die stärker ausgeprägten Privateigentumsverhältnisse des 1. Jahrtausends v. Chr. scheinen dann aber doch für den Einzelfall nach einer schriftlichen Form verlangt zu haben.

Die überlieferten Urkunden besagen[44], daß der Frau zu Beginn der Ehe durch den Ehemann ein kleiner Wert, die sogenannte Frauengabe *(sšp-n-sḥm.t)* in Form von Schmuck, Edelmetall oder Getreide übergeben wurde bzw. zumindest ein Versprechen darauf, das bei einer eventuellen Scheidung wirksam wurde. Weiterhin enthalten die Eheurkun-

Abb. 9 Durch die Darstellung im Grab ihres Mannes nahm die Frau auch über den Tod hinaus an der ehelichen Versorgung teil: gemeinsam empfängt das Ehepaar hier Nahrung von der Baumgöttin. Grabrelief, um 1300 v. Chr.

den eine Auflistung der Sachen, die die Frau mit in die Ehe gebracht hatte, mit genauer Wertangabe *(nktw-n-sḥm.t),* d.h. eine Aufstellung der Aussteuer. Gelegentlich enthielten die Eheurkunden seit dem 4. Jahrhundert v. Chr. eine sogenannte Alimentationsklausel. Sie beurkundet, daß die Ehefrau bzw. ihr Vater dem Ehemann zu Beginn der Ehe einen größeren Wert übergeben hat, durch den ein jährlich genau festgesetzter materieller Aufwand des Ehemannes für die Ehefrau gesichert werden soll. Der Ehemann verspricht darin seinerseits, sein gesamtes gegenwärtiges und künftiges Vermögen einzusetzen, um den festgelegten Unterhalt zu gewährleisten. Gelegentlich ist der Alimentationsklausel noch eine Urkunde beigefügt, in der der Ehemann seiner Frau sein gesamtes Vermögen als Sicherheit übereignet.

Für Griechenland und Rom, wo das individuelle Privateigentum an Produktionsmitteln von Anfang an viel stärker ausgeprägt war als in Ägypten, waren solche Regelungen nahezu unvorstellbar. Deshalb konnte Diodor, der im 1. Jahrhundert v. Chr., d.h. gegen Ende der Ptolemäerzeit, Ägypten bereiste, seine griechischen und römischen Leser wahrhaftig das Gruseln lehren, indem er berichtete, in Ägypten herrsche das Weib über den Mann und die Männer versprächen in Ehekontrakten, in jeder Weise der Ehefrau gehorchen zu wollen[45]. Tatsächlich scheint sich Diodor hier auf eine von ihm gründlich mißverstandene Alimentationsklausel zu beziehen.

Im Falle einer schuldlosen Scheidung konnte die Frau gegen ihren Ehemann theoretisch also folgende Forderungen erheben:

1. Die Frauengabe, falls sie sie nicht bei Beginn der Ehe empfangen hatte,
2. die Rückerstattung ihrer Aussteuer,
3. ein Drittel des gemeinschaftlichen Ehevermögens und
4. alle Ansprüche, die sich aus einer eventuellen Alimentationsklausel ergaben.

Damit stellte die Ehescheidung für einen Mann eine große wirtschaftliche Belastung dar, während sie für eine Frau unter Umständen durchaus mit materiellen Vorteilen verbunden sein konnte. In der Praxis sind Ehescheidungen mit einem solchen Ausgang vermutlich äußerst selten vorgekommen. In der Regel wird der Ehemann Gründe gefunden haben, die es ihm erlaubten, eine nicht mehr gewünschte Ehefrau zu ihren Eltern oder Geschwistern zurückzuschicken. Da Polygamie gesellschaftlich nicht geächtet war, konnte er auch entweder seine bisherige Frau verlassen und eine neue Ehe beginnen, ohne das bestehende Eheverhältnis offiziell zu lösen, oder, wenn seine materiellen Umstände es erlaubten, eine weitere Frau ins Haus nehmen.

Für eine Frau war eine zweite Ehe nach dem Tode ihres ersten Ehemannes oder nach einer Scheidung durchaus möglich. Seit dem 6. Jahrhundert v. Chr. sind Urkunden belegt, die der Mann seiner Frau ausstellte und in denen er sein Recht an ihr als Ehefrau ausdrücklich aufgibt, d.h., es muß auch zu dieser Zeit noch Fälle gegeben haben, in denen sich die Ehepartner gütlich trennten.

Beim Tod des Ehemannes erbten in der Regel die Kinder zwei Drittel des vorhandenen Vermögens, und zwar die Söhne *und* Töchter, wobei dem ältesten Sohn bzw. der ältesten Tochter zumeist besondere Verpflichtungen in bezug auf die Bestattung und die Totenopfer für die Eltern und die Versorgung der überlebenden Mutter entstanden, die wohl *Abb. 9* bei der Erbteilung berücksichtigt wurden. Waren die Kinder beim Tode ihres Vaters noch minderjährig, besaß die Ehefrau und Mutter bis zu deren Volljährigkeit das Verwaltungs- und Nutzungsrecht am Familienvermögen, von dem ihr persönlich ein Drittel als Erbteil zustand. Das Testament einer Frau Niut-nacht aus Theben (Zeit Ramses' V., 1146–42 v. Chr.) zeigt, daß sie über das eine Drittel aus der Erbmasse des Vermögens ihres ersten Ehemannes, des Schreibers Ken-chepesch, völlig frei verfügen konnte. Als sie es in ihrem eigenen Testament unter ihren acht Kindern aufteilte, war sie in der Lage, einige Kinder vom Erbe auszuschließen, weil sie ihrer Versorgungspflicht gegenüber ihrer Mutter nicht nachgekommen waren[46]. Das volle Erbe ihres Mannes konnte eine Frau jedoch nur in Sonderfällen antreten. So ist aus der Regierungszeit Ramses' XI. (1099–1070 v. Chr.) das Testament einer Frau Ni-nefer erhalten, aus dem deutlich wird, daß sie ihren verstorbenen Ehemann nur beerben konnte, weil dieser sie bereits zu seinen Lebzeiten als Kind adoptiert hatte. So kam sie in den Genuß des einen Drittels des Vermögens in ihrer Eigenschaft als Ehefrau, und die restlichen zwei Drittel erhielt sie in ihrer Eigenschaft als Kind. Die Verwandten des Mannes waren auf diese Weise vom Erbe der kinderlos gebliebenen Ehe ausgeschlossen[47].

Die Betrachtung der Stellung der Frau innerhalb der Familie bliebe unvollständig, wenn man nicht auf einen letzten, für die Ägypter aber ganz offenkundig äußerst wichtigen Aspekt einginge: die materielle *Abb. 10* Vorsorge für das jenseitige Leben. Mit anderen Worten: Wie wurden die Frauen in Ägypten bestattet? Die Ausgrabungen prädynastischer Friedhöfe (d.h. die des 5. und 4. Jahrtausends v. Chr.) lassen – soweit in den überwiegend beraubten Begräbnissen Skelettidentifizierungen überhaupt noch möglich waren – ein annäherndes Gleichgewicht von männlichen und weiblichen Grabinhabern vermuten. Der unwesentlich geringere weibliche Anteil an identifizierbaren Gräbern ist wahrscheinlich dadurch auszugleichen, daß ihnen ein etwas höherer Anteil der zerstörten Gräber zuzuschreiben ist, da nur die reicheren Gräber beraubt wurden, aber aus eindeutigen Frauengräbern eine ganze Reihe sehr kostbarer Beigaben belegt ist.

Geht man von der Annahme aus, daß sowohl in prädynastischer als auch dynastischer Zeit der Anteil von Frauen an der Gesamtbevölkerung etwa 50 % betragen hat – die geringere Lebenserwartung der Frauen durch Schwangerschaft und Wochenbett wird wohl durch die Anzahl der durch Arbeit, Jagd und Krieg bei den Männern verursachten frühzeitigen Todesfälle aufgewogen –, dann sollte man auch auf den

Friedhöfen der dynastischen Zeit etwa gleiche Anteile von männlichen und weiblichen Bestattungen erwarten. Dem ist jedoch keineswegs so. Zwar ist der frühdynastische Residenzfriedhof von Heluan mit mehr als 10000 Gräbern so summarisch publiziert, daß daraus keine Zahlenangaben zu gewinnen sind, aber für die anschließende Periode der 4.–6. Dynastie bieten die auf der memphitischen Westseite des Nils liegenden Residenzgräber des Alten Reiches für einen ungefähren Eindruck ein ausreichendes Material. Im Gebiet von Abu Roasch bis Sakkara-Süd sind unter Ausschluß der Königsbestattungen insgesamt 807 Gräber bekannt, aus denen Anhaltspunkte für die vorliegende Fragestellung zu gewinnen sind[48]. Nur 68 von diesen 807 Gräbern gehören Frauen. Es sind fast ausschließlich Frauen oder Töchter von Königen. In den verbleibenden 739 Gräbern männlicher Grabinhaber ist nur in 335 Fällen (also in weniger als der Hälfte!) auch die Ehefrau in irgendeiner Form berücksichtigt, sei es durch eine eigene Kultkammer, einen eigenen Grabschacht mit Sargkammer, eine Statue im Serdab (Statuenkammer), eine Darstellung auf der Scheintür oder wenigstens eine Darstellung mit Namen im Bildprogramm auf den Wänden. In den restlichen 404 Gräbern wird die Ehefrau nicht erwähnt, dafür werden aber gelegentlich die Mutter des Grabinhabers oder seine Kinder genannt. *Abb. 16, 20*

Geht man davon aus, daß die Mehrzahl der Ehefrauen wirtschaftlich weitgehend von ihrem Ehemann abhängig war und im Leben wie im Tode Anspruch auf eine von ihm ausgehende Versorgung hatte, dann wird deutlich, wie wenig sich de facto für den Durchschnitt der Frauen ihre persönliche, juristische Gleichberechtigung auszahlte. Mehr als die Hälfte der männlichen Grabinhaber des Alten Reiches auf der memphitischen Westseite erfüllten ihre Verpflichtung nicht, ihre Ehefrauen auch im Jenseits mitzuversorgen. Im Vergleich zur prädynastischen Zeit, in der Frauen generell eigene Grabstätten erhielten, hatte sich die Situation der Frauen der Residenzbeamtenschaft des Alten Reiches in der wichtigen Frage der Vorsorge für die jenseitige Existenz offenbar wesentlich verschlechtert. *Abb. 9*

Einige Sprüche der Sargtexte deuten für die 1. Zwischenzeit und das Mittlere Reich in die gleiche Richtung. In einer Reihe von Abschnitten[49] drückt der in allen Belegstellen männliche Verstorbene seinen Wunsch aus, auch im Jenseits mit seinen Angehörigen vereint zu sein. In einigen Fällen werden sie sogar spezifiziert genannt als Kinder, Brüder bzw. Geschwister, Vater, Mutter, Freunde, Abhängige, sogar die Gemeinschaft der Siedlungsmitbewohner wird aufgeführt, die Ehefrau ist jedoch in dieser Aufstellung nicht erwähnt.

◁ *Abb. 10 Stele vom Grab einer Frau namens Keben, Frühzeit, um 2900–2800 v. Chr.*

Abb. 11 a/b Die Dörfer und Güter, von denen die Totenopferstiftungen der Beamten beliefert wurden, treten gleichermaßen als Männer und Frauen personifiziert auf. Aus dem Grab des Rahotep in Medum, um 2550 v. Chr.

Zwar liegen aus allen Zeiten des dynastischen Ägypten genügend Zeugnisse vor, die beweisen, daß die Vernachlässigung der Ehefrau in bezug auf die Totenversorgung keine allgemeine Erscheinung war, aber gewisse Tendenzen in diese Richtung lassen sich wohl nicht verkennen. Inwieweit diese Befunde indirekt schon Zeugnis ablegen von einer in der Realität bereits eingetretenen Verschlechterung der gesellschaftlichen Position weiblicher Angehöriger der herrschenden Klasse – eine Verschlechterung, die unter Umständen noch keineswegs von der Mehrheit der bäuerlichen Bevölkerung mitvollzogen worden sein muß, sondern auf die oberen Schichten der Gesellschaft beschränkt geblieben sein kann –, läßt sich aufgrund des fehlenden Belegmaterials nicht untersuchen. In den Darstellungen landwirtschaftlicher Arbeiten werden Frauen zwar nur beim Worfeln des gedroschenen Getreides gezeigt, aber eine geachtete Position von Frauen muß sich durchaus nicht in völliger Gleichartigkeit männlicher und weiblicher Tätigkeit demonstrieren. Möglicherweise lassen sich auch die Prozessionen der Opferträger in
Abb. 11 den Gräbern des Alten Reiches, die in schöner Regelmäßigkeit Männer *und* Frauen als Repräsentanten der Dörfer und Siedlungen zeigen, aus

denen die Produkte für das Totenopfer des jeweiligen Grabinhabers stammen, als Hinweis auf eine den Männern durchaus gleichwertige Stellung der Frauen innerhalb der bäuerlichen Bevölkerung interpretieren.

Es scheint, daß die gesellschaftlichen Grenzen zwischen der einfachen Bauernbevölkerung und der privilegierten Beamtenschicht offenbar noch nicht unüberwindlich waren. Es ist wahrscheinlich gemacht worden, daß die Schreiberschulen nicht nur Söhne von Beamten aufnahmen, sondern ihre Zöglinge auch aus den unteren Schichten rekrutierten[50]. Zweifellos boten Feldzüge und andere Unternehmungen auch talentierten und ehrgeizigen jungen Leuten aus bäuerlichen Kreisen die Gelegenheit, sich im Dienste des Pharaos zu bewähren. Dadurch gab es innerhalb der ägyptischen Gesellschaft immer zwei Tendenzen: Die eine legte Wert auf eine Abkunft von bekannten und geachteten Eltern, die andere betonte den Einfluß des Pharaos, der den Sohn eines „Niemands" aufgrund seiner Tüchtigkeit und seiner Verdienste für den Herrscher zu einem angesehenen Mann gemacht habe. Besonders im Mittleren Reich und in der 18. Dynastie ist das Auftreten solcher „neuen

Leute“ in hohen Verwaltungsämtern und Vertrauensstellungen besonders spürbar. Zur gleichen Zeit gibt es eine gewisse, aber merkliche Tendenz, Filiationsangaben nach der Mutter zu machen, wobei der Vater oft entweder völlig unberücksichtigt bleibt oder deutlich hintangestellt wird.

Dieses Phänomen ist gelegentlich sogar als Argument für die Existenz „mutterrechtlicher Züge“ in der ägyptischen Gesellschaft herangezogen worden. Es läßt sich fragen, ob nicht zwischen beiden Erscheinungen, d.h. zwischen dem gesellschaftlichen Aufstieg von Leuten aus der einfachen Bevölkerung und der Herkunftsbezeichnung nach der Mutter, ein gewisser Zusammenhang besteht, der zur Annahme berechtigt, daß der soziale Status der Frauen innerhalb der Bauernbevölkerung noch über lange Zeit besser gewesen ist als der Status, den Frauen innerhalb der privilegierten Oberklasse einnahmen.

6. FRAUEN AUSSERHALB DER FAMILIE

Obgleich uns aus dem Ägyptischen nicht ein einziger Terminus überliefert ist, der eindeutig die aus Eltern und Kindern bestehende Kleinfamilie umschreibt, sondern alle einschlägigen Ausdrücke ganz offensichtlich größere, durch verwandtschaftliche Beziehungen verbundene, oft auch zusammenlebende Personenkreise bezeichneten[51], scheint gerade der Kleinfamilie als unterster sozialer Einheit eine besondere Bedeutung zugekommen zu sein. Es bestand zwar eine moralische Verpflichtung zur Fürsorge gegenüber alleinstehenden, unversorgten Anverwandten (Mütter, Schwestern, Töchter), aber diese verwandtschaftlichen Hilfeleistungen wurden wohl nicht in jedem Falle wirksam, wenn eine Kleinfamilie durch Tod oder dauernde Abwesenheit des Ehemannes und Vaters in Schwierigkeiten geriet; denn seit der 1. Zwischenzeit existiert in den ägyptischen Texten der Begriff der „Witwe“. Seit dieser Zeit gaben Würdenträger und hohe Beamte gelegentlich in den Idealbiographien, die sie auf den Wänden ihrer Gräber über ihr Leben hinterließen, die Versicherung ab, sich der Witwe angenommen, sie versorgt und ihr beigestanden zu haben[52]. Da gelegentlich der hilfsbedürftige Zustand der „Witwe“ durch die Beifügung „eine, die keinen Ehemann hat“ erläutert wird, schloß dieser Begriff wohl auch alle von ihren Männern verlassenen Frauen ein, die in ihrer eigenen Verwandtschaft keine Unterstützung finden konnten[53].

Das moralische Verdienst, dessen sich die hochgestellten Grabinhaber rühmten, scheint jedoch nicht ausschließlich nur in der Linderung materieller Not bestanden zu haben, sondern bezog sich, nach den überlieferten Texten zu urteilen, auch auf den Schutz vor Unrecht, dem eine verlassene, alleinstehende Frau ausgesetzt war. *„Bedrücke nicht die Witwe"*, heißt es in der „Lehre für Meri-ka-Re", die in der Herakleopoliten-Zeit verfaßt wurde[54]. Wie solche Bedrückung in der Realität ausgesehen haben konnte, darüber informiert uns die „Weisheitslehre des Amenemope" aus dem späten Neuen Reich, die sehr konkret fordert: *„Verletze nicht die (Acker-)Grenze einer Witwe."*[55] Aus diesen und ähnlichen, oft recht beiläufigen Bemerkungen läßt sich folgendes erkennen: Ungeachtet der in vielen Fällen nachweislich wahrgenommenen Verantwortlichkeit verwandter männlicher Familienmitglieder und ungeachtet der allgemein akzeptierten weiblichen Selbständigkeit in Rechtsangelegenheiten stellten verlassene und alleinstehende Frauen, die sich aufgrund dieser Tatsache in einer schwierigen Lage befanden, spätestens seit der 1. Zwischenzeit eine durchaus geläufige Erscheinung in der Gesellschaft des Alten Ägypten dar. Verschlimmert wurde die Lage dieser Frauen noch, wenn sie, entsprechend der allgemeinen Heiratssitte, ihrem Mann in eine von ihrem Geburtsort entfernte Gegend gefolgt waren. Das Mißtrauen, das solchen Frauen entgegengebracht wurde, kleidete die „Weisheitslehre des Anii" in die an den Schüler gerichtete Warnung: *„Hüte dich vor einer Frau von draußen, die in ihrer Stadt nicht bekannt ist."*[56]

Über die Verbreitung von Prostitution im Alten Ägypten sind kaum Angaben zu gewinnen. Die Sitte der Tempelprostitution, bei der sich Priesterinnen als Bestandteil ihrer kultischen Aufgaben zu Ehren einer Gottheit preisgaben, so wie es für andere frühe Gesellschaften bekannt ist[57], läßt sich für das pharaonische Ägypten wohl nicht nachweisen. Aber einige Stellen bei Herodot, der sich in seinen eigenen Beobachtungen oft als kenntnisreicher und zuverlässiger Berichterstatter zeigt – und dabei wesentlich vertrauenswürdiger ist als in den Angaben, die er den Informationen der Einheimischen verdankte –, gestatten immerhin den Schluß, daß eine Reihe von religiösen Feierlichkeiten, so z.B. die Feste des Dionysos[58] sowie die Fahrt nach Bubastis und das dortige Fest[59], mit weitgehenden sexuellen Freiheiten für die teilnehmende männliche und weibliche Bevölkerung verbunden gewesen sein könnten, deren Ursprung sicherlich in alten Fruchtbarkeitsriten lag. Für solche Aspekte bieten die ägyptischen Quellen jedoch ebenso geringe Anhaltspunkte wie für die echte Prostitution.

In den Schülerbelehrungen des Neuen Reiches ist mehrfach in eindeutig tadelndem Tone von Orten die Rede, an denen ein ungeratener Schüler zum Mißvergnügen seiner Lehrer und zum Schaden seiner eigenen Karriere in Gesellschaft von Mädchen bei Trinken und Tanzen die Zeit verbringt, anstatt sich mit seinem Lernpensum zu befassen. Hier scheint immerhin der Schluß nahezuliegen, daß es sich bei den mit *ms.t* bzw. *ḫnm.t* bezeichneten weiblichen Wesen um Frauen handelte, die

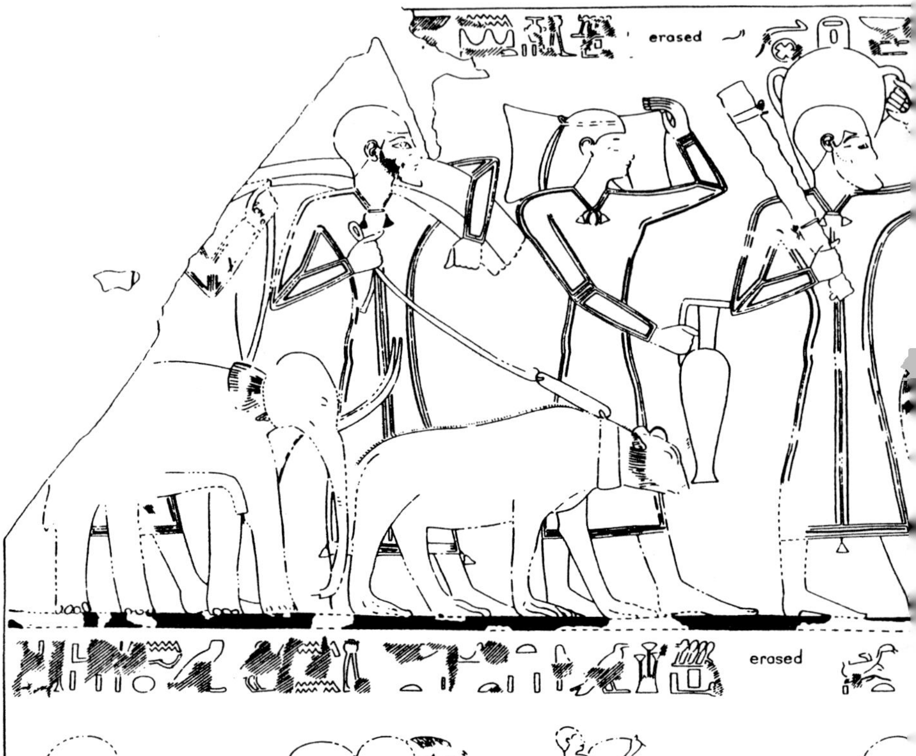

Abb. 12 Syrische Frauen und Kinder gehörten ebenso zur Beute der Kriegszüge des Neuen Reiches wie die reichen Abgaben der eroberten Länder. Aus dem Grab des Wesirs Rechmire in Theben-West, um 1450 v. Chr.

speziell für Unterhaltung und Vergnügen der Gäste in Schenken oder ähnlichen Einrichtungen zuständig waren[60]. Von der Art dieser Vergnügungen ist nur so viel zu erkennen, daß es sich wohl um gesellige Gelage gehandelt haben muß, deren Teilnehmer mit Öl gesalbt und mit Kränzen um den Hals tanzten und tranken. Keinerlei Anhaltspunkte existieren, aus denen auf die Art des „Festortes“ oder der weiblichen Teilnehmer zu schließen ist. Dem gerügten Schüler wird Zeitverschwendung vorgeworfen, nicht unnütze Ausgaben oder gar Unzucht. Auf „käufliche Liebe“ geben die Textstellen nicht den geringsten Hinweis. Dennoch ist es nicht uninteressant festzustellen, daß die Bezeichnungen *ms.t* und *ẖnm.t* erst seit dem Mittleren Reich vorkommen. Gerade seit dieser Zeit wurden durch siegreiche Feldzüge nach Nubien und Vorderasien verstärkt ausländische Gefangene weiblichen und männlichen Geschlechts als Sklaven nach Ägypten gebracht und konnten dort in gewissem Umfang auch von Privatleuten gekauft werden. Es ist daher durchaus vorstellbar, daß zusammen mit den gesteigerten Bezugsmöglichkeiten für junge ausländische Sklavinnen an geeigneten Plätzen auch Bordellbetriebe entstanden, obgleich die recht toleranten ägyptischen Heirats- und Ehesitten solche Einrichtungen kaum erforderlich machten und sexuelle Enthaltsamkeit vor der Ehe moralisch nicht gefordert war.

7. FRAUEN IM STATUS PERSÖNLICHER UNFREIHEIT

Im pharaonischen Ägypten erreichte die Sklaverei weder in quantitativer noch in qualitativer Hinsicht jemals eine den Verhältnissen des antiken Griechenland und Rom auch nur angenäherte soziale und ökonomische Bedeutung. Dennoch ist die Existenz persönlich unfreier Menschen im Status von Sklaven auch für Ägypten nachzuweisen[61]. Quellen der Skla-
Abb. 12 verei waren im Alten und Mittleren Reich zunächst wohl Kriegszüge und das ägyptische Strafrecht, das Personen, die sich gegen den Staat oder das institutionelle Eigentum vergangen hatten, mit ihrer gesamten Familie in den Status von unfrei Dienenden versetzte. Solche Leute waren im Alten und Mittleren Reich Königssklaven *(ḥm-nswt)*, die vom Herrscher zur Arbeit an Institutionen oder Privathaushalte von Würdenträgern und Beamten überwiesen wurden. Der Status als Sklave war erblich, und die entsprechenden Personen selbst konnten vererbt werden. Kauf und Verkauf von Sklaven lassen sich erstmalig für das Mittlere Reich nachweisen. Dabei handelte es sich aber wohl ausschließlich um ausländische Kriegsgefangene, deren Kinder oder im Ausland gekaufte Leute. Eine Versklavung ägyptischer Straftäter und ihrer Familien hat

Abb. 13 Scherbe von einem Tongefäß mit der Zeichnung eines nackten Mädchens, das einen Ofen anbläst, 12. Jh. v. Chr.

nach dem Mittleren Reich nicht mehr stattgefunden, und sie sind wohl auch nie verkauft worden.

Aus dem Neuen Reich sind Preise für Sklaven überliefert. Sie zeigen, daß ein männlicher Sklave mit 2 Deben (= 182 g) Silber nur halb so teuer gehandelt wurde wie eine Sklavin, die immerhin 4 Deben Silber kostete[62].

Durch Zuweisung, Erbschaft, Geburt oder auch durch Kauf gelangten die Sklavinnen und Sklaven in die Haushalte von Würdenträgern und Beamten, aber auch in den Besitz von durchaus nicht sehr hochgestellten Schreibern, Priestern und Handwerkern. Zumindest im Mittleren und Neuen Reich war die Haussklaverei allgemein verbreitet. Dabei scheint es durchaus innerhalb der gültigen Moralnormen gelegen zu haben, daß nicht nur der Hausherr selbst, sondern auch andere männliche Familienmitglieder Rechte auf die im Hause lebenden Sklavinnen geltend machen konnten. Und wenn der Oberpriester des Amun Amenemhet aus der 18. Dynastie in seinem Grabe in Theben von seiner Jugend, die er im Hause seines Vaters verbracht hatte, berichtete: *„Ich schlief*

Abb. 13 *nicht mit einer Dienerin seines Hauses und schwängerte kein Hausmädchen"* [63], dann hört sich das weit eher nach einer Hervorhebung seines eigenen Wohlverhaltens als nach einer Schilderung des Normalfalles an. Inwieweit es den in einer Familie lebenden Haussklaven gestattet war, untereinander eigene Familien zu gründen, ist unbekannt.

Weiter vorn wurde bereits darauf verwiesen, daß die Klassengrenzen zwischen der bäuerlichen und der herrschenden Klasse nicht unüberwindlich waren. Ähnlich verhielt es sich auch mit den Schranken zwischen Sklaven und Freien. So verheiratete der königliche Barbier Sa-Bastet die Tochter seiner wohl mit ihm im Haushalt lebenden Schwester mit einem Sklaven, den er auf einem der Feldzüge Thutmosis' III. eigenhändig gefangengenommen hatte, und stattete ihn mit Besitz aus[64].

Voraussetzung für die Statusänderung eines Sklaven war wohl die Willenserklärung des bisherigen Eigentümers vor dem lokalen Verwaltungsorgan, der „Kenbet". Ein solcher Fall ist erstmals auf einem Papyrus aus der 2. Zwischenzeit angedeutet[65].

Kinder aus einer Verbindung von Freien und Sklavinnen erbten zunächst den Status der Mutter, wie das bereits einmal zitierte Testament der Ni-nefer zeigt, in dem diese die Kinder, die ihr Mann mit einer gemeinsam gekauften Sklavin hatte, als eigene Erben einsetzte.

Außer den weitgehend, wenn auch keineswegs gleichberechtigt in die Familien integrierten Haussklaven gab es auch im Neuen Reich Sklaven und Sklavinnen im Eigentum von Institutionen: So gehörten u. a. auch mehrere Sklavinnen zum Arbeitstrupp der königlichen Nekropolenarbeiter von Deir el-Medineh und wurden dort in den Listen über Getreidelieferungen geführt[66].

8. FRAUEN IM KULT

Frauen konnten sowohl im persönlichen Totendienst für ihre verstorbe-
Abb. 27 nen Väter oder Ehemänner als auch im Erbgang an bereits bestehenden Totenkulten zum Totenpriester bestellt werden und ohne Unterschied zu Männern die damit verbundenen Einkünfte und den Titel eines Totenpriesters übernehmen und weitervererben.

Im Gegensatz zu den Aussagen Herodots[67], der meinte, daß Frauen niemals Priesterdienste verrichten, sind weibliche Priester der untersten Ränge *(wꜥb.t* und *ḥm.t-nṯr)* durchaus im Tempeldienst sowohl für Göttinnen, insbesondere Hathor, als auch für Götter bezeugt, wenn auch in bei weitem geringerer Anzahl als männliche Priester. Eigene, nur von Frauen betriebene Kulte sind jedoch nicht überliefert. Im mittleren oder höheren Priesterdienst treten Frauen nicht auf, auch wenn am Beginn der 18. Dynastie die Königin Ahmes-Nefertari als Inhaberin des

Abb. 14 Kleine Votivstele der Isis, die sich als „Sängerin des Month-in-den-beiden-Ländern" mit dem Sistrum in der Hand beim Kultvollzug darstellen ließ; Kalkstein, um 1250 v. Chr.

von ihr geerbten Amtes eines 2. Priesters des Amun von Karnak erscheint[68], das sie an ihren Bruder und Ehemann, den König Ahmose, verkaufte. Dieser Vorgang besagt aber lediglich, daß Priesterämter oft auf dem Wege des Erbganges in der Familie weitergegeben wurden, ein solches Amt, da es mit Einkünften verbunden war, als Bestandteil der Erbmasse angesehen wurde und Frauen auch in diesen Fällen vom Erbgang nicht ausgeschlossen waren. Es bedeutet aber nicht, daß Ahmes-Nefertari als Erbin der Einkünfte jemals persönlich die mit diesem Amte verbundenen Aufgaben hätte durchführen können. Sie hat diese Stelle tatsächlich ja auch verkauft.

Im musischen Teil des Tempeldienstes verzichtete man jedoch zu *Abb. 14* keiner Zeit auf aktive weibliche Mitwirkung. Musikantinnen, Sängerinnen und Tänzerinnen waren ebenso wie ihre männlichen Kollegen für eine ordentliche Durchführung des Kultes unerläßlich. Möglicherweise läßt sich auch aus dieser Tätigkeit ein Teil der niederen Priestertitel von Frauen erklären.

9. FRAUEN IN DER GÖTTERWELT

Die Ägypter besaßen ein überaus reichhaltiges Pantheon mit einer Vielzahl von unterschiedlichen Göttern und Göttinnen. Etwa dreißig unter ihnen waren von umfassenderer Bedeutung, wurden landesweit verehrt und besaßen eigene Tempel sowie Kultstellen in Tempeln anderer Götter. Sie bildeten untereinander ein der menschlichen Gesellschaft durchaus ähnliches soziales Gefüge, besaßen einen Götterkönig und gehörten zu Götterkollegien und Götterfamilien, die oft mehrere Generationen umfassen konnten.

Auch wenn die Ägypter nicht alle ihre Götter mit jeweils einmaligen, unverwechselbaren Eigenschaften ausgestattet und nicht jedem einzelnen einen eindeutig begrenzten Verantwortungsbereich zugewiesen hatten, so gab es doch Wirkungsweisen und Zuständigkeiten, die für einige Götter mehr, für andere weniger charakteristisch waren.

Betrachtet man nun diese Charakteristika unter dem Aspekt ihrer Zuordnung zu männlichen und weiblichen Göttern, so zeigt sich, daß diejenigen unter den Göttern, die vorrangig für die Schöpfung und die Herrschaft verantwortlich gemacht wurden, also Geb, Atum, Horus, Re, Amun, Ptah, Chnum und Min, prinzipiell männlich waren. Ebenso scheint die Fruchtbarkeit von Feldern und Vieh vornehmlich männlichen Göttern zugeschrieben worden zu sein, nämlich Amun, Apis, Osiris, Sokar. Für die Nilüberschwemmung zeichnete Chnum als Katarakten-Gott zusammen mit den Göttinnen Satet und Anukis verantwortlich sowie gelegentlich der Krokodilgott Sobek. Selbst der Nilgott Hapi war männlich, ebenso Osiris, der Herrscher der Unterwelt, und Thot, der Herr der Gelehrsamkeit und des Berechnens.

Weibliche Götter waren dagegen vornehmlich mit Schutz und Abwehr feindlicher Mächte sowie mit der menschlichen Fruchtbarkeit befaßt: Hathor, Isis, Sachmet und Bastet. Eine Gottheit, die das häusliche Herdfeuer schützt, scheinen die Ägypter nicht gekannt zu haben.

Im ägyptischen Pantheon lassen sich weder Spuren einer alles gebärenden Ur- und Nährmutter nachweisen, noch hatten die Ägypter ihren

Göttinnen überhaupt eine prominente Rolle gegenüber den männlichen Gottheiten eingeräumt. Im Gegenteil, selbst eindeutig weibliche Aktivitäten, wie das Gebären von Göttern, wurden gelegentlich männlichen Gottheiten zugesprochen. So brachte z.B. Atum, der Urgott von Heliopolis, das erste Götterpaar Schu und Tefnut durch Ausspeien hervor, und Seth „gebar" den Thot aus seinem Knie.

10. ZUSAMMENFASSUNG UND SCHLUSSFOLGERUNGEN

Das im Vorstehenden gezeichnete Bild von der gesellschaftlichen Stellung der ägyptischen Frauen läßt durchaus eine Reihe von Widersprüchen erkennen: Zum einen existierten zahlreiche wichtige soziale Rechte und Pflichten, die gleichermaßen für Männer und Frauen galten. Frauen waren in der gesamten Zeit des pharaonischen Ägypten offiziell nicht mit ideologisch begründeten Negativaussagen belastet. Im Rahmen der herrschenden gesellschaftlichen Normen waren sie frei, bedurften für juristische Handlungen keines männlichen Vormundes, konnten Eigentum jeder Art selbst besitzen, verwalten und vergeben. Sie unterlagen weder in ihrem Umgang noch in ihrer Bewegungsfreiheit wesentlichen, durch gesellschaftliche Normen verfügten Beschränkungen und hatten keinerlei besondere Verhüllungsvorschriften zu befolgen, die in den entsprechenden Gesellschaften wohl immer Ausdruck männlichen Besitzanspruches auf die Frau sind. Frauen besaßen den Männern gleichgestellte Erbansprüche an ihre Eltern, waren aber gleich ihren Brüdern verpflichtet, im Bedarfsfalle für ihre alt gewordenen Eltern zu sorgen und gegebenenfalls deren Bestattung und Totenkult durchzuführen. Frauen wurden nicht in die Ehe verkauft, wenngleich die Modalitäten bei Begründung einer Ehe noch weitgehend unklar sind. Beim Tode ihres Ehemannes sowie bei der Auflösung des Eheverhältnisses, die zumindest theoretisch auch von der Frau ausgehen konnte, hatte eine Frau Anspruch auf Teile des gemeinschaftlichen Ehevermögens, sofern ihr nicht Ehebruch zur Last gelegt werden konnte.

Unter diesen Bedingungen, die grundsätzlich in der gesamten dynastischen Zeit bestanden, waren die Ägypterinnen ungleich freier als die Frauen in einer Reihe anderer Gesellschaften dieser und späterer Zeiten. Dennoch wird man wohl kaum von einer dem Manne gleichberechtigten Stellung der ägyptischen Frau sprechen können. Die ägyptische Gesellschaft war ganz eindeutig „männlich" ausgerichtet[69]. Öffentliche gesellschaftliche Funktionen, angefangen vom Pharao bis zu niederen Verwaltungsbeamten, waren Männern vorbehalten. Selbst die Königin Hatschepsut ließ sich in ihren offiziellen Darstellungen als Mann abbilden. Das für Frauen vorgesehene Betätigungsfeld war primär die Fami-

Abb. 15 Der Beamte Eje empfängt das „Ehrengold" aus der Hand König Echnatons; seine Frau begleitet ihn und nimmt an seiner Ehrung teil; aus dem Grab des Eje in Amarna, um 1350 v. Chr.

lie. Da für die nichtbäuerliche Bevölkerung die Identität von Familie und Produktionseinheit weitgehend aufgehoben war und das Familieneinkommen zum überwiegenden Teil aus der qualifizierten Tätigkeit des Ehemannes und Familienvaters als Würdenträger, Beamter, Schreiber oder Handwerker resultierte, waren Frauen vom selbständigen Eigentumserwerb weitgehend ausgeschlossen. Ihre Möglichkeiten beschränkten sich im wesentlichen auf Erbschaften und Schenkungen. Der wirtschaftlich abhängigen Lage, in der sich die Frauen dadurch befanden, wurde durch einen Versorgungsanspruch Rechnung getragen, den Frauen gegenüber ihren Ehemännern im Leben wie im Tode besaßen. Die Realisierung dieses Anspruchs war aber – bis auf die Erbteilung im Todesfalle des Ehemannes – weitgehend von der Art der persönlichen Beziehungen zwischen den Ehepartnern abhängig. Beruhte ihr Verhältnis auf gegenseitiger Achtung und Liebe, dann konnten die Lebensumstände der Frau durchaus positiv gestaltet sein. Sie erhielt einen Platz im Grabe ihres Mannes, der ihr auch eine Beteiligung an den Totenopfern sicherte. Die fehlende gesellschaftliche Diskriminierung schuf gute Bedingungen dafür, daß die Frau trotz objektiver materieller Abhängigkeit auf der Basis der natürlichen Arbeitsteilung in der Familie ein befriedigendes Tätigkeitsfeld fand, auf dem sie ihre Fähigkeiten voll entfalten konnte.

Abb. 15

Ob diese positiven Verhältnisse zwischen den Ehepartnern gegeben waren, scheint jedoch weitgehend von der Einschätzung des Mannes abhängig gewesen zu sein; denn die monogame Ehe war für den Mann nicht obligatorisch. Und inwieweit für die Aufnahme weiterer Frauen in den Haushalt das Einverständnis einer bereits existierenden Ehefrau erforderlich war, läßt sich nicht nachprüfen. Zwar wird eine verstoßene oder verlassene Ehefrau in der Regel in den Schoß ihrer eigenen Familie zurückgekehrt sein, sie ging damit aber ihres eigentlichen, von der Gesellschaft vorgesehenen Tätigkeitsfeldes als Hausfrau und damit auch ihrer dauernden materiellen Sicherstellung verlustig, auch wenn es ihr gelang, eine Abfindung zu erreichen. Eine „geschiedene" Frau war aber gesellschaftlich nicht geächtet und konnte wohl ohne Schwierigkeiten eine weitere Ehe eingehen. Dennoch spielen verlassene Frauen, sog. „Witwen", immerhin eine gewisse Rolle in der ägyptischen Literatur als Wesen, die des Schutzes staatlicher Würdenträger bedürfen.

Zusammenfassend läßt sich feststellen, daß unter den Bedingungen der frühen Klassengesellschaft des Alten Ägypten die Stellung der Frauen der nichtbäuerlichen Bevölkerung durchaus zwiespältig war: Die generelle Beschränkung ihrer Wirksamkeit auf die Familie sowie Unterlegenheit in bezug auf den selbständigen Eigentumserwerb und die Aneignung von Bildung schufen für die überwiegende Mehrheit der Frauen eine objektive wirtschaftliche Abhängigkeit von ihren Ehemännern.

Damit waren latent bereits Bedingungen gegeben, die es gestatteten, bei zunehmendem individuellem Privateigentum an Produktionsmitteln und einer Verschärfung der antagonistischen Klassenverhältnisse Frauen weitgehend zu entmündigen und sie der doppelten Unterdrückung durch Gesellschaft und Familie zu unterwerfen.

ANMERKUNGEN

1 Herrmann, J. et.al.: Lexikon früher Kulturen, Bd. 2, Leipzig 1984, S. 79 (Stichwort: Mutterrecht).
2 Grünert, H.: Geschichte der Urgesellschaft, Berlin 1982, S. 157, 165, 198, 213, 241, 242, 248, 270.
3 Bebel, A.: Die Frau und der Sozialismus, Berlin 1953, S. 39.
4 Zum Prinzip der 'Maat' vgl. Helck, W.: Lexikon der Ägyptologie, Bd. III, Wiesbaden 1979, Sp. 1110–19.
5 Baines, J. und C. J. Eyre: Four notes on Literacy, in: Göttinger Miszellen 61, 1983, insbes. S. 65–77.
6 Erkennbar z.B. in den Schülerbelehrungen aus der 19. und 20. Dynastie u.a. in Erman, A.: Die Literatur der Ägypter, Leipzig 1923, insbes. S. 238–302.
7 Text nach Žába, Z.: Les Maximes de Ptaḥḥotep, Prag 1956, S. 37–38, Zeile 277–88.
8 ders., a.a.O., S. 41–43, Zeile 325–38.
9 Erman, A. und Grapow, H.: Wörterbuch der Ägyptischen Sprache, Bd. II, Berlin 1957, S. 421.
10 Crum, W.E.: A Coptic Dictionary, Oxford 1939, S. 294.
11 Zur Bekleidung vgl. Bonnet, H.: Die ägyptische Tracht bis zum Ende des Neuen Reiches, Leipzig 1917; Staehelin, E.: Untersuchungen zur ägyptischen Tracht im Alten Reich, München 1966; dies., in: Lexikon der Ägyptologie, Bd. VI, Wiesbaden 1985, Sp. 726–37 (Stichwort: Tracht).
12 Handel im Alten Reich z.B. Lepsius, Denkmäler II 96 und 103a; Handel im Neuen Reich z.B. Davies, N.: Two Ramesside Tombs, New York 1927, Tafel 30; ders., in: Journal of Egyptian Archaeology 33, 1947, S. 40–46 und Tafel 8.
13 Herodot, Historien II, 35.
14 Vgl. Ranke, H.: Die ägyptischen Personennamen, Bd. II, Glückstadt–Hamburg–New York 1952, insbes. S. 3–5.
15 Allam, Sh.: in: Lexikon der Ägyptologie, Bd. V, Wiesbaden 1983, Sp. 182–87 (Stichwort: Recht).
16 Seidl, E.: Einführung in die Ägyptische Rechtsgeschichte bis zum Ende des Neuen Reiches, Glückstadt 1939, S. 43.
17 Zuletzt dazu: Gödecken, Karin B.: Eine Betrachtung der Inschriften des Meten im Rahmen der sozialen und rechtlichen Stellung von Privatleuten im Alten Reich, Wiesbaden 1976, S. 11.
18 Gardiner, A.H.: The Wilbour Papyrus, insbes. Bd. IV, Oxford 1952.
19 A.a.O., Bd. II, 1948, S. 76.
20 Knudtzon, J. A.: Die El-Amarna-Tafeln, Bd. 1, Leipzig 1915, S. 73. Erst für einen der letzten Herrscher der 21. Dynastie (vermutlich den Pharao Si-Amun, der ca. 978–960 v. Chr. regierte) läßt sich aus dem Alten Testament (1. Kgn. 9, 16) erschließen, daß er seine Tochter an den biblischen König Salomo verheiratete und ihr die Philister-Stadt Gezer als Mitgift gab, die er erst kurz zuvor auf einem Beutezug erobert hatte.
21 Seipel, W., in: Lexikon der Ägyptologie, Bd. II, Wiesbaden 1977, Sp. 1104–1107 (Stichwort: Heiratspolitik).

22 Eindeutig nachweisbar ist dieser Sachverhalt jedoch nicht.
23 Graefe, E.: Untersuchungen zur Verwaltung und Geschichte der Institution der Gottesgemahlin vom Beginn des Neuen Reiches bis zur Spätzeit, Wiesbaden 1981, insbes. Bd. 2, S. 9 und 10.
24 Überliefert sind z.B. eine „Leiterin der Speisehalle", eine „Vorsteherin der Perückenwerkstatt", eine „Vorsteherin des Hauses der Weberinnen", eine „Wesirin" aus Assiut, die neben ihrem Ehemann, der Gaufürst war, amtierte, eine „Schatzmeisterin" aus Beni Hassan, die ebenfalls zur Familie des dortigen Gaufürsten gehörte. Dazu kommt noch eine Schreiberin aus dem Haushalt einer Königin der 13. Dynastie sowie aus dem Neuen Reich mehrere Haremsvorsteherinnen von Göttern.
25 Darstellung bei Klebs, L.: Die Reliefs und Malereien des Mittleren Reiches, Heidelberg 1922, S. 85; dies.: Die Reliefs und Malereien des Neuen Reiches, Heidelberg 1934, S. 180.
26 Macramalla, B.: Le Mastaba d'Idout, Kairo 1935, Tafel 7.
27 Zu dem einzigen Beispiel aus ptolemäischer Zeit vgl. B. Schmitz, oben S.113, Anm. 3.
28 Vgl. dazu Brunner, H: Altägyptische Erziehung, Wiesbaden 1957, S. 47–48.
29 Näher ausgeführt bei Franke, D.: Altägyptische Verwandtschaftsbezeichnungen im Mittleren Reich, Hamburg 1983, S. 317–21.
30 Franke, a.a.O., S. 139 und 341.
31 Ptahhotep, vgl. Anm. 7, Zeile 332.
32 Franke, a.a.O., S. 340 mit Literaturangaben zur Polygamie in Ägypten.
33 Herodot, Historien II, 35.
34 Grapow, H.: Von den medizinischen Texten, Berlin 1955, S. 143.
35 Erman, A.: Zaubersprüche für Mutter und Kind, Berlin 1901.
36 Ptahhotep, vgl. Anm. 7, Zeile 325.
37 Glanville, S.R.K.: Catalogue of the Demotic Papyri in the British Museum, Vol. II, part I, London 1955, S. 29, Col. 11,7.
38 Sandison, A. T., in: Lexikon der Ägyptologie, Bd. II, Wiesbaden 1977, Sp. 295 (Stichwort: Frauenheilkunde).
39 Kischkewitz, H.: Liebe sagen, Lyrik aus dem ägyptischen Altertum, Leipzig 1973, S. 74.
40 In diesem Punkte gibt es unter Ägyptologen kontroverse Ansichten: vgl. Allam, Sh., der sich im Lexikon der Ägyptologie, Bd. I, Wiesbaden 1975, Sp. 1169 für Jungfräulichkeit ausspricht, während Morenz, S.; Die Stellung der Frau im Alten Ägypten, Leipzig 1982, S. 20–21 explizite dagegen Stellung nimmt.
41 Z.B. ḥwn – junger Mann, ḥwn.t – junges Mädchen, Wörterbuch d. äg. Sprache III, 52, 53; ᶜḏd – junger Mann, ᶜḏd.t – junges Mädchen, WB I, 242; rnn – junger Mann, rnn.t – junges Mädchen, WB II, 435.
42 Allam, Sh., in: Lexikon der Ägyptologie, Bd. I, Wiesbaden 1975, Sp. 1174–75 (Stichwort: Ehe/Ehebruch).
43 ders., a.a.O., Sp. 1172.
44 ders., a.a.O., Sp. 1171–74 (Stichwort: Ehe/Güterrecht).
45 Diodor I, 27.
46 Černý, J.: The will of Naunakhte, in: Journal of Egyptian Archaeology 31, 1945, S. 29–53.
47 Gardiner, A.: Adoption extraordinary, in: Journal of Egyptian Archaeology 26, 1940, 23–29.
48 Porter, B. – Moss, R.: Topographical Bibliography of Ancient Egyptian Hieroglyphic Texts, Reliefs and Paintings, Teil III Memphis, 2. Auflage, Oxford 1974.
49 de Buck, A.: The Egyptian Coffin Texts, Bd. II, Spr. 131, S. 151 c–d, Spr. 132, S. 154h, Spr. 136, S. 164f–g, Spr. 146, S. 181d–e, S. 182a, S. 183a, S. 186a.
50 Brunner, H.: Altägyptische Erziehung, Wiesbaden 1957, S. 40–42.

51 Vgl. Franke, D.: Altägyptische Verwandtschaftsbezeichnungen im Mittleren Reich, Hamburg 1983, S. 178–301.
52 Eine Zusammenstellung von Belegen zum Thema „Hilfeleistung gegenüber Witwen" in den ägyptischen Quellen gibt Franke, D., a.a.O., S. 250, Anm. 3; verwiesen sei auch auf die interessanten Ausführungen von J. Leipoldt über den Witwenstand in der frühen christlichen Kirche: Die Frau in der antiken Welt und im Urchristentum, Leipzig 1954, S. 205–11.
53 Dendera Grab 326; Schenkel, W.: Memphis – Herakleopolis – Theben, Wiesbaden 1965, S. 166: „Ich versorgte die Witwe, die keinen Mann hat"; Anthes, R.: Die Felseninschriften von Hatnub, Leipzig 1928, S. 33: „Ich war einer, der die Witwe meldete, die keinen Mann hat".
54 Pap. Eremitage 1116 A Zeile 47; vgl. Volten, A.: Zwei altägyptische politische Schriften, Kopenhagen 1945, S. 21.
55 Amenemope Kap. 6, 7, 15; vgl. Grumach, I.: Untersuchungen zur Lebenslehre des Amenemope, München/Berlin 1972, S. 56.
56 Suys, E.: La Sagesse d'Ani, Rom 1935, S. 29.
57 Vgl. Herrmann, J. et al.: Lexikon früher Kulturen, Bd. 2, Leipzig 1984, S. 322 (Stichwort: Tempelprostitution).
58 Herodot, Historien II, 48.
59 Herodot, Historien II, 60.
60 Das Wörterbuch der Ägyptischen Sprache, Bd. II, S. 140, Bd. III, S. 292 übersetzt „Dirne o.ä."
61 Vgl. Allam, Sh., in: Lexikon der Ägyptologie, Bd. I, Wiesbaden 1975, Sp. 768–75 (Stichwort: Bevölkerungsklassen); Helck, W., a.a.O., Bd. V, 1984, Sp. 982–87 (Stichwort: Sklaven).
62 Helck, W., a.a.O., Sp. 984 und Anm. 27.
63 Gardiner, A.: The tomb of Amenemhet, high-priest of Amon, in: Zeitschrift für Ägyptische Sprache und Altertumskunde 47, 1910, S. 92 und Tafel I.
64 Helck, W.: Urkunden der 18. Dynastie, Heft 17, Neudruck Berlin 1984, S. 1369.
65 Smither, P.C.: The report concerning the slave-girl Senbet, in: Journal of Egyptian Archaeology 34, 1948, S. 31–34 und Tafel VIII.
66 Endesfelder, E.: Sklaven (ḥmw) in der Nekropole von Deir el Medine, in: Altorient. Forschungen V, 1977, S. 17–24.
67 Herodot, Historien II, 35.
68 Kees, H.: Das Gottesweib Ahmes-Nofretere als Amonspriester, in: Orientalia 23, 1954, S. 57–63.
69 Auch wenn W. Spiegelberg im Journal of Egyptian Archaeology 15, 1929, S. 199 (und nach ihm noch andere) von einem „femininen Charakter" des Neuen Reiches spricht.

WEITERFÜHRENDE LITERATUR

Morenz, S.: Die Stellung der Frau im Alten Ägypten, Leipzig 1982.
Nofret – die Schöne, Die Frau im Alten Ägypten. Ausstellungskatalog Bd. 1, Mainz 1984, Bd. 2, Mainz 1985.
Leipoldt, J.: Die Frau in der antiken Welt und im Urchristentum, Leipzig 1954.
Wenig, St.: Die Frau im Alten Ägypten, Leipzig 1969.

CHRONOLOGISCHE ÜBERSICHT ÜBER DIE GESCHICHTE ÄGYPTENS

VORGESCHICHTE		bis	um	3000	v. Chr.
FRÜHZEIT, 1./2. Dynastie	Thinitenzeit		um	2925 – 2657	v. Chr.
ALTES REICH, 3.–6. Dyn.	Pyramiden-Zeit		um	2657 – 2154	v. Chr.
1. ZWISCHENZEIT, 8.–10. Dyn.					
	8. Dynastie		um	2154 – 2137	v. Chr.
	9./10. Dyn., Herakleopoliten-zeit		um	2137 – 2030	v. Chr.
MITTLERES REICH, 11./12. Dyn.					
	Reichseinigung durch Mentuhotep II.		um	2030	v. Chr.
	12. Dynastie		um	1994 – 1781	v. Chr.
2. ZWISCHENZEIT, 13.–17. Dyn.					
	13. Dyn.		um	1781 – 1650	v. Chr.
	15./16. Dyn., Hyksos-Zeit		um	1650 – 1542	v. Chr.
	17. Dyn.		um	1650 – 1542	v. Chr.
NEUES REICH, 18.–20. Dyn.					
	18. Dyn.		um	1542 – 1295	v. Chr.
	19./20. Dyn., Ramessiden-Zeit		um	1295 – 1069	v. Chr.
3. ZWISCHENZEIT, 21.–25. Dyn.			um	1069 – 664	v. Chr.
SPÄTZEIT, 26.–30. Dyn.				664 – 332	v. Chr.
PTOLEMÄER-ZEIT				332 – 30	v. Chr.

Zahlen nach W. Helck, Geschichte des alten Ägypten (Handbuch der Orientalistik I, 1, 3; 2. Auflg., Leiden – Köln 1981).

Bettina Schmitz

Tochter – Ehefrau – Mutter

FRAUENALLTAG IM ALTEN ÄGYPTEN

1. EINFÜHRUNG

In den über 160 Jahren ihres Bestehens hat sich die Ägyptologie mit vielen wichtigen Themen beschäftigt: Das Hauptaugenmerk lag von Anfang an auf der Sprachforschung und der Rekonstruktion der Geschichte. Religion, Kunst und Fragen der allgemeinen Kulturgeschichte kamen hinzu.

Das Ergebnis ist recht respektabel. Wenn ich aber ehrlich bin, dann beschleicht mich jedesmal ein unbehagliches Gefühl, wenn ich Fragen nach den Menschen und ihrem Alltagsleben beantworten soll: Was wissen wir eigentlich wirklich über den Alltag der Menschen im Niltal?

Und vor allem: Was wissen wir eigentlich über den Alltag von Frauen im alten Ägypten? Allgemeine Untersuchungen über das tägliche Leben, wie es die Beamten führten, wie es aufgrund von Darstellungen für die Landarbeiter, Viehhirten, Fischer, Handwerker und Arbeiter bis zu einem gewissen Grade nachvollziehbar ist, existieren zwar bereits. Eine Kulturgeschichte oder gar Alltagsgeschichte der altägyptischen Frauen gibt es aber bis heute nicht.

Dies ist ja einer der Gründe, warum gerade zum Thema „Frau" die große Ausstellung „Nofret – Die Schöne. Die Frau im alten Ägypten" zusammengestellt wurde. Sie sollte helfen, einen – etwas vereinfacht ausgedrückt – fast noch weißen Flecken auf der Landkarte der Ägyptologie auszufüllen. Die Gegenstände dieser Sonderausstellung warfen aber auch die wichtige Frage nach der Quellenlage auf: Wie ist es eigentlich überhaupt mit Quellen zur Geschichte und Kulturgeschichte der Frau in Ägypten bestellt? Welche Probleme ergeben sich bei der Auswertung?

Zunächst einmal möchte man, eingedenk der enormen Fülle an Erhaltenem aus Ägypten, formulieren, es gäbe mehr als genug Quellenmaterial. Bei genauerer Sichtung stößt man jedoch sehr schnell auf Schwierigkeiten. Vordergründig betrachtet gibt es sicherlich eine überwältigende Fülle an Unterlagen, d.h.: Darstellungen von Frauen, Gegenstände, die Frauen gehört haben, schriftliche Aussagen über Frauen und so weiter. Vordergründig ausgewertet ergab sich aber, wie gerade diese Ausstellung „Nofret – Die Schöne" gezeigt hat, die große Gefahr, das Bild oder das Wort eben „bildlich" bzw. „wörtlich" zu nehmen. So je-

Abb. 16

Abb. 17

Abb. 16 Ein Beispiel aus der unerschöpflichen Fülle an Frauendarstellungen: oben als Ehefrau mit Mann und Kindern auf der Jenseitsfahrt, darunter als Gabenträgerin und Dienerin, die Getreide zu Mehl reibt. Relief aus dem Grab des Meni in Giza, um 2200 v. Chr.

doch, das läßt sich für Ägypten eindeutig nachweisen, kann man die uns erhaltenen Quellen nicht auswerten und interpretieren[1].

Was wir auf den ersten Blick, ganz vordergründig und ganz wörtlich, als Abbild der Wirklichkeit auffassen möchten, ist, durch die Augen der alten Ägypter betrachtet, eben nicht ein Bild der gelebten Wirklichkeit,

sondern der gewünschten, gedachten Wirklichkeit. Mit anderen Worten: Alle Bilder und alle Texte müssen zunächst einmal daraufhin untersucht werden, ob sie tatsächlich Geschehenes wiedergeben oder das, was die Ägypter selbst mit Maat „Wahrheit" umschrieben[2]. Diese gedachte Wahrheit, die alle offiziellen und für die Ewigkeit bestimmten Darstel-

Abb. 17 Die weiblichen Familienangehörigen nehmen an der Jenseitsversorgung des Grabherrn teil – in kleinerem Maßstab im Register unter ihm dargestellt; aus einem Grab des Alten Reiches in Giza.

Abb. 18 lungen und Texte entscheidend prägte, ist eine Idealvorstellung gewesen und hatte damit auch Idealdarstellungen zum Ergebnis: Danach sind alle Ägypterinnen schön, jung, schlank und gesund gewesen (mit anderen Worten eben nofret „vollkommen"), alle Ehen glücklich, alle Kinder brav und problemlos für ihre Eltern in puncto Erziehung, pietätvoll und vorbildlich in ihrem Verhalten gegenüber den Eltern im Leben wie nach dem Tode. Daß diese gedachte Wahrheit auf jeden Fall nicht immer mit der gelebten Wirklichkeit übereinstimmen konnte, ist selbstverständlich und liegt in der Natur der Menschen.

Die Vorstellung von der Maat kann man auch umschreiben mit dem Begriff „Weltordnung“. Ihr war nicht nur das Leben des einzelnen Menschen, sondern das ganze staatliche Leben unterworfen. Der König galt als Garant der Maat. Seine Herrschaft beruhte auf dem Auftrag durch die Götter, im Sinne der Maat die Geschicke Ägyptens zu lenken. Reale historische Geschehnisse, die nach ägyptischem Verständnis nicht der Maat entsprachen, mußten daher in der Überlieferung unterdrückt oder umgedeutet werden. Das klassische Beispiel dafür stellt die Schlacht bei Kadesch dar, die Ramses II. (Neues Reich, 19. Dynastie, 13. Jahrhundert v. Chr.) gegen die Hethiter verlor. Da ein solches Versagen Pharaos aber nicht in Einklang mit der Maat war, wurde in den ägyptischen Quellen ein mit knapper Not, unter persönlichem Einsatz des Königs und mit Unterstützung der Götter errungener Sieg daraus. Diese „Wahrheit“ (Maat) wird – welch ein Glück für heutige Historiker! – durch die hethitischen Quellen korrigiert.

Behält man diese spezifisch ägyptische Sichtweise von der Maat im Auge, so muß man beim Thema Frau besonders noch zwei weitere Aspekte beachten, bevor man an eine Auswertung des vorhandenen Quellenmaterials gehen kann. Das ist erstens einmal die typische ägyptische Scheu, über bestimmte Dinge überhaupt etwas aufzuschreiben oder aufzuzeichnen. „Scheu“ ist vielleicht etwas zu stark: Es war ganz einfach nicht üblich, sich über sein Privatleben, das Familienleben oder die Intimsphäre in Form von offiziellen Aufzeichnungen zu äußern. Denn Texte und Bilder wurden ja nicht um ihrer selbst willen gemacht, sondern mit einem bestimmten Zweck, der meist (in Gräbern und Tempeln auf jeden Fall) auf eine Festschreibung von Wort und Bild für die Ewigkeit zielte. Wort und Bild mußten dabei in Einklang mit der Maat, der gedachten, allgemein verbindlichen Wahrheit und Weltordnung stehen. Wir dürfen also von vornherein Äußerungen in Texten und Bildern zum Thema Alltag, wie wir ihn heute verstehen würden, von den Ägyptern im allgemeinen nicht erwarten. Eine für die Forschung und besonders auch unsere Fragestellung außerordentlich wichtige Ausnahme von dieser Regel stellen die juristischen Texte aus der Arbeitersiedlung Deir el-Medineh dar. In ihnen spiegelt sich eindrucksvoll und vor allem realistisch die Alltagswelt der damaligen Zeit (13.–12. Jahrhundert v. Chr.) wider.

Das zweite Problem, das Schwierigkeiten gerade beim Thema Frau bereitet, ist das Fehlen jeglicher Selbstäußerungen von seiten der Frau. Bei den ägyptischen Männern hat man immerhin die sogenannten autobiographischen Inschriften aus Gräbern und auf Denksteinen, in denen Beamte, Militärs oder Priester in idealisierter Form einen Überblick über ihr Leben geben. Diese Texte enthalten wenigstens einige Anhaltspunkte über Ausbildungsgänge, Karrieren und dazugehörige Altersstufen; sie

ergeben auch Auskünfte darüber, wie alt diese Männer geworden sind. Entsprechende Texte aus dem Munde von Frauen fehlen aber ganz[3].

Ich möchte das Thema dieses Vortrages noch weiter einschränken: Ich verzichte nämlich darauf, die allseits bekannten altägyptischen Frauen hier mit heranzuziehen; ich klammere Königinnen und Prinzessinnen und damit so bekannte Frauen wie Nofretete, Teje und Hatschepsut absichtlich aus.

Mir geht es vielmehr um die im Vergleich dazu „namenlosen" Frauen aus allen Zeiten der ägyptischen Geschichte, über die wir selten mehr als ihre Personennamen und eine Angabe, wessen Frau, wessen Tochter oder wessen Mutter sie waren, in Erfahrung bringen können. Ich möchte versuchen, das Leben (oder doch Teile davon) der ganz normalen Frauen nachzuzeichnen in seinen Entwicklungsstadien von der Tochter zur Ehefrau und zur Mutter. Was für ein Leben führte das junge, noch unverheiratete Mädchen, wie fest war es in die Familie eingebunden, welche Rechte und welche Pflichten besaß es? Was änderte sich, wenn ein junges Mädchen heiratete und Ehefrau wurde? Was wiederum änderte sich, wenn eine Frau Mutter wurde?

2. DIE FRAU ALS TOCHTER

Eine Fülle von bildlichen Belegen zeigt seit dem Alten Reich, also der 2. Hälfte des 3. Jahrtausends v. Chr., kleine Mädchen, heranwachsende Mädchen und junge Frauen, die als „seine Tochter" in bezug auf ihren Vater oder – allerdings seltener – „ihre Tochter" mit Bezug auf die Mutter bezeichnet werden. Informationen dieser Art stammen aus den Gräbern der Privatleute und von ihren Statuen – in seinen Bildern für die Ewigkeit hat sich der Ägypter stets mit seiner Familie umgeben. Dies ist nicht nur ein Beleg dafür, daß das Leben (zumindest aus der Sicht des Mannes als Auftraggeber der Grabdekoration und der Statuen) als Familie und mit der Familie als normale, natürliche und gleichzeitig ideale Daseinsform empfunden wurde, sondern man darf sicher im Hintergrund auch eine wirklich positive Einstellung zur Familie und zu Kindern annehmen, was sich über die Bilder hinaus auch anhand der Texte nachweisen läßt.

Abb. 21–26

Abb. 19

◁ *Abb. 18 Das Bildnis der Pepi entspricht zwar dem konventionellen Schönheitsideal, fällt aber sonst ganz aus dem Rahmen: gegen jede Tradition ist Pepi größer als ihr Ehemann dargestellt; um 2300 v. Chr.*

Abb. 19 Eine typische Familien-Szene des Alten Reiches: voran Mehi mit seinen Söhnen, dahinter seine Frau und die Tochter. Aus einem Grab des Alten Reiches in Giza.

Die Familie besteht im allgemeinen nur aus dem Ehepaar und seinen Kindern. Weitere Angehörige werden zwar häufig mit dieser Kernfamilie zusammen dargestellt, bildeten aber wohl selten einen gemeinsamen, großen Haushalt. In Einzelfällen erfährt man einmal, daß eine verwitwete Mutter im Haushalt ihres Sohnes oder ihrer Tochter lebt. *Abb. 19* *Abb. 20*

Zunächst einmal interessierte mich, ob Töchter in bildlichen Darstellungen in irgendeiner Weise anders behandelt werden als Söhne. Betrachtet man daraufhin die Familiendarstellungen in Gräbern des Alten Reiches, so sieht man immer wieder das Standardmotiv des Vaters, der von seinen Söhnen begleitet wird. Einer der Söhne hält sich meistens an seinem Amtsstab fest[4]. Treten Mann und Frau gemeinsam mit ihren Kindern auf, so können sie von der ganzen Kinderschar, also Söhnen und Töchtern, begleitet werden[5]. Ein typisches Bildschema sieht jedoch so aus, daß die Tochter an der Hand der Mutter geht, hinter ihr steht oder kniet und sich an einem ihrer Beine festhält. Wahlweise können die Eltern aber auch, selbst wenn sie mehrere Kinder haben, mit nur einem Kind auftreten: Das kann sowohl einer der Söhne als auch eine Tochter sein. Hier ist also keine Benachteiligung der Töchter gegenüber den Söhnen feststellbar. In Aufreihungen von Kindern kann man allerdings feststellen, daß immer ein Sohn an der Spitze der Kinderschar spaziert und dann im Wechsel Schwester und Bruder folgen können. Oder aber es werden zunächst sämtliche Söhne aufgelistet, denen dann die Töchter folgen[6]. *Abb. 20*

Hieraus kann man meines Erachtens keinerlei Rückschlüsse auf die Stellung oder das Verhältnis von Sohn und Tochter in der Familie ziehen. Es handelt sich wohl eher um Gestaltungsschemata in der Kunst, die man nicht überinterpretieren sollte. Ein schönes Beispiel übrigens, das diese Warnung unterstreicht, stammt aus dem Grab des hohen Beamten Meri-ib, der am Ende der 4. Dynastie (um 2450 v. Chr.) lebte. Er hatte zwei Söhne und zwei Töchter, mit denen er sich wechselweise abbilden ließ, und dabei hält sich einmal sogar seine eine Tochter an seinem Amtsstab fest[7], ein Bildmotiv, das sonst fast ausnahmslos dem Sohn vorbehalten war[8]. *Abb. 21, 22*

Genau wie für die Söhne gibt es auch für die Töchter vokabelmäßig festgelegte Bezeichnungen. Sie können ganz schlicht als „seine Tochter “, aber auch ausführlicher als „seine geliebte Tochter“, „seine leibliche Tochter“ oder „seine älteste Tochter“ bezeichnet werden. Mit Bezug auf die Mutter gelten dieselben Bezeichnungen, nur mit dem passenden Possessivpronomen als „ihre“ Tochter usw. formuliert. Auch hier ist kein Unterschied zu den Söhnen feststellbar, die genau dieselben Bezeichnungen, mit „Sohn“ konstruiert, tragen können.

Die Bezeichnung „seine älteste Tochter“ führt gleich zu einem sehr wichtigen Aspekt: Man kann nämlich hinter diesem Ausdruck einen *Abb. 24*

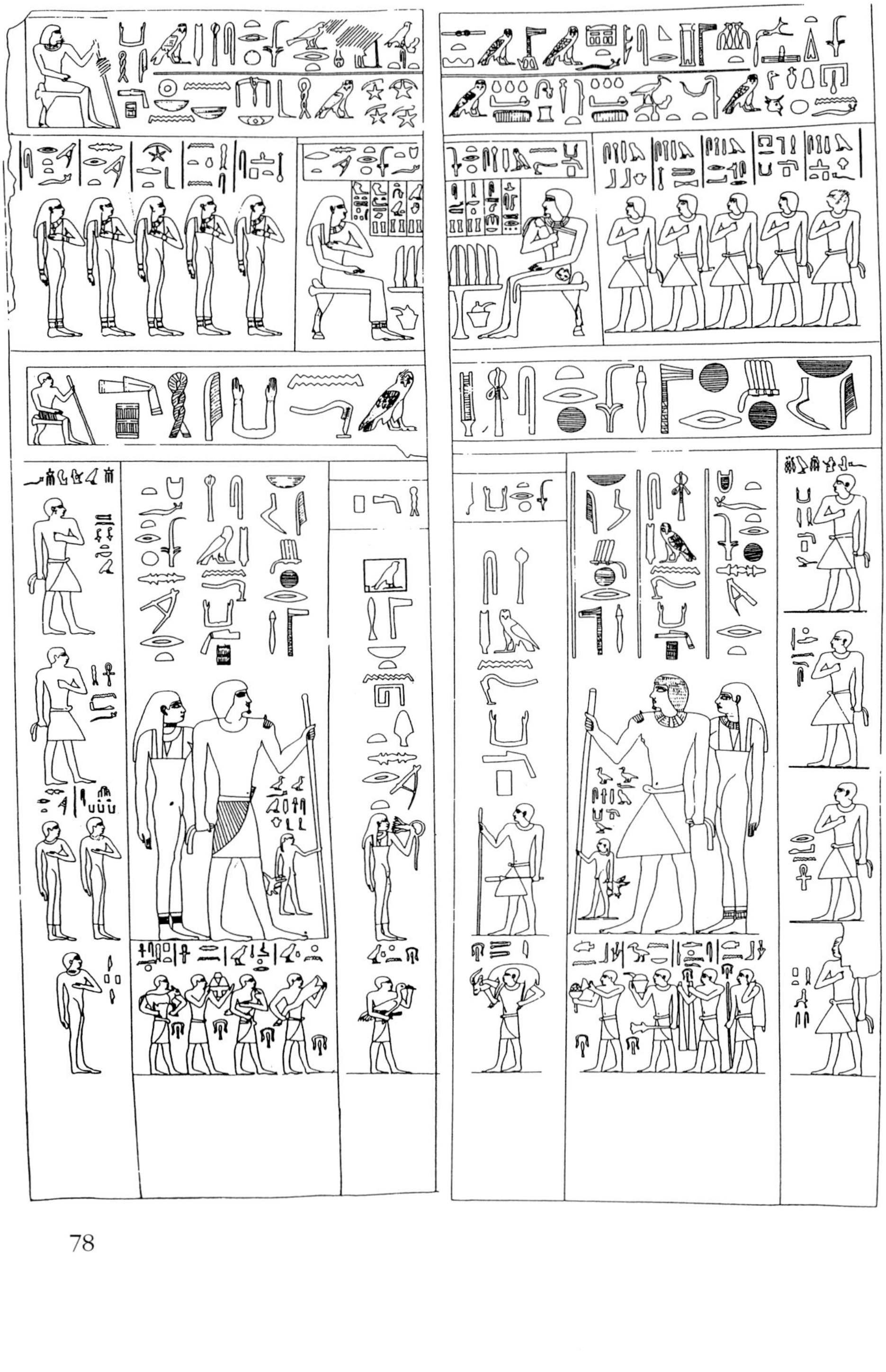

Abb. 21 Meri-ib und drei seiner Kinder, die hier als Erwachsene wiedergegeben sind. Aus seinem Grab in Giza, um 2450 v. Chr.

ganz bestimmten juristischen Inhalt vermuten. Die Bezeichnung ist nicht etwa wörtlich zu nehmen, bezieht sich also nicht auf die Erstgeburt, sondern – wie sich ganz klar für die ältesten Söhne nachweisen läßt – bezeichnet dasjenige Kind, das die Verantwortung für den Totenkult der Eltern trägt[9]. Meistens ist dies ein Sohn, doch gab es sehr wohl auch Familien ohne Söhne, in denen dann ersatzweise eine der Töchter oder die einzige Tochter in diese Position eingesetzt wurde[10]. Auch gibt es vereinzelt Beispiele für Familien mit einer ganzen Reihe von Kindern, unter denen ein Sohn und gleichzeitig eine Tochter als „ältestes" Kind bezeichnet werden[11]. *Abb. 23, 24*

Man kann zwar den Texten (z.B. den Weisheitslehren, vgl. dazu S. 99) entnehmen, daß sich ein Mann vor allem einen Sohn als Nachkommen wünschte. Dieser sollte dann als „Stab des Alters" die Amts-

◁ *Abb. 20 Ein Ehepaar des Alten Reiches im Kreise seiner Kinder und Enkel; Scheintür aus dem Grab des Kaihep in Sakkara.*

Abb. 22 Meri-ib mit seinem zweiten Sohn, der nackt und damit als kleines Kind dargestellt ist. Aus seinem Grab in Giza, um 2450 v. Chr.

nachfolge seines Vaters antreten und gleichzeitig die Verantwortung für den Totenkult seiner Eltern übernehmen. In einer Weisheitslehre des Alten Reiches, die dem Prinzen Djedefhor, der um 2500 v. Chr. lebte, zugeschrieben wird, heißt es bezeichnenderweise: *„Wenn du in gesicherter Stellung bist und ein Haus gründen willst, so nimm dir eine liebevolle Frau, die dir einen Sohn gebiert.“* [12]

Und eine Weisheitslehre, die rund 1000 Jahre jünger ist und im Neuen Reich formuliert wurde, besagt: *„Sie* (d.i.: die Ehefrau) *wird dir einen Sohn gebären, während du rüstig bist. Du wirst Nachkommen haben. Ein Mann, der über Menschen verfügt, wird wegen seiner Kinderschar gerühmt.“* [13] In diesen Weisheitslehren ist also vor allem immer vom Sohn die Rede, in der Praxis jedoch *scheint* es keine grundlegende Benachteiligung der Tochter gegenüber dem Sohn gegeben zu haben. Wie weit allerdings in den hier angesprochenen bildlichen und textlichen Quellen wirklich die Alltagspraxis dokumentiert wird, bleibt angesichts

Abb. 23

Abb. 24

Abb. 23–26 Auf den Pfeilerreliefs seines Grabes wird Achti-hotep begleitet von seinen Kindern; im Bildmotiv besteht kein Unterschied zwischen „seinem ältesten Sohn“ und „seiner ältesten Tochter“ (Abb. 23/24) sowie den beiden einfach als „sein Sohn“ bezeichneten Kindern (Abb. 25/26).

Abb. 25

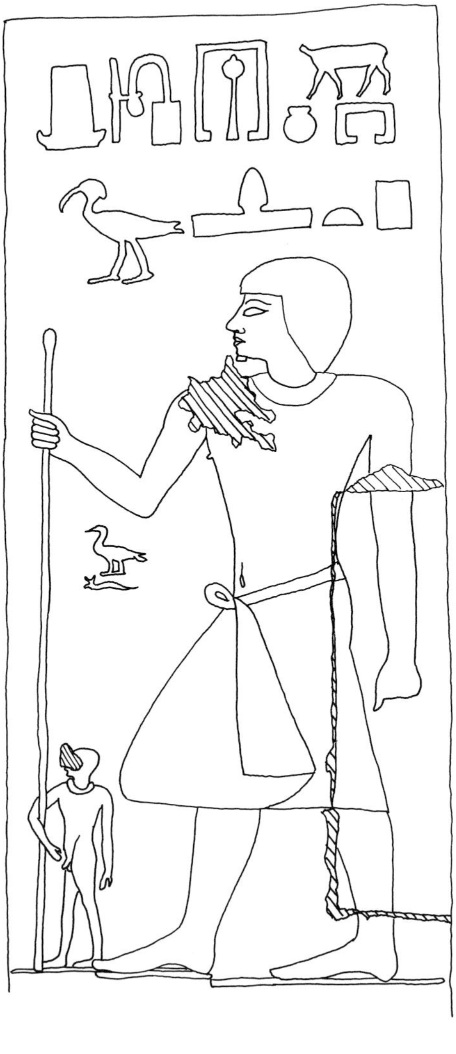

Abb. 26

der alle Bereiche des Lebens berührenden Auffassung von der Maat unsicher. Bezeichnenderweise gibt es aus Ägypten auch keinen direkten oder indirekten Hinweis auf das Beseitigen oder Aussetzen weiblicher Kinder, das etwa für das antike Griechenland bekannt ist[14]. Herodot (Historien II 35) überliefert sogar, in Ägypten seien Töchter zur Versorgung ihrer Eltern verpflichtet gewesen, Söhne hätten sich dagegen dieser Aufgabe entziehen können. Dabei bleibt zugegebenermaßen offen, wie dieser Tatbestand zu werten ist. *Abb. 27*

Betrachtet man dazu weiter Darstellungen in Gräbern das Alten Reiches, so sieht man Söhne *und* Töchter Opfer für die Eltern darbringen. Dieses Motiv läßt sich durch alle Zeiten verfolgen. Typisch für das Mittlere Reich (ca. 2000–1785 v. Chr.) ist die häufige Formulierung: „*Es ist sein Sohn, der seinen* (d.h. des Vaters) *Namen leben läßt.*" Dieselbe Redewendung gilt auch für die Tochter. „Den Namen am Leben erhalten" ist die normale Umschreibung für das Ausüben des Totenkultes zugunsten einer Person. Diese Formulierung ist zwar zahlenmäßig häufiger für Söhne als für Töchter zu belegen, Töchter scheinen aber auch im Mittleren Reich in puncto Totenkult gleichberechtigt neben ihren Brüdern gestanden zu haben, was Pflichten und Rechte gegenüber den Eltern angeht[15].

Verfolgt man dieses Motiv weiter, so stellt man für das Neue Reich (um 1550–1100 v. Chr.) ganz ähnliche Verhältnisse fest. Die Verpflichtung zur Versorgung scheint aber auch gegenüber den lebenden, altgewordenen Eltern bestanden zu haben. Dies geht aus einem Text des Neuen Reiches hervor, in dem ein Bruder zugunsten seiner Schwester auf einen Teil des väterlichen Erbes verzichtet: „*Was alle Dinge des Scheunenvorstehers Pa-ser, unseres Vaters, angeht, an Feldern, Weide, Sklaven, Sklavinnen und Bäumen, die gehören nun der Sängerin des Chnum Iri-tech von Sohn zu Sohn und Erbe zu Erbe. Ausspruch der Sängerin des Horus Ta-mehit, sie sagt: Was jedwedes Zuerworbene angeht, das mir der Scheunenvorsteher Pa-ser gemacht hat, man gebe es der Iri-tech, meiner Tochter, damit sie mich im Alter unterstützt.*"[16]

Hier wird also einer Tochter schriftlich und notariell beglaubigt ein Erbe im voraus zugeteilt, damit ihr die Mittel zur Verfügung stehen, ihre Mutter in deren Alter zu unterstützen. Gerade solche schriftlichen Belege aus der Alltagswelt machen das Material des Neuen Reiches informativer als das früherer Epochen. Ergänzend kann man die Grabdarstellungen des Neuen Reiches hinzuziehen, in denen Töchter wie Söhne zusammen mit den Eltern bei verschiedenen Gelegenheiten gemeinsam auftreten: bei der Jagd und beim Fischfang, beim Festmahl und beim Opfer. Beim Festmahl fällt auf, daß dem Grabbesitzer die Rauschgetränke (Bier und Wein) häufig von der Tochter gereicht werden, die damit oft die Aufforderung an ihren Vater verbindet: „*Mache dir einen schö-*

nen Tag in deinem Haus für die Ewigkeit! Es ist dein Ort für die Unendlichkeit, wo du dich niederläßt. Sei voller Freude, wenn du diesem vollendeten Gott Osiris, dem Herrscher der Unendlichkeit, folgst.“ [17]

So viel zu den Pflichten der Töchter zu allen Zeiten. Wie sah es nun mit ihren *Rechten* aus? Da wäre einmal die Frage der Erziehung[18]. Hier läßt sich nun tatsächlich feststellen, daß aus unserer heutigen Sicht gesehen Töchter den Söhnen gegenüber benachteiligt waren. Ganz eindeutig war es in den Beamtenfamilien üblich, nur den Söhnen eine Ausbildung in Lesen und Schreiben, in Verwaltungswissenschaften, Mathematik, Astronomie und ähnlichem zu geben. Die Söhne waren ja als Amtsnachfolger ihrer Väter vorgesehen und wurden durch eine solche Ausbildung zum Schreiber in die Lage versetzt, wie ihre Väter in den Staatsdienst einzutreten. Auch bei Handwerkern und Arbeitern waren es die Söhne, die den Vätern im Beruf folgten. Für die Töchter hat es nur in ganz wenigen Ausnahmefällen die Möglichkeit gegeben, auch Lesen und Schreiben zu lernen.

Frauen mit Schreibkenntnissen lassen sich überhaupt nicht schlüssig nachweisen. Man hat hierfür bisher den Titel *sšt* (seschet) herangezogen, der die feminine Form der Berufsbezeichnung *sš* (sesch) „Schreiber“ ist, und übersetzte ihn analog mit „Schreiberin“. Dabei wurde aber außer acht gelassen, daß das zugrundeliegende Verbum nicht nur „schreiben“ bedeutet, sondern auch „malen“, „zeichnen“, „entwerfen“ und ähnliches mehr. Die Bezeichnung *sšt* kommt fast nur im Mittleren Reich vor und zwar gern in einer erweiterten Form als *sšt nt rꜣ = s „sšt* für ihren Mund/ ihres Mundes“. Frauen mit diesem Titel werden zusammen mit Dienerinnen und Ammen in den Haushalten von Frauen (von Königinnen und Prinzessinnen z.B.) aufgelistet: In diesem Umfeld kann der Titel nur „Schminkerin“ (und zwar speziell mit dem Lippenrot beschäftigt) bedeuten, was sich eventuell auf alle anderen Belege für *sšt*, auch wenn der Titel ohne seine erklärende Erweiterung benutzt wird, übertragen läßt[19]. Normalerweise beschränkte sich die Erziehung der Töchter auf den häuslichen Bereich, d.h., sie wurden von der Mutter in Haushaltsbelange eingeführt, als Vorbereitung auf eine spätere Ehe. *Abb. 28*

Da den Töchtern eine reguläre berufliche Ausbildung verschlossen war, hatten sie auch keine Möglichkeiten, sich mit Hilfe eines Berufes selbst zu erhalten. Im Haushalt und den dazugehörigen Arbeitsbereichen konnten sie sich zwar spezialisieren – so zeigen Dienerfiguren und Darstellungen in den Gräbern, daß das Getreidemahlen traditionell Auf- *Abb. 16, 29*

◁ *Abb. 27 Kawi stiftete diese Stele zur ewigen Versorgung seiner Familie; oben handelt er selbst als Opfernder, darunter empfängt er Trankspende und Speisen aus der Hand seiner Tochter. Frühes Neues Reich, um 1500 v. Chr.*

Abb. 28 Die Dame Iput schminkt sich und schaut dabei in einen Spiegel; Stelenfragment der 1. Zwischenzeit, um 2100 v. Chr.

gabe einer Frau war. Auch arbeiteten vor allem Frauen in den Webereien der großen Güter, die zum Besitz des Staates und der Tempel gehörten. Eigentliche Berufe in unserem modernen Sinne hat es aber für Frauen nicht gegeben[20], wenn man einmal davon absieht, daß seit dem

Abb. 30 Alten Reich junge Mädchen zu Tänzerinnen ausgebildet werden konnten. Diese Tänzerinnen traten ausschließlich im Kult auf und spielten zum Beispiel in bestimmten Ritualen die Rolle von Göttinnen. Wie die wenigen etwas ausführlicheren Belege zeigen, blieben diese Frauen unverheiratet[21]. Im Zuge der Säkularisierung von Tanz und Gesang im Laufe der 18. Dynastie gab es dann immer mehr Tänzerinnen sowie Musikanten und Musikantinnen, die auch bei weltlichen Anlässen auftraten.

Insgesamt betrachtet waren die Töchter also von ihrer Ausbildung her stark benachteiligt und von einem selbständigen, auf einen Beruf aufbauenden Leben ausgeschlossen. Doch vielleicht werten wir das viel zu stark aus unserer eigenen Situation von heute: Es gibt ja keinen einzigen Hinweis darauf, wie diese von uns als Benachteiligung gesehene

Abb. 29 Eine Dienerin beim Getreidemahlen: Figuren wie diese gehörten zur Ausstattung vieler Beamtengräber des Alten Reiches; sie sollten magisch die ewige Versorgung der Toten sichern.

Lage der Dinge von den Ägyptern oder gar von den Ägypterinnen selbst beurteilt wurde.

Im Alter von 12 bis 15 Jahren wurden die Töchter dann verheiratet. Sicherlich hat es auch damals schon Frauen gegeben, die unverheiratet blieben, doch von ihnen erfahren wir gar nichts[22]. Aus allen Textzeugnissen, die man zur Heiratsfrage heranziehen kann, geht jedoch ganz klar hervor, daß sich die Väter außerordentlich bemühten, ihre Töchter durch eine Heirat gut zu versorgen. Beispiele aus den juristischen Texten des Neuen Reiches (die wieder der Alltagswelt zuzurechnen sind) belegen die ausgeprägte Fürsorge des männlichen Familienoberhauptes, das nach dem Tod des Vaters auch ein Onkel des Mädchens sein konnte.

Da ist z.B. der Fall eines Mannes namens Sa-Bastet zu nennen[23], der eine verwitwete Schwester hatte, deren Tochter es unterzubringen galt. Um diese Nichte zu versorgen, die infolge eines körperlichen Gebrechens (sie war blind)[24] offensichtlich allein keinen Bewerber finden konnte, gab Sa-Bastet seinen Sklaven frei, verschaffte ihm ein Amt und verheiratete ihn dann mit seiner Nichte. Sa-Bastet selbst hatte keine Kinder und teilte daher das, was er vererben konnte, zwischen seiner Ehefrau und seiner verwitweten Schwester sowie deren Tochter auf. Damit besaß die Nichte eine Art eigenes Vermögen für ihre Ehe, und der Onkel bestimmte außerdem, die Mutter des Mädchens solle in den Haushalt der Tochter eintreten und dort ihrem Schwiegersohn in allem gehorchen.

Normalerweise ging es bei der Versorgung einer Tochter durch Heirat nicht so dramatisch und kompliziert zu. Die Heirat wurde in der Regel zwischen dem Vater des beteiligten Mädchens und dem Bewerber, eventuell auch seinem Vater, abgesprochen. Braut und Bräutigam legten ihren Besitz bzw. ihre Einkünfte zu einem gemeinsamen Familienvermögen zusammen[25], das vor allem dem täglichen Unterhalt und der Versorgung der Kinder dienen sollte. Mehrfach ist im Neuen Reich belegt, daß der Vater oder die Familie der Braut dem Bräutigam zusätzlich Versorgungsgüter wie Getreide oder Fertigbrote zukommen ließ. Damit wurde sicherlich ein glücklicher Start für die junge Ehe erleichtert, bildete dieses sichere Nebeneinkommen für den Ehemann doch auch einen handfesten Anreiz, sich seiner jungen Frau gegenüber anständig zu benehmen. Denn im Scheidungsfall (und Scheidung ging ja als Versto-

Abb. 30 Nefer und seine Frau Maat-hotep empfangen das rituelle Totenopfer; Sängerinnen, Tänzerinnen und Musikanten begleiten das Kultgeschehen. Aus dem Grab des Nefer in Giza, Altes Reich. ▷

0
10 cm

ßung stets vom Mann aus) würde diese zusätzliche Einkommensquelle versiegen.

So etwas konnte aber auch zu schweren Eheproblemen führen, wie der Brief einer Frau an ihre Schwester belegt, der im 13./12. Jahrhundert v. Chr. geschrieben (d.h. einem Schreiber diktiert) wurde und in dem es heißt[26]: *„So sprach er zu mir wörtlich: Deine Mutter tut nichts für dich. Du hast doch Geschwister. Sie sorgen aber nicht für dich. So sprach er. Er streitet mit mir täglich und sagt: Siehe, dies ist, was du für mich getan hast, seitdem ich hier mit dir wohne, während alle Leute Brot, Bier und Fisch täglich zu ihren Angehörigen tragen. Kurzum, du sollst etwas sagen, oder du kehrst nach Hause zurück."* Und die Briefschreiberin schließt mit der für Briefe typischen Formulierung: *„Es wäre gut, wenn du darauf hörtest."*

Dieses letzte Beispiel war natürlich bereits ein Blick in den Alltag der Frau als Ehefrau, aber ausgehend von der Versorgung, die die Tochter im Heiratsfall von ihrer Familie erhalten konnte.

Diese und ähnliche Textbeispiele zeigen außerdem ganz deutlich, daß die Tochter zwar in das Haus ihres Ehemannes geht, aber immer Teil ihrer eigenen väterlich-mütterlichen Familie bleibt. In ihrer neuen, angeheirateten Familie gilt sie als Fremdkörper. Bei Scheidung kann es sogar geschehen, daß sie in das Haus ihres Vaters zurückkehrt. Für diesen Fall traf mancher Vater in weiser Voraussicht Vorsorge, was wieder aus einigen glücklicherweise erhalten gebliebenen Texten des Neuen Reiches hervorgeht. So legte ein Vater schriftlich folgendes fest[27]: *„Du bist meine gute Tochter. Sollte dich dein Mann verstoßen aus dem hergerichteten Haus, dann kannst du wohnen in der Halle in meinem Vorratshaus. Denn ich bin derjenige, der es gemacht hat. Kein Mensch in diesem Land wird dich dann daraus verstoßen."*

Gerade aus dem letzten Beispiel spricht sehr viel väterliche Fürsorge für die Tochter. Nur am Rande sei hier auf den besonders beliebten Frauennamen Merit-it-es hingewiesen, der ja übersetzt lautet: „Die von ihrem Vater Geliebte" oder – wenn man das Verbum meri etwas anders übersetzt – auch: „die von ihrem Vater Gewünschte" oder „von ihrem Vater Bevorzugte".

3. DIE FRAU ALS EHEFRAU

Wie leicht der ägyptische Befund, also das für uns sichtbare Quellenmaterial, fehlinterpretiert werden kann, zeigt schon die Überlieferung bei den klassischen Schriftstellern der Antike. Als Beispiel möchte ich hier nur Diodor anführen, der im 1. Jahrhundert v. Chr. lebte und folgendes über die Ägypter zu berichten wußte in bezug auf Heirat und Stellung der Frau in der Ehe[28]: *„Daß aber die Ägypter gegen die allgemeine Sitte der Menschen durch das Gesetz erlaubt hätten, seine Schwester zu heiraten, habe darin seinen Grund, so sagen sie, daß bei ihnen Isis auf diese Weise ihr Glück gefunden habe. Dieselbe sei nämlich ihres Bruders Osiris Weib gewesen, und als dieser gestorben sei, habe sie die weitere Gemeinschaft eines Mannes verschworen, den Mord ihres Gemahls gerächt und bis ans Ende ihres Lebens auf gerechteste Weise als Königin geherrscht, und sei überhaupt für alle Menschen die Urheberin der meisten und größten Wohltaten geworden. Aus diesem Grund sei auch verordnet, daß die Königin größere Macht und Ehre haben solle als der König, und daß auch beim Volke die Frau über den Mann herrscht, weshalb auch die, welche heiraten, im schriftlichen Ehevertrag versprechen, daß sie ihrem Weibe in allen Stücken gehorsam sein wollen."*

Die Geschwisterehe hatte in pharaonischer Zeit durchweg nur Gültigkeit für die Königsfamilie, und das auch nur zu bestimmten Zeiten, nicht durchgehend für alle Epochen zu belegen. Deshalb lasse ich diesen Aspekt hier unbeachtet, da er die Frauen der bürgerlichen Schichten nicht berührt. Interessant und völlig unägyptisch ist natürlich die Argumentation bei Diodor, abgeleitet von Isis und der Stellung der Königin habe auch die bürgerliche Frau eine Stellung besessen, die es ihr erlaubte, ihren Mann zu beherrschen. Davon findet sich in den ägyptischen Quellen wahrhaftig nichts! Diodor spricht interessanterweise dann auch die schriftlichen Eheverträge an, die es tatsächlich noch in seiner Zeit gegeben hat.

Eheverträge – schriftlich aufgesetzte Urkunden über die Ehe – gibt es in dieser ausgeprägten Form nur aus dem 1. Jahrtausend vor der Zeitenwende[29]. Sie waren also zur Zeit Diodors und auch davor zur Zeit Herodots in Gebrauch. Aus der eigentlichen pharaonischen Zeit des Alten, Mittleren und Neuen Reiches kennen wir etwas Entsprechendes nicht. Es ist daher auch heute nicht mehr festzustellen, ob in Ägypten immer eine schriftliche Eheurkunde für eine rechtsgültige Ehe erforderlich war. Es scheint eher so, daß „im altägyptischen Bewußtsein die Ehe kein Rechtsverhältnis, sondern eine soziale Tatsache" war, wie es das Lexikon der Ägyptologie ausdrückt[30]. Es lassen sich nämlich auch keine Rituale im religiösen Bereich oder besondere Bräuche und Festlichkeiten im privaten Bereich für die Eheschließung nachweisen. Wie oben schon beim Thema Tochter angesprochen, ist die Eheschließung normalerweise eine reine Willensäußerung von seiten des Vaters der Braut und des Bräutigams. *Abb. 32*

Aus dem Fehlen schriftlicher Eheurkunden aus dem Alten, Mittleren und Neuen Reich können wir vielleicht schließen, daß die Ehe für die Frau eine rechtlich nicht besonders gut abgesicherte Sache war. Denn was wir wirklich haben, sind überlieferte Fälle von Scheidungen: Die

Abb. 31 Das Ehepaar am Opfertisch, versorgt für das gemeinsame Leben nach dem Tode: ein Motiv, das sich zu allen Zeiten pharaonischer Geschichte gut belegen läßt. Malerei der 1. Zwischenzeit, um 2100 v. Chr.

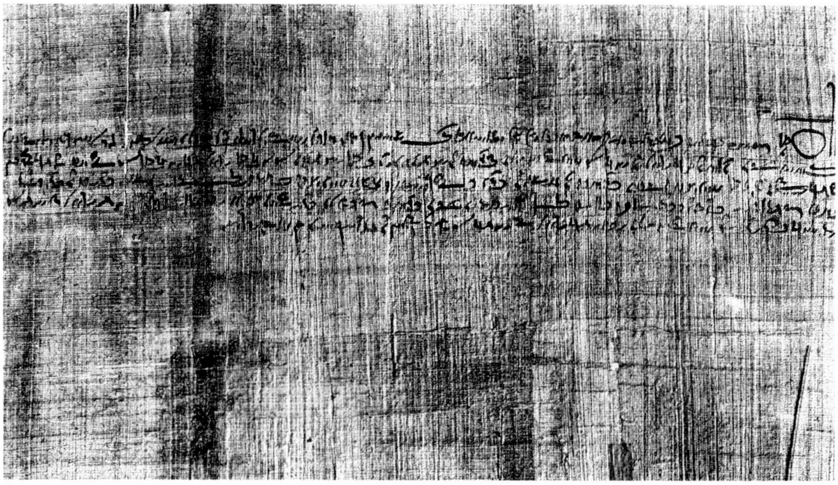

Abb. 32 Papyrus mit Ehevertrag in demotischer Schrift, datiert in das Jahr 202 v. Chr.

Scheidung ging dabei immer vom Mann aus, der seine Frau ganz einfach verstoßen konnte. Damit hörte die sonst selbstverständliche Versorgung der Ehefrau durch den Ehemann schlagartig auf. Es gibt einen vereinzelten Beleg dafür, daß der Vater der verstoßenen Frau vor Gericht ging, um den Unterhalt seiner zweimal verstoßenen Tochter einzuklagen[31]. Dieser Weg war der geschiedenen Frau selbst offensichtlich verwehrt. Sie fiel damit wieder ihrer Ursprungsfamilie zur Last, was beim Thema Tochter bereits erwähnt wurde. Sie wurde dort aufgenommen und wieder versorgt; eine geschiedene Frau konnte wie die Witwe wieder heiraten, was in ihrem Interesse und dem ihrer Familie auch häufig geschah. *Abb. 31*

Aus dem Neuen Reich gibt es vereinzelte schriftliche Belege, die den Versuch von Vätern, das künftige Eheleben der Tochter abzusichern, zeigen. Der Vater läßt sich vom Schwiegersohn nämlich vor Gericht mit einem Eid versprechen, die Frau nicht zu verstoßen. Bei Zuwiderhandeln würde der Ehemann Prügelstrafe und Vermögenseinbußen in Kauf nehmen müssen. In einem solchen Schriftsatz lautet der Eid folgendermaßen: *„So wahr Amun dauert, so wahr der Herrscher dauert! Wenn ich zum Verlassen der Tochter des Tener-mentju künftig umkehre, werde ich 100 Hieben unterliegen und all den Zugewinn, den ich gemeinsam mit ihr erwerbe, verlieren.“*[32]

Hier haben wir also den Versuch eines besorgten Vaters vor uns, der Tochter eine möglichst große Sicherheit gegen eine Scheidung zu verschaffen. Diesen Text kann man aber wohl kaum als Eheurkunde ansprechen. Wenn man nicht annehmen will, sämtliche Eheurkunden aus der Zeit *vor* dem 1. Jahrtausend v. Chr. seien verloren gegangen, muß man wohl akzeptieren, daß es schriftliche Absprachen über die Ehe tatsächlich erst in ganz später Zeit, in den letzten Jahrhunderten vor der Zeitenwende, gegeben hat. Vielleicht waren sie eine Konsequenz aus der rechtlichen Unsicherheit, die stets zu Lasten der Ehefrau gegangen war. Übrigens gibt es erst in diesen Eheurkunden Belege für die Möglichkeit, daß die Scheidung auch von der Frau ausgehen konnte: Bezeichnenderweise spricht man dann von „weggehen" und nicht von „verstoßen".

Das Hauptanliegen dieser späten Eheurkunden war die wirtschaftliche Absicherung der Frau während der Ehe, aber auch für den Fall der Scheidung. Die Urkunde legt außerdem eine Regelung für die Versorgung der Kinder fest. Wie weit diese schriftlichen Vereinbarungen nur Gültigkeit auf dem Papier besaßen, wie weit sie also in die Praxis umgesetzt wurden, entzieht sich leider unserer Kenntnis.

Abb. 33 Aus allen hier vorgestellten Texten und Fällen geht meines Erachtens hervor, daß die Ehe für die Frau keine sonderlich sichere Angelegenheit oder gar eine Lebensversicherung gewesen ist. Man darf im Fall der Ehe vor allem nicht – und das geschieht oft – von einer rechtlichen Gleichstellung der Frau gegenüber dem Mann sprechen[33]. Eine Fülle an Belegen ergibt eher *dieses* Bild: Wie bereits angedeutet, ist die Ehefrau immer ein Fremdkörper in der Familie, in die sie hineingeheiratet hat. Dies führt zum Beispiel im Alten Reich dazu, daß in den Gräbern der Beamten häufig die Ehefrau fehlt, also gar nicht genannt und dargestellt wird. Andererseits treten aber Kinder auf, was das Vorhandensein einer Ehefrau voraussetzt. Dagegen werden beispielsweise gerne Mutter und Vater des Grabbesitzers sowohl dargestellt wie genannt. Der „Fremdkörper" Ehefrau jedoch ist entbehrlich[34].

Aus rechtlicher und wirtschaftlicher Sicht (und die Texte und Darstellungen in den Gräbern haben ja vor allem diesen Sinn) ist eben die Ehefrau im Alten Reich unwichtig, denn die Versorgung des Grabbesitzers nach dem Tode ist durch Sohn oder Tochter aufgrund des vom Vater hinterlassenen Totenstiftungsgutes gewährleistet.

Abb. 33 Dies ist vielleicht der einzige bildliche Beleg aus Ägypten für eine Scheidung: die Figur der Ehefrau wurde bis auf ihren rechten Arm, der für den Betrachter unsichtbar auf dem Rücken des Mannes ruht, von dieser Grabstatue entfernt, ihr Name ausgekratzt. Der Mann wollte sein ewiges Leben ganz offensichtlich ohne seine Frau antreten. Altes Reich, um 2200 v. Chr. ▷

Nun hat es sicher zu allen Zeiten auch kinderlose Ehen gegeben. Dann konnte ein Mann seine Ehefrau mit Hilfe eines Testaments, das im Grabe aufgezeichnet wurde, in die Position einsetzen, die sonst der älteste Sohn oder die älteste Tochter besaß. Er ernannte seine Ehefrau zur Erbin mit der ausdrücklichen Verpflichtung, aus diesem Erbteil den Totenkult des verstorbenen Ehemannes zu bestreiten[35]. Nebenbei bemerkt zeigen Beispiele dieser Art, daß Ehefrauen nicht etwa automatisch erbberechtigt gewesen sind.

Im Neuen Reich bestand für den Ehemann bei Kinderlosigkeit die Möglichkeit, die eigene Ehefrau an Tochter Statt zu adoptieren. So konnte verhindert werden, daß sein Vermögen automatisch an seine Geschwister fiel[36].

Ein weiterer Hinweis darauf, wie sehr die Ehefrau als Fremdkörper und nicht voll gleichberechtigt in der Familie ihres Mannes betrachtet wurde, läßt sich aus einer anderen testamentarischen Verfügung des Alten Reiches ablesen. In einem Grab der späten 6. Dynastie verfügt Seneni, der Besitzer dieses Grabes, der zweite Grabschacht seines Grabes solle seiner Ehefrau Asenek zustehen. Und er sagt ganz ausdrücklich, daß dieser Grabschacht nur seiner Frau und ansonsten niemandem zustehe, und beschließt das ganze mit der juristisch notwendigen Formulierung: *„Ich bin der Herr des Grabes aufgrund einer Rechtsurkunde"*. Damit stellt er klar, daß ihm das Grab tatsächlich gehört und er darüber frei verfügen kann. Und die Übergabe des Grabschachtes an seine Ehefrau begründet er folgendermaßen: *„Ich tat dies für diese Asenek wegen der Größe ihres Ansehens in meinem Herzen* (wörtlich: in meinem Leib); *nicht sagte sie einen Spruch, der mein Herz erzürnte, und niemals war sie böse zu irgendeiner Zeit in meinem Leben."* [37]

Abb. 34 Diese Verfügung beleuchtet sehr schön die Situation der Ehefrau im Alten Reich. Normalerweise wurde sie zwar im Grabe ihres Mannes mitdargestellt und mitbestattet, wodurch sie auch über den Tod hinaus als von ihm versorgt und abgesichert galt. Dies scheint jedoch keine Selbstverständlichkeit gewesen zu sein; denn sonst wäre es ja nicht nötig gewesen, für Asenek eine solche Verfügung niederzuschreiben. Das heißt für uns als Betrachter der Grabdekoration und Leser der Grabinschriften des Alten Reiches, Vorsicht walten zu lassen bei der Interpretation dessen, was wir sehen und lesen. Die Wirklichkeit des Ehelebens sah für
Abb. 35 die Frau eben doch anders aus als die idealen, wunderschönen Bilder,

Abb. 34 Im späten Alten Reich ist das Motiv der Frau, die im Verhältnis zu ihrem Mann winzig dargestellt ist, sehr verbreitet. Aus dem Grab des Mereruka in Sakkara, um 2300 v. Chr. ▷

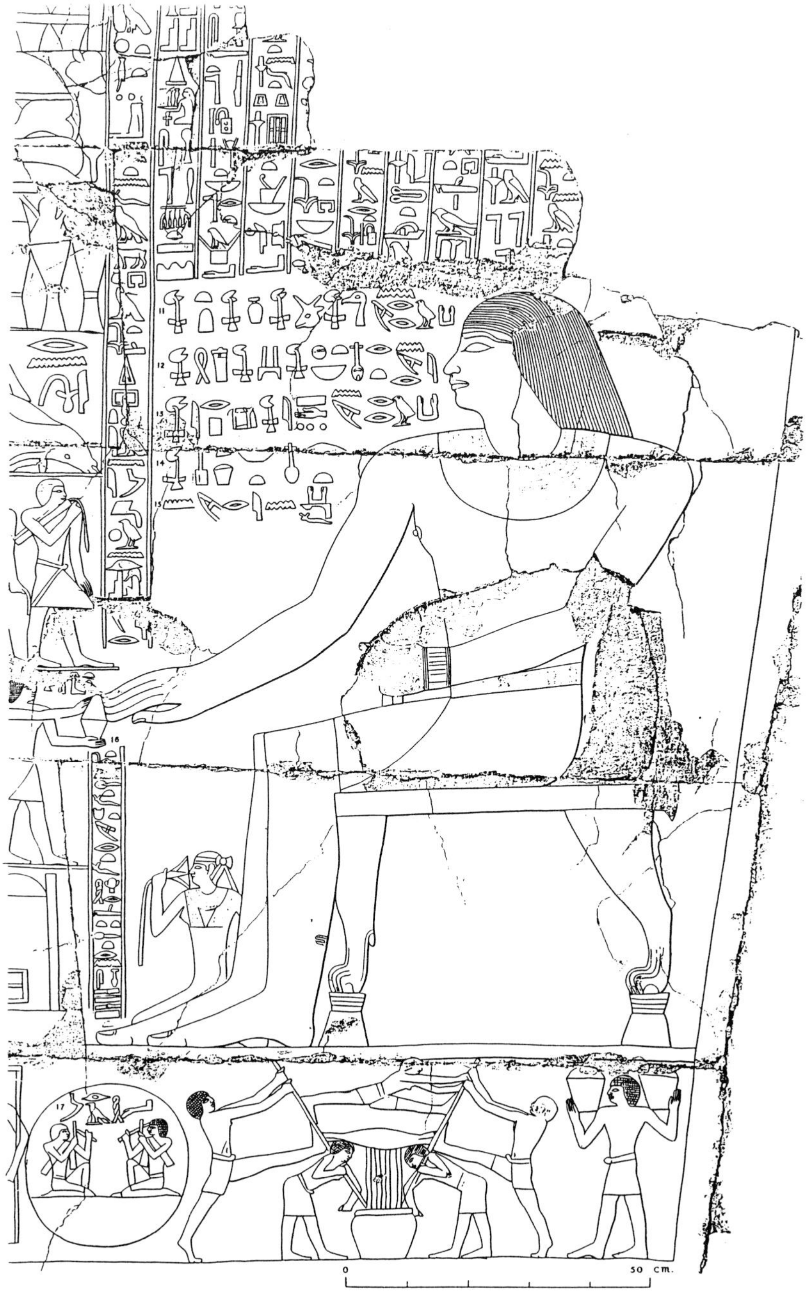
0
50 cm.

denen wir auf den Wänden der Gräber und in Gestalt der Grabstatuen begegnen.

Über das tägliche Leben der Ehefrau, ihre Arbeit im Haushalt, die Erziehung der Kinder wissen wir kaum Einzelheiten. Leider wissen wir ja aufgrund des Schweigens der Quellen auch nicht, wie die Frauen selbst ihre Situation in der Ehe sahen und beurteilten. Bekannt ist uns dagegen, wie die Männer die Ehe sahen, welchen Zweck sie ihr gaben und welchen Stellenwert die Ehefrau in den Augen des Mannes einnahm. Diese Informationen verdanken wir den sogenannten Weisheitslehren, die aus dem Alten, Mittleren und Neuen Reich überliefert sind. Es sind Instruktionen, von Männern für Männer geschrieben, und sie enthalten Ratschläge und Verhaltensregeln für alle Situationen, denen ein junger Mann im häuslichen wie im beruflichen Bereich begegnen konnte.

In einer der frühesten Weisheitslehren, der des Ptahhotep, die vielleicht noch im Alten Reich um 2300 v. Chr. formuliert wurde, wird dem jungen Mann folgender Rat erteilt: *„Wenn du ein gestandener Mann bist und einen Haushalt gründen willst und eine Frau so, wie man sie erwarten kann, wünschst, dann fülle ihren Leib und bekleide ihren Rücken. Auch Salbe ist ein Heilmittel für ihre Glieder. Damit erfreue ihr Herz in der Zeit deines Lebens, denn sie ist ein nützlicher Acker für ihren Herrn. Trenne dich nicht von ihr, laß sie aber nichts entscheiden und halte sie fern von der Macht und zügele sie. Denn eine Frau ist ein Sturm, wenn sie tun kann, was sie sieht."*[38]

Aus anderen, ähnlichen Texten geht hervor, daß das richtige Alter für den Mann bei Eintritt in das Eheleben etwa 20 Jahre beträgt. Dann hat er nämlich normalerweise gerade seine Karriere als Beamter begonnen und befindet sich in gesicherten Verhältnissen, kann also einen Haushalt gründen und sich eine Frau leisten. Denn diese und andere Texte sprechen deutlich aus, daß es die Pflicht des Ehemannes ist, für das leibliche Wohl der Ehefrau zu sorgen. Er soll die Frau gut behandeln, denn sie ist ja nützlich für ihn. Er soll sich nicht von ihr scheiden, sie allerdings von allen Entscheidungen und der Macht fernhalten. Mit anderen Worten, er soll sie von der Außenwelt und ihren Versuchungen fernhalten, was einer typisch patriarchalischen Vorstellung von der „schwachen" Frau entspricht. Ganz deutlich klingt in all diesen Texten die Vorstellung von der Frau als Eigentum des Mannes an, über das er frei verfügen kann.

◁ *Abb. 35 Penre und seine Frau Sat-Amun am reich gedeckten Opfertisch: das ideale Bild symbolisiert den ewigen Bestand der Ehegemeinschaft. Stele des frühen Neuen Reiches, 15. Jh. v. Chr.*

Der eigentliche Zweck der Ehe wird immer wieder dahingehend definiert, die Frau solle dem Mann einen Sohn oder auch weitere Nachkommen gebären. Je mehr Kinder sie ihm schenkt, desto größer ist sein Ansehen unter den Menschen. Die Texte sprechen zwar ganz ausdrücklich davon, daß der Mann seine Frau pfleglich behandeln soll. Wie es jedoch in der Wirklichkeit des Alltags auch aussehen konnte, zeigt ein Text des Neuen Reiches. Es ist die Niederschrift einer Gerichtsverhandlung aus der Zeit Ramses' III. (12. Jahrhundert v. Chr.) und schildert den Fall einer Mißhandlung[39]. Eine Ehefrau verklagte ihren Mann wegen wiederholter körperlicher Mißhandlung. Sie hatte es zunächst ohne Gerichtsverhandlung gütlich versucht, indem sie die Mutter ihres Mannes einschaltete. Das half jedoch nichts: Der Mann schlug seine Frau von neuem. Nun ging sie vor Gericht und klagte ihn offiziell an. Er wurde verurteilt und mußte einen Eid auf Unterlassung weiterer Mißhandlungen ablegen. Da sich dieser interessante Fall leider nicht weiter verfolgen läßt, entzieht es sich unserer Kenntnis, ob das mutige Vorgehen der Ehefrau erfolgreich war und sie in Zukunft vor Mißhandlungen schützte. Dies war nun wahrhaftig ein Einblick in den wohl nicht immer einfachen Alltag von Ehefrauen.

Im krassen Gegensatz dazu stehen wieder die Bilder von glücklichen und offensichtlich liebevollen Ehepartnern in den Gräbern der gleichen Zeit, des Neuen Reiches: Die Ehefrau begleitet ihren Mann bei Jagd und Fischfang, sie ist festlich geschmückt an seiner Seite, was diese Darstellungen aus dem reinen Alltag heraushebt und in eine religiöse Sphäre verweist. Das Ehepaar nimmt gemeinsam an einem größeren Festmahl teil, wobei zunächst für die frühen Beispiele typisch ist, daß Männer und Frauen getrennt sitzen. Später wird es dann jedoch Sitte, die Ehepaare nebeneinander auf gleich hohen Stühlen sitzend darzustellen. Hieraus läßt sich nur der schöne Schein ableiten, der als ideales, der Maat entsprechendes Bild der Ehe darstellenswürdig war. Ich möchte damit natürlich nicht behaupten, daß es in jeder altägyptischen Ehe kriselte oder es in jeder Ehe zu Mißhandlungen der Ehefrau kam. Doch muß man sich eben sehr davor hüten, dem verführerischen Charme der schönen Bilder zu verfallen. Die wenigen erhalten gebliebenen Texte aus dem Alltagsmilieu sprechen eben doch eine ganz andere Sprache.

Schließlich ist noch auf den seltsamen Tatbestand hinzuweisen, daß in sämtlichen *literarischen* Texten der alten Ägypter Ehefrauen negativ beurteilt werden. Sie gelten als bösartig und berechnend, werden als die

Abb. 36 Mereruka in Begleitung seiner Mutter (hinter ihm) und seiner Ehefrau, beide en miniature wiedergegeben. Aus seinem Grab in Sakkara, um 2300 v. Chr. ▷

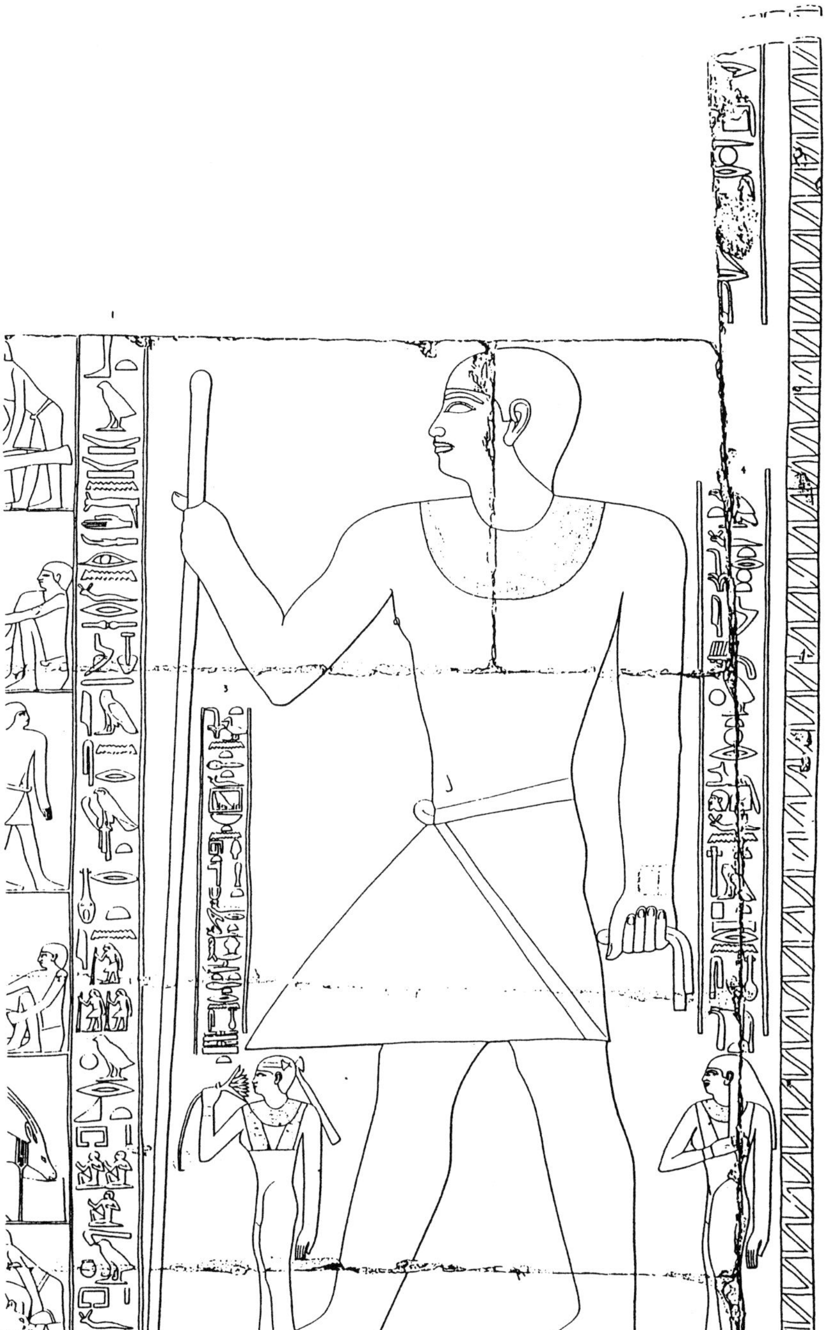

großen Verführerinnen und sogar Mörderinnen ihrer braven Ehemänner geschildert[40]. Hiervon gibt es nur eine einzige Ausnahme, in einer Geschichte, die bezeichnenderweise nicht ursprünglich ägyptisch, sondern syrisch ist[41]. In diesen literarischen Bildern von bösen und schwachen Ehefrauen spiegelt sich die Idee der Weisheitslehren wider, die Ehefrau tunlichst wegzusperren und von Versuchungen der Außenwelt fernzuhalten. Welch ein Gegensatz, wenn man diese Sicht des Mannes von seiner Frau mit den wunderschönen und harmonischen Bildern vergleicht, die in den Ausstellungen und in unseren Museen zu sehen sind[42].

4. DIE FRAU ALS MUTTER

Abb. 36 Dieses dritte Stadium im Leben einer Frau ist, verglichen mit dem als Tochter und Ehefrau, das relativ freieste und rechtlich am besten abgesicherte. Als Tochter stand die Frau unter der Gewalt ihres Vaters, als Ehefrau unter der ihres Mannes. War eine Frau jedoch zur Mutter geworden, hatte sie Zweck und Sinn der Ehe nach ägyptischem, männlichem Verständnis erfüllt. Soweit wir es den Quellen entnehmen können, wurde hier nicht unterschieden, ob sie Töchter oder Söhne geboren hatte. Allerdings gibt es vereinzelte Hinweise darauf, daß die Ägypter so etwas wie eine Ehe auf Probe kannten. Während der Probezeit sollte sich dann herausstellen, ob die Frau fruchtbar war[43].

Überhaupt war Kinderlosigkeit für Mann und Frau etwas so Negatives und Schreckliches, daß man dagegen mit allen Mitteln anging. Ein ganzer Zweig der altägyptischen Medizin beschäftigte sich mit der Frauenheilkunde; die Ursachen der Kinderlosigkeit sah man offenbar stets in der Unfruchtbarkeit der Frau. Auch vor magischen Hilfsmitteln scheute man nicht zurück, und es gibt zahlreiche Gebete an die für den Bereich Geburt und Schwangerschaft zuständigen Gottheiten mit der Bitte um Beseitigung der Kinderlosigkeit. Da diese Gebete sehr häufig nicht nur vom Mann, sondern vom Ehepaar gemeinsam oder der Frau allein ausgehen, dürfen wir hieraus wohl ganz sicher schließen, daß auch aus der Sicht der Frau die Erfüllung ihres Ehefrauendaseins in der Geburt eines Kindes oder mehrerer Kinder lag.

War der ersehnte Zustand der Schwangerschaft erreicht, wurde die werdende Mutter von ihrem Mann mit großer Aufmerksamkeit behandelt. Sicherlich muß man hier Unterschiede machen zwischen den sozialen Schichten: Unsere Kenntnis stammt ja meistens aus der Oberschicht, wo es ohne weiteres möglich war, die Hausherrin während der Schwangerschaftsmonate von jeglicher Arbeit und Belastung zu entbinden. In den unteren Schichten der Bevölkerung, vor allem bei den Frauen auf dem Lande, wird es anders ausgesehen haben. Dort gab es nur in den wenigsten Haushalten Diener und Dienerinnen, an die die ganze körperliche Arbeit delegiert werden konnte. In den Familien der Landarbeiter hat wohl auch eine schwangere Frau voll mitgearbeitet, da ihre Arbeitskraft ganz einfach unentbehrlich war.

In den Haushalten der hohen und einkommensstarken Beamten konnte sich jedoch eine Frau während der Schwangerschaft schonen und verwöhnen lassen. Die Schwangerschaft wurde als die kritischste Zeit im Leben einer Frau betrachtet, als eine Zeit, in der sie eines besonderen Schutzes bedurfte. Man schonte sie nicht nur, sondern versuchte sie zusätzlich durch Magie zu schützen, indem man ihr Amulette umhängte und Zaubersprüche sprach. In den Schwangerschaftsmonaten und nach der Geburt sollte sie sich besonders pflegen; zu diesem Zweck bewahrte man in besonderen Gefäßen, die oft die Gestalt einer schwangeren Frau oder einer Frau mit Kind haben, Medikamente, Öle und Kosmetika auf, mit denen Schwangere und junge Mütter ihren Körper einreiben sollten[44]. *Abb. 8*

Insgesamt sind die Quellen zum Themenbereich Mutterschaft nicht gerade zahlreich. Deshalb ist es auch heute schwer, etwas Verbindliches zur Mütter- und Säuglingssterblichkeit zu sagen. Statistische Untersuchungen fehlen bisher ganz. Wie in anderen frühen Kulturen müssen wir aber wohl davon ausgehen, daß sowohl die Sterblichkeit bei den Müttern wie bei den Säuglingen und Kleinkindern hoch gewesen ist.

Abb. 37–39 Mutter und Kind in der „Wochenlaube", Zeichnungen nach Ostraka des Neuen Reiches, 13./12. Jh. v. Chr.

Abb. 38

Abb. 39

Man darf dabei den Vergleich mit vielen Ländern in der heutigen Dritten Welt ziehen. Auch lassen sich mit Hilfe der medizinischen Texte Schwangerschaftsprobleme wie z.B. Fehlgeburten nachweisen. Es gab sogar Schwangerschaftsabbrüche, wie sich aus den entsprechenden Rezepten in medizinischen Papyri ablesen läßt. Wie weit die Ägypter über die Entstehung und den Ablauf einer Schwangerschaft im Detail Bescheid wußten, ist mangels Texten unklar. Da dieses Thema außer in den medizinischen Papyri selten erwähnt wird, sind wir auf Vermutungen angewiesen. Zumindest aus einem Beleg der Spätzeit geht klar hervor, daß die Ägypter den Zusammenhang zwischen dem Ausbleiben der Monatsblutung und einer beginnenden Schwangerschaft erkannt hatten. Als Beispiel dafür, wie dezent man den Vorgang der Empfängnis zu umschreiben wußte, möchte ich hier aus einer Erzählung der Spätzeit, also aus dem 1. Jahrtausend v. Chr., eine kurze Passage zitieren: *„Sie legte sich nieder an die Seite ihres Gemahls und empfing von ihm ein Kind. Als die Zeit ihrer Reinigung kam, hatte sie das Anzeichen ei-*

Abb. 40 Mit dieser Hieroglyphe einer kniend Gebärenden schrieb man in der Ptolemäerzeit das Wort für „erschaffen" und „gebären".

ner Frau, die empfangen hat. Das Herz des Mannes war darüber sehr, sehr froh. Er hing ihr ein Amulett um und las einen Spruch über sie.“[45]

Mit „Zeit ihrer Reinigung“ wird hier die Monatsblutung umschrieben. Übrigens galt die Frau nicht nur in dieser Zeit, sondern auch unmittelbar nach der Geburt des Kindes als unrein. Deshalb fand die Geburt (zumindest in den Oberschichtfamilien) auch nicht im Wohnhaus statt. Man errichtete im Garten, im Hof oder auf dem Dach – auf jeden Fall im Freien an der frischen Luft – ein kleines Gebäude, in der Ägyptologie „Wochenlaube“ genannt. Dort wurde das Kind zur Welt gebracht, und dort lebte es zusammen mit der Mutter während seiner ersten zwei bis drei Wochen. Hilfe erhielt die Frau bei der Geburt von Frauen aus der Familie oder Nachbarschaft, die sich auf Geburtshilfe verstanden. Der frischgebackene Vater wurde nur ganz kurz zu seinem Kind gelassen, das er auf den Arm nahm und damit offiziell als sein Kind anerkannte. Ansonsten blieben Mutter und Kind in diesen ersten Wochen völlig ungestört. Wir haben zwar keine Äußerungen von Frauen zu diesem Tatbestand, doch könnte ich mir ohne weiteres vorstellen, daß dieses als eine Zeit der Loslösung von den täglichen Pflichten und auch dem alltäglichen Ärger eines großen Haushaltes empfunden wurde, daß dieses Leben in der Wochenlaube von den Frauen als angenehme Abwechslung und wohlverdiente Ruhepause empfunden wurde.

Abb. 37, 38, 39
Abb. 40

Als Mutter erhielt die Frau nun endlich all die Anerkennung, die sie bisher in ihrem Leben nicht in *dem* Maße erhalten hatte. Die Mutter anständig zu behandeln und in ihrem Alter zu versorgen, muß eine so selbstverständliche Pflicht für die Kinder gewesen sein, daß selten hierüber ein Wort verloren wurde; während es lange Anweisungen in fast allen Lebenslehren gibt, wie der Mann seine Frau behandeln und sich fremden Frauen gegenüber verhalten soll (mit Zurückhaltung nämlich), gibt es eigentlich nur einen einzigen Text in einer Weisheitslehre, der näher auf das Verhältnis der Kinder zur Mutter eingeht. In der Weisheitslehre des Ani, die aus dem Neuen Reich stammt, heißt es[46]: *„Verdoppele das Brot, das dir deine Mutter gab. Trage sie, wie sie dich trug. Sie hatte Mühe und Last mit dir. Sie endeten nicht, als du geboren wurdest nach deinen Monaten. Ihr Nacken trug dich. Ihre Brust war in deinem Mund drei Jahre lang. Sie hegte keinen Ekel vor deinem Kot und sagte nicht aus Ekel: Was soll ich tun? Sie brachte dich zur Schule. Nachdem du zum Schreiben erzogen warst, sorgte sie täglich für dich mit Brot und Bier aus ihrem Hause.“* Und am Schluß sagt Ani: *„Verhüte, daß sie sich von dir wendet, daß sie ihre Arme erhebt vor Gott, und daß er ihre Klage hört.“*

Abb. 41

◁ *Abb. 41 Mutter und Kind, Bronzestatuette des Mittleren Reiches, um 1900 v. Chr.*

Nebenbei ist es natürlich sehr interessant, hier bei der Schilderung der Kindheit nur die Mutter genannt zu finden als diejenige Person, die das Kind versorgt und für seine Erziehung zuständig war. Der Vater wird überhaupt nicht erwähnt.

Diese Weisheitslehre des Ani wendet sich wie alle Weisheitslehren nur an Männer. Doch dürfen wir ohne weiteres annehmen, daß auch die Töchter ihrer Mutter gegenüber eine ähnliche Einstellung besaßen. Wenn man bedenkt, was bereits zu den Pflichten der Kinder in bezug auf den Totenkult des Vaters und der Mutter gesagt wurde, so läßt sich dies anhand der Lehre des Ani auch auf die Versorgung der alten Eltern zu deren Lebzeiten übertragen. Ein Beispiel für eine Tochter, die ein Erbe im voraus erhält, damit sie ihre alte Mutter versorgen kann, habe ich ja bereits zitiert[47]. Interessanterweise macht Herodot in den Historien II, Kapitel 35 eine Bemerkung zu diesem Thema, woraus hervorgeht, daß nach Herodots Kenntnis nur die Töchter wirklich verpflichtet waren (rechtlich und moralisch), für ihre alten Eltern zu sorgen. Ein Sohn – so Herodot – konnte sich dieser Verpflichtung entziehen. Leider nennt Herodot keine Begründung, so daß nicht recht klar ist, ob er hier wirklich richtig informiert war.

Weitere Bemerkungen zum Verhältnis Kind – Mutter, diesmal aus dem Mittleren Reich, lauten: *„Sage keine Lüge gegen deine Mutter, denn das ist Ekel für die Beamten.“* [48] Auch hier wird nur die Mutter genannt, nicht der Vater. Interessant ist natürlich auch die Begründung, warum man die Mutter nicht belügen soll: Das ist nämlich etwas, was ein Beamter ganz einfach nicht tut, es widerspricht also seiner Berufsethik. Weiter heißt es: *„Verehre Vater und Mutter, die dich auf den Lebensweg gegeben haben.“* [49]

Diese Verehrung galt zu allen Zeiten ägyptischer Geschichte tatsächlich vor allem der Mutter. Dies läßt sich sehr schön anhand der Darstellungen in den Beamtengräbern nachweisen. Hier scheinen wirklich einmal Bilder und schriftliche Aussagen übereinzustimmen. So kann man schon in vielen Gräbern des Alten Reiches beobachten, daß die Mutter des Grabbesitzers deutlich betont und hervorgehoben dargestellt wird. Sie sitzt mit ihrem Sohn zusammen am Opfertisch, oder sie sitzt ihm dabei gegenüber; sie besichtigt mit ihrem Sohn zusammen die Feldarbeiten und den Aufmarsch der Herden, die zu seiner Totenopferstiftung gehören.

Abb. 42 Nur die Inschriften weisen dieses Paar als Mutter und Sohn aus – idealisiert schön und scheinbar alterslos präsentiert sie ihr Bildnis für die Ewigkeit. Grabstatue des Neuen Reiches, um 1250 v. Chr. ▷

Abb. 42 Bemerkenswert an all diesen Darstellungen ist übrigens, daß die Mutter zwar in den Beischriften als solche bezeichnet wird, von der Darstellung her aber gar kein Altersunterschied zu ihrem Sohn besteht. Hier wirkt sich wieder die Vorstellung von der Maat, der „Wahrheit" im Gegensatz zur Wirklichkeit aus: Die Mutter wird in dem für sie idealen und für das Jenseits erwünschten Alter dargestellt, nicht in dem Alter, das sie wirklich erreicht hat, oder gar mit dem natürlichen Altersunterschied gegenüber ihrem Sohn.

Auch im Neuen Reich gibt es wieder zahlreiche hohe Beamte, die sich in ihren Gräbern in Malereien und Reliefs mit ihrer Mutter darstellen ließen. Es gibt sogar Gruppenstatuen, die den Grabbesitzer von zwei Frauen umrahmt zeigen: Erst die Inschriften zeigen uns dann, daß diese altersmäßig und auch sonst völlig gleich aussehenden Frauen seine Ehefrau und seine Mutter sind.

Für die besondere Stellung der Mutter in Ägypten wurde immer gern die Tatsache herangezogen, daß im Mittleren Reich die Filiationsangabe, mit der man seine familiäre Herkunft angab, bevorzugt die Mutter nennt. In den Zeiten davor wie danach bezeichnet die Herkunftsangabe meist den Vater, kann aber auch beide Elternteile nennen, seltener nur die Mutter allein. Dies scheint tatsächlich eine besondere Sitte des Mittleren Reiches gewesen zu sein, die wir heute noch nicht überzeugend erklären können[50].

Ganz sicher hat sie nichts mit sogenannten „mutterrechtlichen Zügen" in der ägyptischen Kultur zu tun, die so oft fälschlicherweise behauptet wurden, sonst könnte man sich gar nicht erklären, warum sowohl vor wie nach dem Mittleren Reich diese Grundsätze keine Gültigkeit besessen haben sollten. Man hat versucht, die Herkunftsangabe allein nach der Mutter damit zu erklären, daß bei den zahlreichen Namensgleichheiten ein Auseinanderhalten nur bei gleichzeitiger Nennung der Mutter noch möglich gewesen wäre. Dies scheint mir auch nicht ganz stichhaltig zu sein, denn der Name des Vaters hätte da in den meisten Fällen auch Klarheit bringen können, vor allem da man ja beim Vater als weiteres Unterscheidungskriterium noch eine Berufsangabe mit Hilfe von Titeln hätte machen können. Auch die Argumentation, die alleinige Nennung der Mutter hätte erbrechtliche Gründe, hat sich als unrichtig erwiesen.

„Erben" ist zum Thema Mutter übrigens ein wichtiges Stichwort. Oft ist behauptet worden, in Ägypten hätten die Kinder nur über die Mutter geerbt. Dies ist, so formuliert, nicht richtig. Zu allen Zeiten waren die Kinder automatisch Erben ihres Vaters. Allerdings: Wenn die Kinder noch minderjährig waren, konnten sie nicht direkt erben. Dann mußte ein Erbmittler eingesetzt werden; dies konnte ohne weiteres die Mutter der Kinder sein, aber nur dann, wenn der Mann eine entsprechende

Abb. 43 So sah es in den Wohnhäusern der begüterten Oberschicht im Neuen Reich aus: In dem vermutlich mehrstöckigen Gebäude waren Wirtschaftsräume und Speicher untergebracht, davon getrennt gab es Wohn- und Empfangsräume.

schriftliche Verfügung dieses Inhalts hinterlassen hatte. Denn die Ehefrau (egal ob Kinder da waren oder nicht) erbte nicht automatisch von ihrem Mann, sondern nur mit Hilfe einer entsprechenden testamentarischen Verfügung. Bei Kinderlosigkeit fiel das Vermögen des Mannes an seine eigene Familie, also vor allem an seine Geschwister, zurück. Wollte er bei Kinderlosigkeit seine Ehefrau absichern, so mußte er vorher eine Übereinkunft mit seinen Geschwistern treffen, damit diese auf eine Anfechtung des Testaments zugunsten der Ehefrau verzichteten.

Wenn unmündige Kinder vorhanden waren, konnte die Mutter als Erbmittlerin eingesetzt werden. Sie hatte dann allerdings keine volle und freie Verfügungsgewalt über das Erbe, denn sie durfte es nicht verbrauchen, sondern nur benutzen, um ihren eigenen und den Unterhalt ihrer Kinder davon zu bestreiten. Wurde der älteste Sohn mündig, so trat er voll in das Erbe seines Vaters ein und – so dürfen wir vermuten – sorgte dann seinerseits für seine jüngeren Geschwister und die Mutter.

Eine ähnliche güterrechtliche Regelung gab es auch im Scheidungsfall, wenn Kinder vorhanden waren. Zumindest ist für die Zeit des Neuen Reiches belegt, daß vermutlich bei der Geburt des ersten Kindes aus dem Vermögen des Mannes und dem Vermögen der Frau ein sogenanntes Familienvermögen gegründet wurde. Im Falle einer Scheidung verlor der Mann zwei Drittel seines Vermögens, d.h. den Teil, der zum Familienvermögen gehörte. Von seinem ursprünglichen Vermögen behielt er also nur ein Drittel übrig, das er dann wieder teilen mußte, falls in einer weiteren Ehe wieder Kinder geboren wurden. Schon aus diesem Grunde, das sei hier nur nebenbei bemerkt, waren Scheidung und Wiederverheiratung für die ägyptischen Männer des Neuen Reiches wirtschaftlich kaum tragbar. Aber auch dieses Familienvermögen fiel nach der Scheidung nicht etwa der Frau zu, sondern sie hatte nur das Nutzungsrecht für sich und ihre Kinder.

5. SCHLUSSBEMERKUNG

Zum Schluß seien noch einige grundsätzliche Bemerkungen angefügt. Die hier vorgelegten Gedanken und Auswertungen möchte ich nur als einen Versuch gewertet wissen, ein Bild vom Leben der Frau als Tochter, Ehefrau und Mutter zu entwerfen. Dieses Bild bleibt sicher zunächst einmal lückenhaft, da das Thema viel zu umfangreich ist, um es in so kurzer, knapper Form verbindlich abzuhandeln. Dabei waren mir die wenigen Arbeiten[51], die zum Thema „Stellung der Frau im Alten Ägypten" bisher existieren, nicht immer hilfreich. Sie zeichnen nämlich meines Erachtens durchweg ein undifferenziertes, viel zu positives Bild von der Lage der Frau. Sie unterscheiden auch oft nicht streng genug zwischen den Verhältnissen im Alten, Mittleren und Neuen Reich und den veränderten Bedingungen der Spätzeit durch die Einflüsse fremder Kulturen. In diesen Arbeiten wird häufig auch kaum zwischen sozialen Schichten unterschieden, so daß die Stellung der Frau meist viel zu stark unter dem Aspekt „Königin" oder ganz einseitig auf der Grundlage des Oberschichtmaterials betrachtet wird.

Das Thema Frau ist nicht nur, weil es gerade zur Zeit politisch und kulturell in unserem Kulturkreis aktuell ist, auf das alte Ägypten übertragen für uns hochinteressant und hochbrisant. Als Thema an sich ist es ein sehr lohnendes Betätigungsfeld, auf dem noch unendlich viel aufzuarbeiten ist. Ausgehend von den beiden großen Quellengruppen, die in reicher Fülle aus Ägypten überliefert sind, ausgehend also von den Bildern *und* den Texten, könnte man ein nach Epochen und nach sozialen Schichten differenziertes Bild entwickeln, das es eines Tages erlauben wird, eine Kulturgeschichte der Frau im alten Ägypten zu schreiben. Aus meiner Sicht als Museumsägyptologin habe ich die Hoffnung, daß die große Ausstellung „Nofret – Die Schöne. Die Frau im Alten Ägypten" gerade aufgrund der kontroversen Diskussion, die sie auslöste, dazu beigetragen hat und noch weiterhin beitragen wird, diesem Ziel einer Kulturgeschichte der Frau im alten Ägypten näher zu kommen.

Im Rahmen einer solchen Kulturgeschichte würde das Thema der sozialen, juristischen und wirtschaftlichen Stellung der Frau nur einige Facetten der Gesamtdarstellung bilden. Soweit ist meines Erachtens die Ägyptologie aber noch nicht, daß eine alle Aspekte berücksichtigende „Kulturgeschichte der Frau im alten Ägypten" geschrieben werden könnte.

ANMERKUNGEN

1 Vgl. hierzu die kontroverse Interpretation von Grundzügen des Themas „Frau" in den beiden zur Ausstellung in Hildesheim erschienenen Katalogbänden: Nofret – Die Schöne. Die Frau im Alten Ägypten, I (Mainz 1984); Nofret – Die Schöne. Die Frau im Alten Ägypten, II, 'Wahrheit' und Wirklichkeit (Hildesheim-Mainz 1985).

2 Hierzu ausführlicher W. Helck in seiner Einleitung zum Katalog „Nofret – Die Schöne. Die Frau im Alten Ägypten, II, 'Wahrheit' und Wirklichkeit", Hildesheim-Mainz 1985, 9–12.

3 Jedenfalls aus pharaonischer Zeit: Berühmte Ausnahme der Ptolemäerzeit ist Taimhotep, deren Grabstele einen Lebensbericht in der 1. Person Singular enthält mit genauem Geburtstag, Heirat mit 14 Jahren, Geburt der 4 Kinder, Tod mit knapp 30 Jahren. Vgl. Eva E. A. Reymond, From the Records of a Priestly Family from Memphis (Ägyptologische Abhandlungen 38, Wiesbaden 1981), 165–77.

4 Beispiele: Lepsius, Denkmäler II 40. 41. 50. 93. 102.

5 Beispiele: Grab des Uhemka, Hildesheim. Lepsius, Denkmäler II 100b. 105 (2 Söhne, 1 Tochter). 82 b (2 Söhne, 1 Tochter). Katalog „Nofret", Nr. 2. 102. 104. Oft bei Speisetischszenen: Söhne hinter dem Vater, Töchter hinter der Mutter aufgereiht (z.B. Mariette, Mastabas, 203).

6 Vgl. die Reihung auf Nr. 19/Katalog „Nofret": Mann – Frau – Sohn – Tochter. – Lepsius, Denkmäler II 27: eine Reihe von 4 Töchtern, darunter eine Reihe mit 3 Söhnen.

7 Lepsius, Denkmäler II 22.

8 An dieser Stelle kann übrigens gelegentlich auch die Ehefrau stehen, die dann „en miniature" im Vergleich zu ihrem Mann, also so klein wie ein Kind, dargestellt ist: Lepsius, Denkmäler II 38c. – Töchter am Amtsstab des Vaters, in Parallelszenen zu Söhnen in derselben Position: Mariette, Mastabas, 309.

9 Das gilt zumindest für das Alte Reich. Bisher ist dabei allerdings die Frage nicht gelöst

worden, ob der „älteste Sohn“ auch gleichzeitig der „Erbe“ ist, wie es vereinzelte Belege anzudeuten scheinen (z.B. Urk I 164. 2–3: „Ich bin ihr ältester Sohn, ihr Erbe, (und) ich habe (sie) begraben in der Nekropole.“; Junker, Giza VI, Abb. 101: „Sein ältester Sohn, sein von ihm geliebter Erbe (...).“) Vgl. Hans Goedicke, Die privaten Rechtsinschriften aus dem Alten Reich, Wien 1970, 125. 146. 205. 213: „ältester Sohn“ ist der „Rechtsnachfolger“ des Vaters mit der Aufgabe, für Begräbnis und Totenkult des Vaters/der Eltern zu sorgen.

10 So bei Neferefre-anch (Scheintür Kairo CG 1410), der 2 Töchter hatte, von denen eine als „seine älteste Tochter“, die andere als „seine von ihm versorgte und geliebte Tochter“ bezeichnet wird.

11 S. Hassan, Giza I, 104ff. (2 Töchter, 3 Söhne). 73ff. (1 Tochter, 2 oder 3 Söhne).

12 W. Helck, Die Lehre des Djedefhor und die Lehre eines Vaters für seinen Sohn, Kleine Ägyptische Texte, Wiesbaden 1984, 4f.

13 Aus der Lehre des Ani, zitiert nach S. Schott, Altägyptische Liebeslieder, Zürich 1950, 107.

14 Zur Kindestötung im antiken Griechenland vgl. Sarah B. Pomeroy, Infanticide in Hellenistic Greece (in: A. Cameron – A. Kuhrt, Images of Women in Antiquity, London 1983, 207–222).

15 Verantwortlich für den Totenkult einer Person oder für Opferstiftungen als Teil des Totenkultes können auch andere Familienmitglieder sein, wie ihre Nennung in dieser speziellen Stiftungsformel zeigt; sehr häufig wird ein Bruder, häufig eine Schwester genannt, dagegen selten Vater oder Mutter, gelegentlich ein Neffe, Onkel, Enkelsohn oder auch die Ehefrau.

16 Zitiert nach W. Helck, Materialien zur Wirtschaftsgeschichte des Neuen Reiches II, Mainz 1961, 239.

17 Urk IV 1479.

18 Vgl. hierzu H. Brunner, Altägyptische Erziehung, Wiesbaden 1957, 45ff.

19 Diese mir einleuchtend scheinende Erklärung findet sich bei G. Posener, in: Revue d'Egyptologie 21, 1969, 150–151; sie läßt sich auf so viele Belege der Bezeichnung sšt anwenden, daß m.W. kein Beispiel übrigbleibt, das man guten Gewissens mit „Schreiberin“ übersetzen könnte! Dagegen vgl. aber H. G. Fischer, Varia, Egyptian Studies I, New York 1976, 77f.: Er bezweifelt die Übersetzung „Schminkerin“, macht aber keinen Gegenvorschlag zur Erklärung der Bezeichnung.

20 Diese Behauptung möchte ich trotz der vereinzelten Belege für Frauentitel, deren männliche Äquivalente in die Staats- oder Tempelverwaltung und nicht nur in den Bereich der Privathaushalte weisen (für Altes und Mittleres Reich zusammengestellt bei H. G. Fischer, op. cit., 69–79), aufrechterhalten; auffälligerweise kann man einen großen Teil dieser Frauen als Angehörige von Haushalten nachweisen, die einer Frau von hohem Rang (Königin, Kgl. Haremsdamen, Frauen aus Gaufürstenfamilien) unterstanden. Hier liegt wohl Übertragung von Titeln der staatlichen Sphäre auf gleiche Funktionen im Privathaushalt vor, und diese Funktionen konnten dann in einem Frauenhaushalt auch von Frauen wahrgenommen werden.

21 So z.B. die „Vorsteherin der Tänzer(innen) des Königs“ Neferes-res (S. Hassan, Excavations at Giza II, 202ff.), die weder Mann noch Kind besaß, der/das für ihren Totenkult hätte sorgen können. Sie setzte daher einen sn-ḏt („Bruder der Totenstiftung“) ein, der ihr eine Kultkammer in seinem eigenen Grab einrichtete. – Allgemein zu Frauen und Tanz vgl. die Rolle der Göttin Hathor bzw. Isis, die vor dem Sonnengott Re tanzt, um ihn zu besänftigen (Geschichte von Horus und Seth); im Papyrus Westcar sind Göttinnen als Tänzerinnen verkleidet bei der Geburt der drei Königskinder anwesend.

22 Ausnahmen stellen z.B. die „Gottesgemahlinnen des Amun“ in der Spätzeit dar, die unverheiratet blieben (im Gegensatz zu denen der 18. Dyn., die ja dieses Amt mit der

Funktion der Hauptkönigin verbanden). Tänzerinnen wie Neferes-res (s.o. Anm. 21) blieben offenbar von Berufs wegen ledig; eine unverheiratet gestorbene Frau war vielleicht Tjetut, Katalog Nofret Nr. 106.

23 Urk IV 1369; Helck, Materialien III, 528f.

24 Dies ist aus ihrem Namen Ta-kamenet „die Blinde“ erschlossen.

25 So jedenfalls für das Neue Reich und später nachzuweisen.

26 Übersetzung und Interpretation nach Schafik Allam, Hieratische Ostraka und Papyri, 246, Nr. 249.

27 Übersetzung nach Allam, op.cit., 242f., Nr. 243.

28 Diodorus Siculus, Geschichts-Bibliothek I 27 (nach einer alten Übersetzung von 1866).

29 Vgl. Erich Lüddeckens, Ägyptische Eheverträge (Ägyptologische Abhandlungen 1, Wiesbaden 1960).

30 Nach Lexikon der Ägyptologie I 1182 unter dem Stichwort „Eheurkunden“.

31 Allam, op.cit., 24ff., Nr. 4.

32 Allam, op.cit., 40ff., Nr. 18.

33 W. Helck kommt unter dem Stichwort „Scheidung“ im Lexikon der Ägyptologie (LÄ V 559) mit Recht zu dem Schluß, die „rechtliche Gleichstellung der ägyptischen Frau“ sei lediglich „eine Fiktion der Ägyptologen“.

34 Ein gutes Beispiel ist der schon genannte Meri-ib: Aus den gut erhaltenen Darstellungen und Texten seines Grabes kennen wir seine Mutter, seine beiden Söhne und zwei Töchter, nicht aber die Ehefrau!

35 Beispiel bei H. Goedicke, Die privaten Rechtsinschriften aus dem Alten Reich, Wien 1970, 122ff.

36 Sog. „Adoptionspapyrus“, Allam, op.cit., 258ff., Nr. 261.

37 Vgl. dazu Goedicke, op.cit., 186–9, und davon stellenweise abweichend E. Edel, Hieroglyphische Inschriften des Alten Reiches (Abhandlungen der rhein.-westfäl. Akademie der Wissenschaften 67), Opladen 1981, 16ff.

38 Übersetzung nach W. Helck, Einleitung zum 2. Band des Ausstellungskatalogs „Nofret“ (s.o. Anm.2).

39 Allam, op.cit., 221f., Nr. 221.

40 So im Papyrus Westcar, in der Hirtengeschichte, im Zwei-Brüder-Märchen (alle übersetzt bei E. Brunner-Traut, Altägyptische Märchen, Düsseldorf–Köln [4]1976).

41 Das Prinzen-Märchen, ebenfalls übersetzt bei E. Brunner-Traut, op. cit.

42 Einige ägyptische Männer scheinen außerdem dem Vorurteil verfallen gewesen zu sein, Frauen seien „dumm“. In einem Graffito an der Stufenpyramide von Saqqara mokiert sich ein Schreiber des Neuen Reiches über die früheren Besucherinschriften, indem er sie vergleicht mit "der Arbeit einer Frau, die keinen Verstand hat": zitiert bei H.G. Fischer, Varia, Egyptian Studies I, New York 1976, 78.

43 Vgl. dazu Schafik Allam im Lexikon der Ägyptologie unter dem Stichwort „Ehe“ (LÄ I 1162ff.).

44 Zusammenfassend hierzu und zum Folgenden: E. Brunner-Traut, Die Alten Ägypter. Verborgenes Leben unter Pharaonen, Stuttgart–Berlin–Köln–Mainz [2]1976, 50–67.

45 Zitiert nach Brunner-Traut, op.cit., 50.

46 Zitiert nach der Übersetzung bei S. Schott, Altägyptische Liebeslieder, 107f.

47 S.o. Anm. 16.

48 Aus der Lehre des Dua-Cheti: W. Helck, Die Lehre des Dw3-Ḫtjj, Kleine Ägyptische Texte, Wiesbaden 1970, 138. 141.

49 Aus derselben Lehre: Helck, op.cit., 148. 151.

50 Speziell zum Mittleren Reich vgl. D. Franke, Altägyptische Verwandtschaftsbezeichnungen im Mittleren Reich, Hamburger Ägyptologische Studien 3, Hamburg 1983.

51 Z.B. St. Wenig, Die Frau im alten Ägypten, Wien–München 1969, mit der älteren Literatur.

Manfried Dietrich

Semiramis

ODER: WAR DIE FRAU IM ALTEN ORIENT NUR SCHÖN?

EINLEITUNG

Bevor wir uns dem Thema zuwenden, sei mir gestattet, einige einleitende Bemerkungen zu Quellenlage und Gesellschaftsschichten zu machen.

Das Thema „Gesellschaft“ und, innerhalb dieser, „die Frau“ ist besonders schwer zu behandeln (zumal dann, wenn man nur wenig Zeit für die Darlegungen hat). Global formuliert kann es zwar verhältnismäßig schnell abgeschlossen werden. Aber damit ist niemandem geholfen. Daher werde ich versuchen, einige wesentliche Züge ausführlicher herauszuarbeiten, die die altorientalische Frau in ihrer Umwelt beschreiben können.

Greifen wir Texte heraus, die sich mit diesem Themenkreis befassen, dann müssen wir zunächst feststellen, daß sie sich zumeist den wichtigsten Menschen der damaligen Gesellschaft und ihren Institutionen widmen: dem König oder Vizeregenten und seinem Hof, dem Priester und seinem Tempel und Kloster oder dem Handelsherrn und seinem Kontor. Das liegt in der Natur des Subjekts: König, Priester und Handelsherr waren die Großen, die Geschichte, Kultur, Religion und Wirtschaft des Alten Orients trugen. Sie bildeten die Oberschicht, stellten aber nur den kleinsten Prozentsatz der Bevölkerung. Wenn wir uns also ihnen widmen und das Geschick der Frau in ihrer Umgebung verfolgen wollen, dann drängt sich zur Schilderung der Lage das Bild des Eisbergs auf: Die sichtbare Spitze ist nur ein Promille des Ganzen. Damit müssen wir uns aber zufriedengeben, wenn wir nicht gleich am Anfang der Untersuchung aufgeben wollen.

Nach den altorientalischen Quellen können wir grob folgende Schichten der Gesellschaft gegeneinander abheben: das Königshaus – die vollfreien Bürger – die halbfreien Bürger – die Sklaven[1]. Wollen wir die Lebensumstände von Mitgliedern dieser Schichten näher betrachten,

◁ *Abb. 44 Stellvertretend für viele: Waren sie nur schön? Eine frühe sumerische Frauendarstellung, vielleicht Teil einer Kompositstatue; aus Uruk, Djemdet Nasr-Zeit.*

dann liegen – so stellen wir fest – die ausführlichsten Nachrichten über die des Königshauses vor, recht differenzierte noch über die der Vollfreien – zu ihnen gehören u.a. Statthalter, Handelsherren, Priester, Gelehrte –, nur ungenügende dann noch über die Halbfreien, wie beispielsweise Handwerker, Händler, Bauern; über Sklaven sprach man damals gemeinhin ebensowenig wie über Haustiere oder Möbel.

Wollen wir heute etwas über die Stellung der Frau in Erfahrung bringen, dann stehen wir vor dem zusätzlichen Problem, daß Frauen im Alten Orient größere Schwierigkeiten hatten, ins Rampenlicht zu treten, als Männer. Das hat häufig nur zeitbedingte, technische Hintergründe, wie im folgenden noch deutlich werden wird.

Meine Ausführungen beginne ich mit Betrachtungen über das Königshaus – dahingehend bin ich schon durch die Formulierung des Themas festgelegt. Hinzu kommt, daß wir eben über die Frau als Mitglied der Königsfamilie das meiste wissen. Vorhin brachte ich das Bild des Eisbergs ins Gespräch – ich könnte ebensogut das der Pyramide benutzen: Steht die Pyramide auf dem Erdboden, dann ragt die Spitze in den Himmel; zeichnen wir die Gesellschaftsschichten in die Pyramide ein, dann sparen wir die Spitze für das Königshaus aus; der oberste, trapezförmige Teil unter der Spitze stünde für die Vollfreien, der überwältigende Rest für die Halbfreien. Die Sklaven als zahlenmäßig vollkommen unbedeutende Größe der altorientalischen Gesellschaft können im Schaubild nicht berücksichtigt werden.

Die Strukturen, die man anhand des Königshauses aufzeigen kann, lassen sich bedenkenlos auf die darunterliegenden Gesellschaftsschichten übertragen. Es gibt nämlich genügend Belege dafür, daß die Struktur der obersten Familie grob der der unteren und untersten Schichten entspricht. Im Grunde ist jedes Familienoberhaupt ein König – allerdings mit engerer Machtbefugnis.

Kommt schließlich das Thema der rechtlichen Stellung der Frau zur Sprache, dann verändert sich die Betrachtungslage: Das Königshaus steht gottgleich über den irdischen Gesetzen, die der König im Auftrag seines Gottes zur Erhaltung der gottgewollten Ordnung in seinem Herrschaftsbereich eingeführt hat.

SEMIRAMIS – EINE ASSYRISCHE KÖNIGIN

Mit dem Namen Semiramis verbinden wir allerlei Vorstellungen, die bei dem einen schemenhaft, bei dem anderen aber sehr konkret sein können.

Schemenhaft: die mächtige Frau alter Zeiten, die mit ihrer Schönheit Männer in ihren Bann zog, um die Liebhaber dann jäh abzustoßen; die

Abb. 45 Ein Statthalter des Königs Adad-nīrarī III. stiftete diese Statue seinem Herrn und dessen Mutter Sammuramat; er überlieferte der Nachwelt damit einen der wenigen zeitgenössischen Belege für diese Königin, die zum Vorbild der sagenhaften Semiramis wurde. Aus dem Tempel des Nabû in Nimrud, um 800 v. Chr.

erfolgreiche Königin, die mit ihren Heldentaten alle sich mit ihr messenden Männer lächerlich machen konnte; die tüchtige Landesmutter, die mehr als alle Vorgänger das Reich zu Macht und kultureller wie zivilisatorischer Blüte führen konnte.

Dagegen konkret: eine assyrische Königin, die aus einfachen Verhältnissen kam, am Ende des 9. Jahrhunderts v. Chr. an der Seite des assyrischen Potentaten Šamšī-Adad V. (823–810) als Sammuramat in der damaligen Hauptstadt Assyriens, Nimrud/Kalaḫ, Einfluß am Hof erhielt und während der Minderjährigkeit ihres Sohnes Adad-nīrārī III. (809–782) möglicherweise sogar vier bis fünf Jahre lang (zwischen 809 und 806) die Geschicke des Reiches lenkte; eine Herrscherin, der als einziger Frau, wohl aufgrund ihrer bleibenden Verdienste um das Reich, in der geistlichen Metropole Assur eine Gedenkstele aufgestellt wurde; eine Potentatin, deren Taten in den umfangreichen Annalen der assyrischen Herrscher zwar keine Erwähnung gefunden haben, deren Bild aber in Historiographie und Mythenbildung für die Nachwelt bis ins Detail festgelegt worden ist.

Abb. 45

Hören wir also den Namen Sammuramat und blicken auf die schriftlichen Quellen vom assyrischen Hof, dann tritt uns eine blasse Dame entgegen, die nur dadurch aus dem Rahmen fällt, daß sie namentlich überhaupt bekannt ist – wie viele ihrer Vorgängerinnen und Nachfolgerinnen als Gemahlinnen altorientalischer Herrscher werden nicht genannt! – und zudem in der Heiligen Hauptstadt Assur mit einer Erinnerungsstele geehrt worden ist.

Ganz anders verhält es sich da mit Semiramis: Der griechische Geschichtsschreiber Herodot (um 500 v. Chr.) kennt sie, noch viel besser allerdings Diodor von Sizilien (1. Jahrhundert v. Chr.), der in seinem umfassenden Geschichtswerk in Buch 2 unter wiederholtem Hinweis auf seinen etwa dreihundert Jahre älteren Kollegen Ktesias von Knidos als Quellenliteratur ein genaues Bild von der Namensträgerin zeichnet und die „Sage von Semiramis" so überliefert:

Semiramis war von göttlicher Abkunft; ihre Mutter Derketo, die syrische Liebes- und Fruchtbarkeitsgöttin, hat sie nach einem Liebesabenteuer mit einem jungen Syrer perfekter Erscheinung insgeheim geboren und in der Steppe ausgesetzt; dort haben Tauben, die Symboltiere der Göttin, sie versorgt und großgezogen, bis sie als hübsches Kleinkind von Hirten entdeckt und deren Vorgesetzten gebracht wurde. Der Distriktverwalter Onnes lernte die zauberhafte und intelligente junge Frau

Abb. 46 Miniatur aus einer persischen Dichter-Anthologie mit einer Darstellung aus der späten Semiramis-Überlieferung, Schiras 1420. ▷

یکی را سنبل از گل برکشیده
یکی را کرده گل سنبل دمیده
یکی مرغول عنبر بسته بر گوش
یکی مشکین کمند افکنده بر دوش
یکی از طوق خود مه را شکسته
یکی مه را ز غبغب طوق بسته
نظر بر یکدگر چندان نهادند
ز آب دیده چشم یکدگر گشادند

نه از شیرین جدایی گشت پرویز | نه از گلگون جدایی گشت شبدیز | طریق دوستی را ساز جستند | ز یکدیگر نشانها باز جستند
چو نام هم شنیدند آن دو چالاک | فتادند از سر زین بر سر خاک | گذشته ساعتی سر بر گرفتند | زمین از اشک در گوهر گرفتند
به آیین نو رسیدند خود را | فرو گفتند خستی نیک و بد را | سخن بسیار در اندیشه کردند | بهم گفتن صبوری پیشه کردند
عنان از هر طرف برزد سواری | پری رویی رسید از کناری | مه و خورشید را دیدند تا زان | قران کرده به برج عشق بازان

کی بصورت نیست از آن دو رحوا دارم
معنی چون جسم خوان یک معنی نوتوام
من که او در جسم جز فرد دادارم
با تو ام یا نقش از نقش بتت ادارم
دشمنی که دستی اند جهان دادارم
آن دار که جم از همگان بردارم
تو من عاشق طمع بین که چه سودا دارم
عقل را بشکن که اندیشه در این کیمیا
دل شیدا که نه در پرده پیدا دارم
جان از دیدن سودا و وصال زبخت
کو در آنجا که دل پیدا دارم
گر بجلد ابروی تو گوهر اینجا دارم
انجا بی بت زرق اینجا دارم
کج ابرو کردن دامن

kennen und erlag ihrem Charme. Er nahm sie zur Frau, und sein Leben gestaltete sich unter ihrer Obhut sehr erfolgreich. Zu jener Zeit rüstete der sagenhafte assyrische Herrscher Ninos gerade zum Kampf gegen die zentralasiatische Metropole und Festung Baktra und griff in seinen strategischen Überlegungen auf den erfolgreichen Heerführer Onnes zurück. Mit ihm trat nun Semiramis auf den Plan: Als junger Krieger verkleidet, führte sie jenen Trupp an, der mit ihrer List dem Feind auf der Festung in den Rücken fiel und ihn zur Aufgabe zwang. Dieses Husarenstück beeindruckte Ninos derart, daß er die junge, kluge Kämpferin mit allen möglichen Mitteln zu sich zu holen trachtete. Onnes, der willfährige Gefolgsmann, überließ sie dem Oberherrn unter Aufgabe seines eigenen Lebens. Dem Ninos schenkte Semiramis zwar den Sohn und Thronfolger Ninyas, brachte ihm aber sonst kein Glück: Er verstarb und überließ das weitere Geschick seines Landes der klugen und tatkräftigen Königin. Sie nahm nun alles in die Hand, von ihrem Sohn ist zunächst nicht mehr die Rede: Für den verstorbenen Ninos errichtete sie ein gewaltiges Grabmal; sie gründete nach der Regulierung des Euphrat Babylon, baute Brücken, Tunnel, einen herrlichen Palast mit seinen 'Hängenden Gärten' nach dem Vorbild persisch-medischer Lustgärten und ehrte die Götter mit neuen Tempeln; sie modernisierte das östliche Nachbarland Medien, legte unterirdische Kanäle und Aquädukte zur Wasserversorgung der Hauptstadt Ekbatana an, erschloß das Land mit einem ausgeklügelten Straßennetz, brachte in schwindelerregender Höhe an Felswänden Reliefs und Inschriften an und errichtete auf einer Felskuppe ein Lustschloß, in dem sie ihre Liebhaber genoß und beseitigte; sie führte einen Siegeszug nach Ägypten und Äthiopien, unterwarf nochmals Baktra. Ihr Feldzug nach Indien gegen Stabrobates verlief allerdings trotz aller List weniger erfolgreich: Mit letzter Energie konnte sie sich und den größeren Teil ihres riesigen Heeres gerade noch vor dem Zugriff des Feindes retten. Als sie von dieser Unternehmung in die Heimat zurückkehrte, sah sie sich mit einer Palastrevolte konfrontiert. Sie entdeckte die Verschwörung zwar offensichtlich noch rechtzeitig, was auch zu ihrem Erfolgsbild gehört, unterband sie aber nicht, sondern überließ die Herrschaft ihrem Sohn Ninyas, weil sie sich dem in Ägypten an sie ergangenen Ammon-Orakel beugte und das Ende ihrer Zeit erkannte: Mit 62 Jahren und nach 42jähriger Regentschaft entschwand sie ebenso geheimnisvoll, wie sie ihren Fuß auf die Erde gesetzt hatte – in eine Taube verwandelt, entschwebte sie in einem Schwarm von Artgenossen[2].

Soweit der Abriß der Semiramis-Sage in der Gestalt, wie sie uns von Diodor von Sizilien nach Quellen des Ktesias von Knidos überliefert ist. Daß dies jedoch nur *eine* Version der Semiramis-Sage von mehreren damals in Umlauf befindlichen ist, erhellt aus Andeutungen und alternati-

Abb. 47 Bis in die Gegenwart regten Semiramis und ihre „Hängenden Gärten" die literarische Phantasie an, wie diese Illustration aus einem Buch von 1902 über die „Wunder der alten Welt" zeigt.

ven Reminiszenzen weiterer Historiker des Altertums. Allein daraus wird klar, daß es bei Semiramis weniger um eine historische Persönlichkeit als um ein Thema mit mythischem Gehalt ging. Der Semiramis-Forscher W. Eilers hat folgende Quintessenz formuliert:

„Man hat es hier, wie in jedem echten Mythos, mit Urbildern und Urphänomenen zu tun, deren Kraft und Gewalt über das Gemüt am Beispiel dargetan werden. So ist Semiramis der mythische Ausdruck der Naturgewalt des Weiblichen, ins Männlich-Heroische gesteigert, nach unten und nach oben hin vergrößert und in übermenschliche Sphären gehoben ... Semiramis ist die Urform des Weibes nach einer bestimmten Richtung hin ... So finden wir die drei Aspekte des Weibes an ihr exemplarisch demonstriert ... Jungfrau–Mutter, Mann–Weib, Königin–Göttin, sind die gewöhnlichen Namen, unter denen Semiramis das Außergewöhnliche leistet."[3]

Abb. 46, 47 Diese Darstellung einer wohl historischen Persönlichkeit hat seit der Schaffung der Semiramis-Sage bis in die jüngste Vergangenheit die Phantasie von Dichtern, Musikern und Malern beflügelt und zu unvergänglichen Werken angeregt[4].

Kehren wir von der Darlegung der Semiramis-Sage, der Definition des Themas Semiramis und dem Rückgriff auf die assyrische Königin Sammuramat, die Gemahlin, 'Palast-Frau' des Herrschers Šamšī-Adad V. und Mutter Adad-nīrārīs III. zu unserem Thema „Semiramis – war die Frau im Alten Orient *nur schön*?" zurück, dann kann die hier gestellte Frage – schon mit diesem Beispiel – nur mit „Nein!" beantwortet werden. Denn außer der Tatsache, daß Semiramis hinreißend, männerbetörend schön war und dieses Naturgeschenk voll zum Einsatz zu bringen vermochte, kommen allein bei ihr noch folgende charakteristische Merkmale zur Sprache: ihre Klugheit, die sie zur Regentschaft, zu militärischer Führung, zu strategischen Konzepten, zu architektonischen Entwürfen (Dämme, Kanäle, Mauern, Brücken, Paläste, Tempel, Parks), zum Städtebau und zur Beherrschung der Schrift befähigt hat; ihre Weiblichkeit und Mütterlichkeit; ihr Mut, ihre Tapferkeit und ihr Durchhaltevermögen; ihre Frömmigkeit.

Projizieren wir dies auf einen einzigen Menschen, dann weist dieser alle jene Züge auf, die man im Alten Orient dem einzigen Idealmenschen zugedacht hat – dem König[5]. Also feiert die Nachwelt – ob nun die griechische Historiographie oder eine andere – Semiramis als *Königin.*

Abb. 48/49 Eine bedeutende Rolle im religiösen Leben Mesopotamiens spielte die Göttin Ištar, die in sumerischer Zeit unter dem Namen Inanna verehrt wurde; in ihr vereinen sich zwei sehr gegensätzliche Aspekte: Sie ist die erobernde Kriegsgöttin und gleichzeitig Göttin der Liebe, an die sich die Frauen mit persönlichen Nöten wenden konnten. Terrakotta-Reliefs der altbabylonischen Zeit. ▷

Abb. 48

Abb. 49

Idealvorstellungen über einen König sind in der altmesopotamischen Literatur häufig formuliert. Naturgemäß fehlt aber in der Schilderung der Semiramis, weil sie eine Frau ist, *ein* Gedanke: die äußere Erscheinung als kampfhungriger und kampferprobter junger Mann; denn nur diesem traute man es zu, unter Einsatz aller körperlichen Kräfte den Bogen zu spannen und im Gemetzel Vorbild für seine Mitkrieger zu sein. In der Literaturszene spielt die *Frau als Kriegerin* absolut keine Rolle – es sei denn, es handelt sich um die kampflustige und blutrünstige Kriegsgöttin Ištar; und gerade diese hatte Semiramis laut Sage in der Gestalt der Derketo zur Mutter. So betrachteten die alten Mesopotamier, die Sumerer, Babylonier und Assyrer, um die drei wichtigsten ethnischen Gruppen zu nennen, die Frau für das Kriegsgewerbe als vollends ungeeignet, ja, sogar unfähig – folglich wird beispielsweise einem Vertragsbrüchigen angedroht: *„Möge der NN (dann) eine Hure, seine Soldaten Frauen sein!“*[6] Sie könnte ihre körperliche Unterlegenheit gegenüber einem voll durchtrainierten Krieger allenfalls durch Schläue und List ausgleichen – so, wie es Semiramis des öfteren getan haben soll. In Korrespondenz dazu, daß man sich im Alten Mesopotamien eine Frau überhaupt nicht als Kriegerin vorstellen konnte, bedeutet es für seine Bewohner eine höchste Schmach und Verunglimpfung, wenn sie, als Männer, ob als Krieger oder nicht, nicht ernst genommen und auf die Stufe der Frau gestellt werden – das beinhaltet der Fluch wiederum gegen einen Vertragsbrüchigen: *„Mögen sie* (= die Götter) *dich in den Augen deiner Feinde zu Frauen machen!“*[7] Also drückt dieser keine Minderbewertung der Frau im allgemeinen aus.

Abb. 48, 49

Semiramis war Königin – damit mußte sie gemäß Königsideal aber auch Kriegerin sein. Solange sie als Frau eines Heerführers und danach als Palastdame an der Seite des Herrschers lebte, konnte sie dem Idealbild der Frau genügen – als Königin aber mußte sie die Rolle des Kriegers mit übernehmen. Der König blieb nur dann Herrscher, wenn er sein Volk von Sieg zu Sieg auf dem Schlachtfeld führte. Der Pyrrhus-Sieg der Semiramis gegen den Inder Stabrobates, der einer Niederlage gleichkam, hat übrigens die Palastrevolte ausgelöst: Da sie auf dem Kriegsschauplatz versagt hatte, konnte sie nicht weiter Königin bleiben und nahm ihre Absetzung hin. Denn die Kunde von ihrem Versagen konnte alle möglichen Feinde wieder auf den Plan rufen, die die Übermacht des Oberherrn – vorübergehend – anerkannt hatten.

Ich bin so lange bei dem Thema „Semiramis“ stehengeblieben, weil ich mit ihrer Hilfe verdeutlichen konnte, was eine Frau im Alten Orient *nicht* war: eine Kriegerin. Ja, und damit konnte sie nach dem altorientalischen Verständnis streng genommen auch keine Königin als Herrscherin sein! Das bringen die Apodosen u.a. jener altbabylonischen Omina allzu deutlich zum Ausdruck, die eine Frauenregentschaft als mögliches

Unheil im Land androhen: *„(dann) wird eine Frau den Thron einnehmen.“*[8]

Wenn wir den Begriff Königin aber weiter fassen, nämlich als Gemahlin des Königs mit ihren vielseitigen Aufgaben, dann hat es zu allen Zeiten natürlich eine solche gegeben.

Da die Königin jedoch nur ein Glied in der königlichen Familie war, müssen wir die Überschrift unseres ersten Punktes weiter fassen:

1. DIE ALTORIENTALISCHE FRAU ALS MITGLIED DER KÖNIGSFAMILIE

Der König war die Hauptfigur im Herrschaftszentrum, was den zahlreichen Texten der Administration, Historiographie und Rituale zu entnehmen ist. Er war fast ausnahmslos der eigentliche Träger der Geschichte von Städten und Reichen und trat in die Öffentlichkeit, sobald er die Macht von seinem Vorgänger übernommen hatte. Als Sohn und Vater war er allerdings auch nur ein – wenn auch das mächtigste – Mitglied einer Sippe. Mit den anderen Angehörigen mußte er sich, notfalls auch gewaltsam, arrangieren. Daß bei allem die Frauen seiner Entourage eine wesentliche Rolle spielten, soll im folgenden anhand der ihm nächststehenden, nämlich seiner Gemahlin, seiner Mutter und seiner Tochter, durch einige Beispiele belegt werden.

Zeittafel S.180

Bevor wir uns jedoch diesem Themenkreis noch weiter nähern, müssen wir uns dringlichst mit den Phasen der Geschichte und den ethnischen Gruppen befassen, die sie getragen haben. Denn es ist doch selbstverständlich, daß in den ca. 3000 Jahren, durch die wir die Geistes-, Kultur-, Religions- und Militärgeschichte des Alten Orients verfolgen können, allerlei Wandlungen zu verzeichnen sind. Je nachdem, welche Völker jeweils dominant waren, haben sie das Geschehen mehr oder weniger nachhaltig beeinflußt.

Abb. 50

Beginnen wir mit dem 3. vorchristlichen Jahrtausend, dann können wir feststellen, daß das die Literatur tragende und die Verhältnisse bestimmende Volk die Sumerer waren. Mit wechselndem Erfolg regierten damals sumerische Herrscher in den Kleinstaaten Südmesopotamiens. Da sie sich unterschiedlich stark an die Tempel mit ihren Hochgöttern *Abb. 51* gebunden fühlten, betrachten wir sie heute gern als Priesterfürsten. Ihr machtpolitisches Zentrum war gleichzeitig ihr religiöses.

Dieses Bild veränderte sich wesentlich, als ab Mitte des 3. Jahrtausends semitische Herrscher Großreiche aufbauten – eines im Raum des heutigen Nordsyriens mit Ebla und eines in Mesopotamien mit Akkad als Machtzentrum. Sie gaben ihren Reichen mit umfangreichen Verwaltungsapparaten ein eher profanes Gepräge. Nichtsdestoweniger sahen

Abb. 50 Im Kult des Mondgottes von Ur spielten Priesterinnen schon in sumerischer Zeit eine herausragende Rolle.

auch sie sich in erster Linie als verantwortungsvolle 'Handlanger' ihres jeweiligen Hochgottes, von dem sie die Ausübung der Macht in die Hand gelegt bekommen hatten, um den Schutz des Landes vor Feinden von außen und innen zu gewährleisten, den Wohlstand seiner Bewohner zu fördern und den religiösen und rechtlichen Pflichten nachzukommen. Es sind also Aufgaben, die einen kämpferischen und bestimmenden Charakter beim Herrscher voraussetzen.

In den nächsten Jahrhunderten, ja, Jahrtausenden, blieb dieses Bild eines Herrschers mit kleinen lokal- und zeitbedingten Nuancen erhalten, wenn wir z.B. das Auf und Ab Babyloniens und Assyriens im Kampf um die Vorherrschaft in Mesopotamien während des 2. und 1. Jahrtausends v. Chr. betrachten; das gilt weitgehend auch für die Herrschaftsmodelle der Nachbarvölker, ob es nun die Hethiter, die Elamer, die Hurriter oder die Meder und Perser sind. An dieses Bild lassen sich auch ohne große Mühe die semitischen Machthaber in den Regionalrei-

chen und Stadtstaaten Syrien-Palästinas in der 2. Hälfte des 2. und der 1. Hälfte des 1. Jahrtausends v. Chr. anschließen.

Eine derartig weitgreifende Zusammenschau mag befremden, weil sie jegliche Differenzierung vermissen läßt. Es ist aber eine schlichte Tatsache, daß die Basis für die Herrschaftsstruktur und das hierarchische System des Alten Orients laut schriftlicher Aussagen und archäologischer Rekonstruktion Ende des 4. und Anfang des 3. Jahrtausends v. Chr. in der Städtekultur Südmesopotamiens liegt. Von hier aus hat sich diese Struktur, deutlich nachvollziehbar, über den gesamten Vorderen Orient ausgebreitet und bestimmte im Grunde das machtpolitische Geschehen dieses Raumes grundsätzlich auch in der Folgezeit – bis in die Gegenwart. Die absolute Dominanz dieser Struktur und der sie tragenden Gesetzmäßigkeiten drückt sich beispielsweise darin aus, daß Steppen- und Bergnomaden – ob Hethiter, Hurriter, Kassiten, Aramäer, Meder, Perser oder Araber –, sobald sie im Kulturraum Fuß faßten, die dort heimischen Gepflogenheiten übernommen und z.T. in verstärktem Maß weitergeführt haben. Will man also die Rolle des Herrschers, seiner Gemahlin oder Gemahlinnen und die seiner Familie einigermaßen gerecht beschreiben, dann muß man ihren Ausgangspunkt in der Stadt und deren kompliziertem gesellschaftlichem Gefüge sehen – nicht etwa auf dem freien Land (Steppe und Wüste), in dem vollkommen andere Gesetze des menschlichen Miteinanders vorherrschten.

Kehren wir nach diesem Exkurs zum ersten Punkt unseres Themas zurück und betrachten wir den ersten Unterpunkt:

1.1 Die altorientalische Frau als Königsgemahlin, Königin

Abb. 52

Der König, der die Herrschaftshierarchie anführt, versteht sich als Vorkämpfer für sein ihm vom Hochgott anvertrautes Volk und ist auch als solcher erzogen und trainiert worden – das Kriegshandwerk mußte z. B. mühsam erlernt werden. Seine ebenbürtige Gemahlin – vielfach wird von einer oder mehreren Palastfrauen neben der Hauptfrau berichtet, daneben gab es dann noch ein großes weibliches Gesinde – steht in seinem Schatten und wird teils mit „Königin“ und teils mit „Herrin über Palast oder Land“ oder einfach „Herrin“, die „Große“ – wir würden heute 'First Lady' sagen – tituliert. Es ist verschiedentlich nachgewiesen wor-

◁ *Abb. 51 Eine weibliche Beterfigur aus der Zeit der sumerischen Stadtstaaten mit den für diese Statuen charakteristischen übergroßen Augeneinlagen. Mesilim-Zeit, um 2600 v. Chr.*

◁ *Abb. 52 „Beterfiguren" aus dem Tempel des Fruchtbarkeitsgottes in Ešnunna, die vielleicht den Stadtfüsten und seine Frau wiedergeben. Um 2800–2600 v. Chr.*

Abb. 53 Statue einer wasserspendenden Göttin, gefunden im Palast des Zimrī-Lim in Māri, 18. Jh. v. Chr.

den, daß diese Titel je nach der momentanen Rolle der Dame verwendet wurden; so ist es durchaus vorstellbar, daß sie heute „Palastherrin" und morgen „Königin" war. Das bedeutet allerdings nicht, wie gesagt, daß sie im Palast die einzige gewesen ist, sie war dann aber jedenfalls die Tonangebende.

Das Bild einer Königin läßt sich in Ermangelung entsprechenden Quellenmaterials aus Mesopotamien weniger gut zeichnen als bei dessen westlichen Nachbarn des 2. Jahrtausends v. Chr. Sie war gewöhnlich die Tochter eines benachbarten Kollegen und symbolisierte die Bande zwischen beiden Regenten – dazu später noch ausführlicher.

Abb. 53, 54, 55

Nehmen wir als Beispiel die Königin Šibtu von Māri, die aus Aleppo stammte und ihrem Gemahl Zimrī-Lim in den kritischen Jahren um 1700 v. Chr. zur Seite stand[9]: Als Tochter des damaligen Oberherrn schien sie in Mari stets eine Sonderrolle – vor allem gegenüber den anderen Damen am Palast – zu beanspruchen. Es ist von ihrem Thron die Rede, den sie als „Herrin von Palast oder Land" besetzt hielt; sie führte eine ausgedehnte Korrespondenz mit Kindern und Untertanen, die vornehmlich persönliche und religiöse Themen zum Inhalt hat. Da ihr Mann zur Absicherung des Herrschaftsbereichs, vor allem gegen die schlecht kontrollierbaren Nomaden, oft unterwegs war, vertrat sie die königlichen Interessen als „Königin". Oft sandte sie ihm dann auch Briefe, die dringliche innen- und außenpolitische Meldungen aufs Feld zu bringen hatten. Aber auch Persönliches kommt da zur Sprache:

„Zu meinem Herrn sprich!
Folgendes sagt Šibtu, deine Magd:
Zwillinge habe ich geboren, einen Sohn und eine Tochter.
Mein Herr freue sich darüber!" [10]

Es ist zu hoffen, daß Zimrī-Lim diese Nachricht draußen empfangen und sich auch so darüber gefreut hat, wie es sich die stolze Mutter wünschte.

Zumindest hierdurch wird klar, daß Šibtu nicht nur eine zuverlässige Sachwalterin in Palast, Handelskontoren und Landgütern, sondern auch Mutter von Prinzen und Prinzessinnen war. Damit hat sie nach der allgemeinen Auffassung eines Alten Orientalen sicher auch ihre Stellung als – erstrangige – Ehefrau gefestigt. Ohne behaupten zu wollen, daß dies bei Šibtu nötig gewesen wäre, muß das im Hinblick auf die 'Normalfrau' der damaligen Welt hervorgehoben werden. Denn eine Ehefrau galt dort erst dann als 'unkündbar', wenn sie ihrem Gemahl zu Nachwuchs, d.h. einem Sohn, verholfen hatte. War das nicht der Fall, dann sahen sich die Ehemänner dazu berechtigt, ihre Frau zu 'verstoßen' oder ihr eine andere vorzusetzen.

Abb. 54 Malerei aus der Audienzhalle des Palastes von Māri: der Herrscher, unterstützt von fürbittenden Göttinnen, in Verehrung vor der männlichen und der weiblichen Hauptgottheit von Māri; um 2000 v. Chr.

Es ließen sich etliche Damen, die einen der Šibtu vergleichbaren Rang besaßen und mit entsprechender Verantwortung betraut waren, mit Namen anführen. Stellvertretend für sie sei hier kurz hingewiesen auf Aḫat-milki/Šarelli, Gemahlin des Niqmepa von Ugarit (14. Jahrhundert v. Chr.), die mit „Königin von Ugarit" tituliert wurde, und auf Puduḫepa, Gemahlin des Ḫattušili III. von Ḫatti (13. Jahrhundert v. Chr.), die entsprechend dem Rang ihres Gatten auch „Großkönigin" genannt wird – ihr hoher Rang spiegelt sich darin wider, daß sie wohl in Vertretung ihres Mannes sogar internationale Kontrakte unterzeichnet hat. Ich darf in diesem Zusammenhang auch an Isebel, die Gemahlin des Ahab von Israel (9. Jahrhundert v. Chr.), erinnern, die ihre von allen Orthodoxen

Abb. 55 König Zimrī-Lim von Māri empfängt die Symbole seiner Macht aus der Hand der Göttin Ištar, die ihn so in Gegenwart weiterer Gottheiten in sein Amt einsetzt; Wandmalerei im Palast von Māri, um 1700 v. Chr.

verfemte Einbringung des Ba^cal-Kults aus ihrer Heimatstadt Tyros nach Israel als Grundlage zur Macht benutzte[11].

Wenden wir uns den Königsgemahlinnen und Königinnen des mesopotamischen Kernlandes zu, dann entdecken wir weniger Quellen, die ihre Bedeutung am Hof beleuchten. Es breitet sich, aufs ganze gesehen, vielmehr ein eisiges Schweigen über diese 'Stillen im Lande' – es sei denn, sie hätten ohne Erwähnung ihres Standes eine bedeutende Rolle im Königskult innegehabt. Nur hier und dort verläßt eine Königin die Anonymität und erlangt großen Ruhm, allen voran die Sumererin Baranamtara, Gemahlin des Lugalanda von Lagaš (24. Jahrhundert v. Chr.), und die Assyrerinnen Sammuramat, Gemahlin des Šamšī-Adad V. (9. Jahrhundert v. Chr.), die die legendäre Semiramis ist, Naqi^{c}a-Zakûtu, Gemahlin Sanheribs (705–681 v. Chr.), die neben Tašmetu-šarrat stand, und Aššur-šarrat, Gemahlin Assurbanipals (668 bis ca. 630 v. Chr.).

Interessanterweise haben aber diese Damen – mit Ausnahme von Baranamtara und Aššur-šarrat – ihren nachhaltigen Ruhm erst als Witwen und Mütter der Thronfolger errungen. Damit kommen wir zum zweiten Punkt:

1.2 Die Königsmutter

Im vorangegangenen Abschnitt kam die Sprache auf Puduḫepa, Gemahlin des Hethiter-Königs Ḫattušili III. (13. Jahrhundert v. Chr.). Sie besaß zu Lebzeiten ihres Mannes große Machtbefugnisse und wurde auch „Großkönigin“ genannt. Dies änderte sich auch nicht, als ihr Sohn Tudḫalija IV. (Mitte 13. Jahrhundert v. Chr.) seinem Vater auf den Thron folgte. Ob sich Tudḫalija ihr gegenüber als 'Königsmacherin' verpflichtet sah oder aus Treue zu seiner Mutter an der bestehenden Organisation festhielt, bleibt unwichtig. Klar ist, daß sich der Sohn seiner Mutter zur eigenen Entfaltung nicht entledigen wollte oder mußte.

Etwas anders verhält es sich bei den assyrischen Damen Sammuramat und Naqi^{c}a-Zakûtu: Nach der Semiramis-Legende, über die oben ausführlich berichtet worden ist, soll Semiramis nach dem Tod ihres Mannes Ninos als Witwe den Herrscherstab in die Hand genommen und ein 42jähriges Regiment geführt haben; dann habe sie ihrem Sohn Ninyas die Regentschaft übertragen und sei spurlos entschwunden. Die moderne Geschichtsforschung lehnt diesen Lebensweg für Sammuramat, die 810 v. Chr. Witwe wurde, ab; darüber hinaus wird heute nicht einmal mehr die früher vertretene These aufrechterhalten, nach der Sammuramat eine fünfjährige Interimsregentschaft als Vormund für ihren damals noch nicht volljährigen Sohn Adad-nīrārī III. ausgeübt habe[12]. *Abb. 45* Also bleibt zur Erklärung ihres Ruhms lediglich die Tatsache, daß sie als Königsmutter offenbar während der Regierungszeit ihres Sohnes ein wichtiges Wort mitzureden hatte.

Naqi^{c}a-Zakûtu, die Gemahlin Sanheribs, schrieb sich als zweifache 'Königsmacherin' ins Geschichtsbuch ein: Nach dem gewaltsamen Tod Sanheribs war sie sicher nicht ganz unbeteiligt an der Thronbesteigung ihres Lieblingssohnes Asarhaddon (681 v. Chr.); als dieser auf dem Ägypten-Feldzug (669 v. Chr.) verstarb, war die Thronfolge bereits drei Jahre zuvor, wiederum im Sinne der nunmehr als Großmutter agierenden Dame, zugunsten ihres Lieblingsenkels Assurbanipal entschieden. Wie dies deutlich zeigt, muß sich Asarhaddon seiner Mutter derart stark

verpflichtet gefühlt haben, daß er sogar seine eigene Nachfolge nach ihrem Wunsch geregelt hat.

Eine weitere große Königsmutter verdient Erwähnung: Adad-guppi – Nitokris[13] der Herodot-Historie –, die Mutter Nabonids, des letzten Herrschers (556–539 v. Chr.) im Neubabylonischen Reich, der seine Macht an den Achämeniden Kyros abtreten mußte. Adad-guppi war keine Babylonierin und verehrte den Mondgott Sîn von Ḫarrān. Sie war auch keine Königswitwe und hat es trotzdem mit 94 Jahren fertiggebracht, mit 'Hilfe des Mondgottes' für ihren Sohn als Usurpator den Königsthron in Babylon zu erringen. Auf und ab im Land hatte sie einen derart großen Namen, daß im Monat ihres Ablebens das Königshaus und das Heer und zwei Monate später das ganze Land in eine dreitägige Staatstrauer um die Hundertvierjährige versanken.

In allen vier angesprochenen Beispielen, deren Zahl sicherlich um beliebig viele – vor allem unbekannte – erhöht werden könnte, steht der Grundsatz altorientalischen Denkens im Hintergrund, den der um etwa 2000 v. Chr. in sumerischer Sprache niedergeschriebene Lehrspruch ausdrückt:

„Beachte die Anweisung deiner Mutter, als wäre sie die deines Schutzgottes!“ [14]

◁ *Abb. 56 Diese Betende mit dem sanften Lächeln trägt das übliche sumerische Frauengewand, das eine Schulter freiläßt; ihr langes Haar wird von einem Band gehalten. Aus Lagaš, um 2500–2300 v. Chr.*

Abb. 57 Typisch für die Darstellungen frommer Beterinnen der Ur I-Zeit, die aus Tempeln stammen, sind die immer gleiche Gebetshaltung und der Zottenmantel. Aus Assur, um 2500–2300 v. Chr.

Wie ein junger Mann, der fern von zu Hause Dienst tut, von seiner Mutter im mesopotamischen Nippur schwärmt, zeigt folgender Gesang, der ebenfalls um etwa 2000 v. Chr. auf sumerisch verfaßt wurde[15]:

„Königlicher Bote, mach dich auf den Weg, als ein Sonderbotschafter bringe diese Nachricht nach Nippur! Mach' dich auf die lange Reise! Ob meine Mutter auf ist oder gerade schläft, geh' direkt in ihre Wohnung! Bote, erfrage nichts Genaueres über meine Grußnachrichten, lege lediglich diesen Brief in ihre Hände! Meine Mutter ist ein sehr fröhlicher Mensch, geschmückt mit Zier – wenn du meine Mutter nicht kennst, dann gebe ich dir folgende Beschreibung: Ihr Name ist „Dienerin der Ištar", gehe zu ihr mit diesen Weisungen! Ihr Körper, ihr Gesicht, ihre Gliedmaßen sind sanft – die gütige Göttin, die über ihren Heimat-Stadtteil herrscht, hat ihr Geschick von Kindesbeinen an gelenkt. Ohne Umschweife und ehrerbietig betrat sie das Haus ihres Schwiegervaters. Demütig steht sie vor der Göttin, ihrer Herrin, weiß, für den Kultort der Inanna zu sorgen, horcht auf die Befehle der Göttin. Sie ist mild, liebevoll, lebensbejahend!"

Nun gibt der Absender – nach der Beschreibung seiner Mutter als frommer Frau und guter Gattin – eine weitere, die ihre edle Gestalt mit allen nur denkbaren Edelsteinen vergleicht, als wäre sie eine Statue, die diese Edelsteine zieren. Der Abschnitt schließt: *„Sie ist wie strahlendes Gold und Silber – doch sie ist voller Leben und Atem; sie ist wie eine Alabaster-Statue, die auf einem Lapislazuli-Sockel steht – doch sie ist eine lebendige Statue, ihre Gliedmaßen sind bezaubernd."*

Eine dritte Beschreibung zielt auf die natürlichen Kräfte in der Mutter; die Vergleiche stammen aus der Landwirtschaft, die vom reichhaltigen Wasser vieler Kanäle lebt:

„Noch ein viertes besonderes Merkmal meiner Mutter nenne ich dir: Meine Mutter füllt Gesang und Gebet mit Freude, ihr Glanz funkelt am Neujahrsfest, sie ist eine Hochgeborene, eine Prinzessin, voll des Gesanges, sie bringt Freude auf den Tanzboden, sie ist eine Liebhaberin, ein liebendes Herz voll unerschöpflicher Wonne – Nahrung für jemanden, der wie ein Gefangener die Aussicht hat, zu seiner Mutter zurückzukehren"

◁ *Abb. 58 Diese Frau trägt einen glatten Mantel mit Zottensaum, ihr Haar ist zu einem Schopf hochgebunden. Sie ist im Gebet dargestellt. Aus dem Übergang von Mesilim- zu Ur I-Zeit, 26. Jh. v. Chr.*

Abb. 59 Terrakotta-Scheibe mit Darstellung nackter Tänzerinnen, im Hintergrund zwerggestaltige Musikanten und Affen; aus altbabylonischer Zeit.

Ein fünftes Merkmal beschreibt die Mutter als eine Dame, die sich mit wohlriechenden Parfüms kleidet. Dann schließt der Text:

„Sobald du in ihrer strahlenden Nähe stehst und sie aufgrund der fünf Merkmale, die ich dir genannt habe, (unfehlbar) erkennst, dann sage zu ihr: „Dein dich liebender Sohn Ludingirra läßt dich grüßen!““

Beide Namen – der der Mutter, „Dienerin der Ištar", wie der des Sohnes, „Gottesfürchtiger" – gehören nicht in die übliche Nomenklatur, auch wenn sie als Personennamen durchaus denkbar wären, und wollen nicht auf konkrete Personen Bezug nehmen. Sie können – ungeachtet des sozialen Status – durch jeden anderen Namen ersetzt werden. Also ist dieser Gesang eines mutterverliebten Sohnes ein lebensnahes Beispiel für die schon zitierte Maxime *„Beachte die Anweisung deiner Mutter, als wäre sie die deines Schutzgottes!"*. Die Mutter hat dem Kind das Leben geschenkt, sie ist es auch, die es das ganze Leben hindurch schützend und beratend begleitet.

Die Auswahl der Texte habe ich themenbedingt auf jene beschränkt, die von der Ehrfurcht und Liebe gegenüber der Mutter sprechen. Derlei Äußerungen können auch mit Bezug auf den Vater angeführt werden – zur Illustration diene hier der Abschnitt eines Briefes, den eine Tochter Zimrī-Lims von Māri (um 1700 v. Chr.) an ihren Vater schrieb:

„Soll ich denn auf irgendjemanden blicken? Blicke ich nicht am besten nur auf dich? Bist du doch für mich Vater und Bruder in einer Person!" [16]

Erinnert diese Einstellung nicht an das vierte Gebot der Bibel?

„Ehre deinen Vater und deine Mutter, damit du lange lebest in dem Lande, das der Herr, dein Gott, dir gibt!" [17]

Nun zur dritten Gruppe von Frauen am Königshof:

1.3 Die Tochter, Prinzessin *Abb. 60*

Gemäß der hierarchischen Struktur in einem altorientalischen Herrschaftszentrum spielen Söhne für die Zukunft der Dynastie eine herausragende Rolle: Aus ihrer Mitte erwuchs der Thronfolger, seine Brüder bekamen Aufgaben in der Administration als Vizeregenten und Statthalter in den politischen Zentren der Provinz als Verlängerung und Verzweigung des Herrscherarmes – je nach der Größe des auszustattenden Reichs bedurfte es einer entsprechend umfangreichen männlichen Nachkommenschaft. Die Statthalter-Regionen dienten deren Familien gleichzeitig als Pfründen.

Bei oberflächlicher Betrachtung stellt sich die Frage, welche Lücken für die Vielzahl von Töchtern blieben, die diese sinnvoll hätten ausfüllen können. Nach Aussage der Texte gibt es zwei große Bereiche, in denen Prinzessinnen eingesetzt wurden: einmal zur Knüpfung internationaler Bande mit Nachbarreichen durch interdynastische Heiraten, zum anderen zur Bekleidung leitender Positionen in Tempeln und Klöstern.

Wie im Kapitel „Königsgemahlin“ schon angedeutet, war es im Alten Orient zu allen Zeiten ein verbreiteter Brauch, das Verhältnis der Reiche zueinander familiär zu regulieren. Dieses Prinzip der diplomatischen Eheschließungen kann auf allerlei Ebenen beobachtet werden: So haben Regenten von Großreichen ebenso wie deren Subregenten Prinzessinnen als Gemahlinnen ausgetauscht. Das gleiche geschah in kleinem Maßstab in den einfachen Familien, nur haben sich dessen weder Historiographie noch öffentliche Administration angenommen; also hat sich das Dunkel der Geschichte darüber ausgebreitet.

Auf höchster Ebene wären da zuallererst die Freundschafts- und Nichtangriffspakt-Erweise zu nennen, die in der Mitte des 2. Jahrtausends v. Chr. zwischen den kassitisch-babylonischen, mitannischen und hethitischen Machthabern einerseits und den Pharaonen Ägyptens andererseits aus der aufschlußreichen Amarna-Korrespondenz zutage treten. So schrieb beispielsweise der Mitanni-Herrscher Tušratta – er nennt

Abb. 60 Weihplatte des Urnanše, Stadtfürst von Lagaš, der sich hier mit seiner ganzen Familie darstellen ließ; die Reihe der Söhne wird oben von seiner Tochter Lidda angeführt; um 2500 v. Chr.

sein Reich auch Ḫaligalbat – an Nimmurija, Amenophis III. von Ägypten (14. Jahrhundert v. Chr.): *„Zu Nimmurija, dem König des Landes Ägypten, den ich liebe und der mich liebt, sprich! Also spricht Tušratta, König des Landes Mitanni, dein Schwiegervater, der dich liebt, dein Bruder* (d.h. Kollege):

Mir geht es wohl. Dir ergehe es wohl! Deinem Hause, deinen Frauen, deinen Söhnen, deinen Großen, deinen Streitwagen, deinen Pferden, deiner Legion, deinem Land und allem, was dein ist, ergehe es über alle Maßen wohl!

Mane, der Bote meines Bruders, ist gekommen, um wegen der Freundschaft die Gattin für meinen Bruder, die (zukünftige) Herrin von Ägypten zu holen, und die Tafel, die er mitbrachte, habe ich immer wieder gelesen und seine Worte vernommen. Und die Worte meines Bruders waren sehr schön, gerade so, als ob ich meinen Bruder selbst sähe! Und so habe ich mich an diesem Tage in hohem Maße gefreut. Diesen Tag und diese Nacht habe ich fröhlich verbracht! Auch werde ich alle Worte meines Bruders, die Mane mitbrachte, noch in diesem Jahr ausführen. Jetzt (aber) werde ich die Gattin meines Bruders, die (zukünftige) Herrin von Ägypten, geben, und man wird sie zu meinem Bruder bringen. Ein (einziger) Mensch werden an diesem Tage Ḫaligalbat und Ägypten sein!“ [18]

Soweit die einleitenden Sätze des langen Briefes, in dem es wenig später heißt:

„Die Frau meines Bruders wird man bringen, und wenn mein Bruder sie sieht, dann wird er große Freude erfahren, und er wird erkennen: Sie ist nach dem Herzen meines Bruders geschaffen!“ [19]

Da die Wahl der geeigneten Prinzessin und die Formalitäten der Brautgabe und Mitgift offenbar noch nicht abgeschlossen waren, bat Tušratta um Nachsicht wegen der Verzögerung in der Abwicklung dieses 'Geschäfts'. – Ich könnte noch weitere Schreiben dieses oder ähnlichen Inhalts zitieren – dieses möge aber als Beleg genügen.

Allein auf ein Beispiel aus dem 1. Jahrtausend v. Chr. möchte ich noch hinweisen: Als die Skythen im Gefolge der Kimmerier Anfang des 7. Jahrhunderts v. Chr. eine immer bedrohlichere Macht an der Nordgrenze des allmächtigen Weltreiches Assyrien wurden, entschloß sich *Abb. 61* Asarhaddon (680–669 v. Chr.) – sicher schweren Herzens – zu einer Knüpfung von Familienbanden: Er überließ dem Partatua (nach griechischer Überlieferung Protothyes), einem ersten namhaften Herrscher der Skythen, eine seiner Töchter[20]. Die dadurch bewirkte Ruhepause in den belastenden Auseinandersetzungen hielt allerdings nur so lange an, wie Asarhaddon das Regiment führte. Unter seinem Nachfolger Assurbani-

Abb. 61 Das Relief spiegelt eine Kehrseite des allmächtigen assyrischen Weltreiches wider; es zeigt den Abtransport von Beute aus einer eroberten Stadt; Schreiber notieren die Beute, zu der Viehherden ebenso wie Frauen und Kinder gehören. Aus dem Palast Tiglatpilesers III. in Nimrud.

pal brachen die Kämpfe wieder aus – über das Ergehen der Assyrerin zwischen beiden Fronten können wir nur Vermutungen anstellen …

Diplomatische Heiraten auf tieferer Ebene können wir allenthalben verfolgen. Ich rufe nochmals das Ehepaar Šibtu und Zimrī-Lim von Māri (um 1700 v. Chr.) in Erinnerung. Die einflußreiche Königin stammte aus der Familie des Oberherrn in Aleppo. Sie führte ihren Hof in Māri mit Energie und unterstrich damit ihre höhere Abkunft. Gerade aus der Familie Zimrī-Lims haben wir zudem ausführliche Nachrichten über interdynastische Ehen auf unterer Ebene: Die meisten der zahlreichen Prinzessinnen wurden an Nachbarhöfen Königsgemahlinnen, Königinnen[21]. Damit konnte Zimrī-Lim die Grenzen seines Herrschaftsbereiches gegen die militärische Willkür von unfriedlichen Nachbarn absichern und freie Hand für die stets schwelenden Auseinandersetzungen mit den ungebundenen, nicht zu Ehebanden fähigen Nomadenstämmen der umliegenden Steppenbereiche behalten.

Die Verheiratung von Prinzessinnen mit befreundeten Herrschern geschah kaum nach Rücksprache mit den betroffenen jungen Frauen; das widerspräche dem im Orient seit eh und je gehandhabten Familienrecht, nach dem der Vater, nach seinem Ableben die älteren Brüder, dafür Sorge zu tragen hatten, die Töchter bzw. Schwestern standesgemäß zu verehelichen. Erst als Witwe konnte eine Frau ihre eigenen Wege gehen, weil durch Brautgabe und Mitgift aus ihrer Ehe ihr Lebensunterhalt gesichert war.

Nun zum zweiten Bereich, für den Prinzessinnen eingesetzt wurden: *Abb. 64* die Bekleidung leitender Positionen in Tempeln und Klöstern[22]. Das friedliche Nebeneinander von Staaten konnte nur *ein* Anliegen eines Herrschers sein – das andere war die Sicherung des inneren Friedens. Und der hing in hohem Maße von der Einflußnahme in Tempeln und in den ihnen angeschlossenen Klöstern ab. War doch der Tempel seit alters der zweite Kristallisationspunkt der Macht in einem Reich – in der Frühzeit sogar der führende. Hier herrschten Priester in Erfüllung ihrer religiösen Pflichten gegenüber der allwaltenden Gottheit. Gewiß, der König sah sich – wie oben schon ausgeführt – als die Rechte der Gottheit und befleißigte sich, das ihm von ihr anvertraute Land, ihre Schöpfung, in ihrem Sinne zu verwalten und zu fördern. Er war also der Machthaber im profanen Bereich. Die innere Bindung an die Gottheit drückte sich – wie könnte es anders sein – auch in einer äußeren aus: Der König nahm als 'höchster Priester' stets auch Einfluß auf die Tem- *Abb. 62, 63* pel, ihre Priesterschaft und die von ihr vertretene Theologie. Da die Priester aufgrund altererbter Pfründen mit eigenem Dynastie-Bewußtsein lebten, war sein verlängerter und verzweigter Arm in diesem Bereich wiederum seine Familie, und zwar in der Gestalt seiner Töchter.

Abb. 62

Abb. 62/63 Zwei Ausschnitte aus einer mit Relief dekorierten Kultvase vermitteln einen Eindruck vom Tempeldienst der sumerischen Zeit: Ein Priesterfürst und seine Diener bringen der Göttin Inanna Früchte und Ähren als Opfer dar – wohl eine Anspielung auf das Kultgeschehen am Neujahrsfest mit der „Heiligen Hochzeit". Uruk-Zeit.

Abb. 63

Als Beleg für diesen Tatbestand greife ich zunächst wieder auf die Familie des Zimrī-Lim von Māri zurück[23]. Hier begegnen namentlich zwei Prinzessinnen, von denen Inibšina Äbtissin (*ugbabtum* „(hochrangige) Priesterin"[24]) offenbar im wichtigsten Kloster und Erišti-Aja Nonne (*nadītum* „Kinderlose") war[25]. Wahrscheinlich gab es noch weitere Schwestern, die derlei Posten – möglicherweise auch mit untergeordneten Aufgaben – innehatten. Sie konnten das Geschehen in den religiösen Zentren verfolgen, in denen häufig Aktivitäten auch mit politischen Folgen stattfanden.

Der Brauch, Töchter auf diese Weise auch im öffentlichen Leben einzusetzen, war im Alten Orient zu allen Zeiten verbreitet und betraf nicht nur die Herrscherfamilie, sondern auch die des Adels[26]. Das hatte u.a. rein äußere Gründe: Töchter aus finanzstarken und Grund besitzenden Familien garantierten mit ihrer elterlichen Mitgift, die ihnen auch im Falle der Ehelosigkeit zustand, den Wohlstand der klerikalen Einrichtungen sowie die Aufrechterhaltung der Naturalien-Verpflichtungen gegenüber Tempel und Kloster durch landwirtschaftliche Einkünfte. Diese elterliche Mitgift fiel nach dem Tod der Klosterinsassin wieder an ihre Familie zurück – doch dazu Weiteres unten.

Je nach Begabung und persönlicher Einsatzfreudigkeit konnten sich Prinzessinnen auch bleibenden Ruhm durch Sonderleistungen erwerben. Ich denke da in erster Linie an die größte Theologin der altmeso-
Abb. 65, 66 potamischen Welt: Enḫeduanna, Tochter des akkadischen Königs Sargon d.G. (23. Jahrhundert v. Chr.)[27]. Ihr Vater hatte das erste semitische Großreich in Mesopotamien aufgebaut und dabei auch verschiedene gesellschaftliche und theologische Neuerungen im Kernland des alten Sumerertums bewirkt. Die Einigung des Reiches und die Schaffung des notwendigen Verwaltungszentralismus führte er mit eigener Hand durch, die damit parallel verlaufenden theologischen Strukturwandlungen legte er offensichtlich in die Verantwortung seiner fähigen Tochter Enḫeduanna: Er setzte sie als Hohepriesterin in Ur, dem südöstlichsten Punkt seines Reiches, dessen Geschichte durch Autarkie-Bestrebungen gekennzeichnet war, ein und band damit den Mondgott und seine selbstherrliche Priesterschaft an die Zentralregierung von Akkad. Als Hohepriesterin in diesem höchsten Kultort Südmesopotamiens erwarb sich Enḫeduanna offenbar das Vertrauen aller anderen Kultorte des Reiches wie Eridu, Uruk, Nippur und legte dadurch gewissermaßen ein weitumspannendes geistliches Netz über das ganze Reich. Die Sammlung von Tempelhymnen, in denen die 'geistliche Mutter' 42 Orte und deren Heiligtümer landauf, landab unter Hervorhebung ihrer Gottheiten und prachtvollen Ausstattung besingt, legt davon Zeugnis ab. Dieses Lied ist nicht nur der erste – und einzige – Text mit einer Zusammenschau aller sumerischen Kultzentren, sondern auch ein Beweis für die dichterische Begabung der Priesterin und Prinzessin. Hier ein Beispiel aus der Sammlung sumerischer Tempelhymnen – es ist der Preis auf den Tempel der Baba, der in Uruk, einer der ehrwürdigsten Städte des Sumerertums seit frühesten Zeiten, stand:

„Uruk, Heiliger Ort, der den Samen (für die Menschen) hervorsprießen ließ, der dem heiligen (Himmelsgott) An mit hehrem Namen gehört, in

Abb. 64 Der Tempel als Wirkungsbereich von Frauen: Das Relief zeigt eine thronende Priesterin aus der Zeit des Gudea, um 2100 v. Chr.; sie ist mit Stirnband und Halsketten geschmückt und trägt ein Falbelgewand, das beide Schultern bedeckt.

Abb. 65 Dieses Frauenköpfchen aus Diorit, im „Haus der Gottesbraut" in Ur gefunden, überliefert uns das Bildnis einer Priesterin aus der Zeit der Enḫeduanna; um 2300 v. Chr.

dir fließt der Ordal-Fluß, der dem Gerechten zur Gerechtigkeit verhilft, Tempel mit Rat allenthalben, Hort, der auf immer Silber und Lapislazuli hat, (mit Namen) Etarsirsir, aus dem Entscheidungen und me-Kräfte hervorkommen, wo der Fürst (Regent) seine Göttin verehrt. – Du, Prinzessin, barmherzige Prinzessin im Land, Mutter aller Länder, Herrin, große Ärztin der Menschen, die ihrer Stadt die Geschicke festlegt, Erstgeborene des Heiligen An, junge Frau, Mutter – Baba –: Sie hat, o Heiligtum Uruk, Einzug in deinen .. (Mauern?) .. gehalten, hat auf deinem Thron Platz genommen." [28]

Abb. 66 Enḫeduanna, die Tochter Sargons, stiftete die Kalzitscheibe anläßlich der Errichtung eines Altars und ließ sich als Priesterin in mehrstufigem Rock und Mantel darstellen; um 2300 v. Chr.

Noch besser kommt die Poetin in dem Lobgesang auf ihre Göttin Inanna, „Herrin des Himmels", zur Geltung[29]. Indem sie ihre Himmelsherrin besingt, verhilft sie der kriegerischen semitischen Ištar, der Patronatsgöttin der von ihrem Vater gegründeten Dynastie, zum Sieg. Darin erweist sich Enḫeduanna also gewissermaßen als 'Chefideologin' der von ihrer Familie vertretenen Theologie. Diese Theologie weist zwei besondere Züge auf: Der eine – die Erhebung der bis dahin in Mesopotamien unbedeutenden Göttin in den kultischen Mittelpunkt; der andere – die Einführung einer Form der persönlichen Frömmigkeit des Individu- *Abb. 63* ums gegenüber seiner Schöpfergottheit als Klage- und Bittgebet[30] – das Gegenstück wäre etwa die im Kult verwirklichte Einheit zwischen Hochgott und Volk –; Worte für diese Frömmigkeit prägte Enḫeduanna als erste in sumerischer Sprache – später ins semitische Babylonisch übertragen – und wurde damit Leitbild in Denken und Sprechen für die kommenden Jahrtausende der mesopotamischen Theologie- und Literaturgeschichte. Hier der Wortlaut einer ihrer Klage- und Bittgebete:

Abb. 67 *„Was mich betrifft – mein 'Mondgott' schenkt mir keine Zuwendung: Er hat mich fürwahr der Vernichtung überantwortet, der mörderischen Not – Ašimbabbar hat nicht mein gerechtes Urteil gesprochen: Wenn er es nun gesprochen hat – was bedeutet es für mich?! Wenn er es nun nicht gesprochen hat – was bedeutet es für mich?! Mich, die ich einst triumphal dasaß, hat er aus seinem Heiligtum vertrieben – wie eine Schwalbe hat er mich vom Fenster wegfliegen lassen – mein Leben ist verwirkt! Er hat mich ins Dorngebüsch der Berge gejagt – er hat mir die Krone vom Haupt gerissen, das Zeichen der Hohepriester-Würde – er hat mir Dolch und Schwert in die Hand gelegt – „Sie werden dich einholen!", sagte er zu mir! Verehrte Herrin, Geliebte des Himmelsgottes, dein hehres Herz ist erhaben – möge es sich meiner erbarmen!"*[31]

Mit diesen Worten erhebt Enḫeduanna Klage über ihre momentan offensichtlich hoffnungslose Lage als Hohepriesterin in Ur, wo sie Schwierigkeiten hatte, Fuß zu fassen, und bittet nun ihre Schutzherrin um Rehabilitation und Anerkennung an ihrer Wirkungsstätte.

Persönliche Klage- und Bittgebete dieser Art begegnen hinfort in der altorientalischen Literatur häufig, von Priestern, Priesterinnen oder anderen Personen in ihrer Not gesprochen.

Dies wirft die Frage nach einer Schulbildung derart wirkender Prinzessinnen auf – sie wird beim Thema „Schreiberin" wieder aufgegriffen. Damit schließe ich – schweren Herzens, weil noch allerlei zu sagen wäre – den Punkt über „Die altorientalische Frau als Mitglied der Königsfamilie" ab und komme zum zweiten Schwerpunkt meiner Ausführungen:

2. DIE STELLUNG DER ALTORIENTALISCHEN FRAU IN DER BÜRGERLICHEN GESELLSCHAFT

In den nun folgenden Ausführungen wende ich mich der Frau der bürgerlichen Gesellschaft zu, also – salopp formuliert – der 'normalen' Frau. Dabei betrete ich ein Terrain, das in der Wissenschaft bisher nur am Rande berücksichtigt wurde, weil das Augenmerk der Forscher hauptsächlich auf die höfische Literatur gerichtet war. Das erklärt sich aus der anfangs gemachten Feststellung, daß unsere Texte vornehmlich aus den

Abb. 67 Wie Enḫeduanna verehrte diese Frau einen Mondgott; die schematisierte Musterung ihres Mantels deutet vielleicht Schaffell an. Aus dem Tempel des Mondgottes Sîn in Chafadschi, um 2500 v. Chr.

königlichen Verwaltungszentren des Palastes, der Präfekturen oder der Handelskontore stammen und damit Bereiche zur Sprache bringen, in denen Frauen nur in Ausnahmefällen zur Wirkung kamen. Trotzdem hat sich die Forschung der letzten Jahre immer mehr auch diesem Fragenkreis zugewandt. Sie läuft dabei allerdings Gefahr, durch das zunehmende Verständnis bekannter Texte und das ständig anwachsende Textmaterial ihr mühsam erarbeitetes Bild immer abändern oder gar verwerfen zu müssen.

Angesichts der zahlreichen Zeitepochen und geographischen Räume, aus denen die auszuwertenden Texte herrühren, wurden sie immer in einzelnen Gruppen nach der Rolle der Frau befragt. So liegen zwar z.T. recht detaillierte Studien zu fast allen Kulturräumen vor[32], über die wir durch Tontafelarchive informiert werden, aber sie beantworten bei weitem noch nicht alle gestellten und denkbaren Fragen.

Im folgenden werde ich zwei Themenkomplexe aufgreifen: als ersten den, der die Stellung der Frau im persönlichen Bereich, und als zweiten den, der sie im öffentlichen beschreibt.

Abb. 68, 69, 70, 71

2.1 Die Frau im persönlichen Bereich

Das Bild einer Bürgerlichen als Gemahlin, Mutter und Tochter kann sicherlich in etwa denselben Farben geschildert werden wie das der königlichen Frau im vorangegangenen Kapitel. Übertragen wir also getrost die dortigen Phänomene hierher. Tatsache ist jedoch, daß einer Bürgerlichen sicherlich mehr landläufige Berufe offenstanden als einer Prinzessin. Wir können allerdings bei vielen Damen in hoher und gehobener Stellung nicht mehr sicher sagen, ob sie mit dem Herrscher verwandt waren, und wenn, in welchem Grad. Denn der Familienname, d.h. der Vater- oder Muttername, wird normalerweise nicht angegeben.

Als lebensentscheidendes Moment kommt bei einer Bürgerlichen im Vergleich mit der Frau aus der Königsfamilie nunmehr hinzu, daß sie der allgemeinen Rechtsprechung, d.h. in diesem Zusammenhang den landläufigen, für 'Normal'bürger gültigen Ehegesetzen unterlag. Damit will ich aber nicht sagen, daß die königlichen Ehen keinen Gesetzen folgten. Im Gegenteil: Sie sind dort sicher in derselben Form vorauszusetzen, nur kommen sie nicht in einem bürgerlichen Gesetzbuch zur Sprache und werden nicht einer bürgerlichen Gerichtsbarkeit unterworfen.

Eine Bürgerliche wurde bereits in ihren Kindheitsjahren als Braut vertraglich an einen Partner möglichst desselben Standes gebunden, was

Abb. 68 Ein sumerisches Ehepaar weihte dies Bildnis der Göttin der Liebe und stiftete es in einen Tempel; aus Nippur, um 2700–2600 v. Chr. ▷

gewöhnlich ihr Vater oder, im Falle seines vorzeitigen Ablebens, ein ihn ersetzender Bruder vornahm. Die minderjährige Braut blieb so lange im Haus ihrer Familie, bis sie herangewachsen war und nach Austausch von Brautgabe aus dem Haus der Schwiegereltern und Mitgift, Aussteuer aus dem Haus der Eltern zu ihrem Gatten übersiedelte.

Sollten aber die inzwischen herangewachsenen, einander ohne Eigenentscheidung zugesprochenen Partner die Auflösung der Vereinbarung wünschen, um die Eheschließung zu umgehen, dann konnte dies zu Strafen führen, wie folgender Ehevorvertrag zeigt:

„*Die Elmešum, Tochter des Ammija, haben ... (Familienmitglieder) ... für Ibku-Anunnītum, ihren Sohn, als Braut ausgewählt. 4 Sekel* (ca. 34 g) *Silber haben Elmešum und ... (ihre Geschwister) ... entgegengenommen. Wenn Ibku-Anunnītum ... zu Elmešum, seiner Braut (, sagen sollte:) „Du sollst nicht meine Ehefrau werden!“, dann zahlt er eine halbe Mine* (ca. 230 g; also fast das Siebenfache des Vertragspreises). *Wenn andererseits (die Braut) Elmešum zu Ibku-Anunnītum sagen sollte: „Du sollst nicht mein Mann werden!“, dann wird man sie greifen und im Wasser ertränken.*“[33]

Ohne die rechtlichen Vorkehrungen und den Austausch von Sklaven, Geld (Silber), Waren, Immobilien, die den Lebensunterhalt der Frau ausmachten, war eine Ehe nicht rechtskräftig:

„*Wenn ein Bürger eine Gattin nimmt, aber keinen Vertrag mit ihr abschließt, so ist diese Frau keine Gattin.*“

heißt es in § 128 des Kodex Ḫammurabi von Babylon[34], der etwas vor 1700 v. Chr. niedergeschrieben worden ist.

Höhe von Mitgift und Brautgabe waren Gegenstand von Verhandlungen zwischen den Familien, die das Zustandekommen der Ehe gewünscht hatten. Ein Text sei nachfolgend zitiert, der die Mitgift seitens des Vaterhauses aufschlüsselt:

„*Die Sklavin Belladatum, die Sklavin Šarrat-Sipparānu, 2 Ohrringe mit einem Goldwert von 6 Sekeln* (ca. 50 g), *2 Armreifen zu je 4 Sekeln* (ca. 34 g), *4 Fingerringe mit einem Silberanteil von 4 Sekeln* (ca. 34 g), *10 Kleider, 20 Kopftücher, 2 Wollkleider, 2 Übergewänder, 1 (wertvolles) marīnum-Gewand, 1 Stier, 2 dreijährige Kühe, 30 Stück Kleinvieh, 20 Minen* (ca. 9,2 kg) *Wolle, 1 Bronzekessel mit 30 l Fassungsvermögen, 1 Gefäß mit Erbsenmehl, 1 Gefäß mit Gerstenmehl, 1 Bett, 5 Stühle, 1 Kosmetikflasche, 1 Holzkästchen (für Schmuck), 1 kud-Gefäß, 1 Schreibgerätschatulle, 1 (große) Kiste, 60 l Olivenöl, 10 l Sesamöl, 1 Ersatzflasche für Öl, 1 Tragbrett, 1 Tablett, 2 Wollkämme, 3 Haar-*

kämme, 3 Speiseschalen, 2 Haushaltsgeräte, 1 Spindel, 1 kleiner Behälter."[35]

Je nach Besitzstand und sozialem Status – unsere Braut kommt offenbar aus dem Haus eines Gelehrten und war selbst des Schreibens und Lesens kundig – konnten dann noch Ländereien und Wirtschaftsgebäude hinzukommen. Wir setzen voraus, daß die Brautgabe aus dem Haus der Schwiegereltern einen entsprechenden Gegenwert hatte. So durfte die Verehelichte davon ausgehen, daß sie ein tragfähiges Startkapital für ihr Leben mitbekam und mit diesem – auch in Zeiten der Not oder als Witwe mit oder ohne Kinder – eine gute Überlebenschance hatte.

Als Ergänzung zu den Betrachtungen von Eheschließungen auf weltlicher Ebene muß, um den Verhältnissen im Alten Mesopotamien gerecht zu werden, auch von Eheschließungen auf sakraler Ebene gesprochen werden. Es war nämlich allenthalben Brauch, Töchter bzw. Schwestern in jugendlichem Alter nicht nur einem menschlichen Partner zuzuführen, sondern auch einem 'göttlichen'. Das geschah jeweils dann, wenn ein Mädchen einem Kloster übereignet wurde. In diesem Fall war der handelnde Partner nicht der Haushaltsvorstand einer anderen Familie, sondern der Schutzgott der Stadt in Gestalt des an seinen Tempel angeschlossenen Klosters. Ausführliche Informationen über derlei Verschwägerungen haben wir aus dem altbabylonischen Sippar der Hammurabi-Zeit (18. Jahrhundert v. Chr.), in dem der Sonnengott Šamaš seinen irdischen Wohnsitz hatte. Hier wurden Mädchen aus noblen Familien (Angehörige des Königshauses, Gelehrte, Beamte, Priester, Händler u.a.m.) dem Šamaš als *nadītum*-Nonne vermacht, als wäre Šamaš der Bräutigam und das Mädchen die Braut. Da übrigens Priesterinnen im *nadītum*-Stand geradezu für alle Heiligtümer Mesopotamiens nachweisbar sind, gab es diesen Verschwägerungsakt auch mit anderen Göttern. Wir können diese Mädchen somit als 'Gottesbräute' bezeichnen, die sie – auch bei einer zusätzlichen irdischen, dann formalen Eheschließung – ihr Leben lang blieben.

Bei dieser unilateral menschlichen Eheschließung galten dieselben Gesetze wie bei der bilateral menschlichen: Die Familie des Mädchens war zur Mitgift, das Kloster zur Brautgabe verpflichtet. Die Mitgift beinhaltete Sklavinnen, die der Nonne im Klosterleben zur Seite stehen konnten, die Ausstattungsgegenstände für die Nonne und, nicht zuletzt, landwirtschaftliche Güter, deren Nutzungsrecht die Klostergemeinschaft hatte, die aber letztendlich im Besitz der Braut-Familie blieben. Im folgenden stelle ich einen Abschnitt aus einem Text vor, in dem die Brautgabe des Klosters und die Mitgift der Familie für die Nonne Awāt-Aja festgehalten sind[36]:

Zunächst die Brautgabe (Z. 1–9):

„3 20-l-Gefäße (mit Wasser), 2 Fische, 1 ḫubunnu-Gefäß mit 1 l Inhalt, deren Gegenwert 1/2 Sekel (ca. 4 g) *Silber ausmacht, als das Mädchen den Eintritt ins Kloster bekundete. 1 Sekel* (ca. 8 g) *Silber für einen Gürtel an Mār-erṣetim, den Sohn des Warad-Irra, ihres Vaters* (m.a.W.: Der Vater war verstorben, so daß der älteste Bruder die Aufnahmebedingungen für den Klosterbeitritt des Mädchens aushandeln mußte). *1 Sekel* (ca. 8 g) *Silber für 2 Ringe an Awāt-Aja, die Tochter des Warad-Irra."*

Dann die Mitgift (Z. 10–15):

„10 l feinen Mehls erster Qualität, 5 l feinen Gerstenmehls, 4 Becher, 3 20-l-Gefäße (mit Wasser), [x] Talente (je ca. 30 kg) *geschnittener Palmzweige, die ins Kloster gekommen sind, 1/4 Sekel* (ca. 2 g) *Silber ist ihr Gegenwert; all das wurde eingebracht für Awāt-Aja, die Tochter des Warad-Irra."*

Schließlich noch eine Aufstellung von Auslagen für das Kloster beim Eintreffen des Brautzuges (Z. 16–23):

„10 l feinen Mehls erster Qualität, 5 l feinen Gerstenmehls, 1 20-l-Gefäß (mit Wasser) für Mār-erṣetim, den Sohn des Warad-Irra: 20 Korn (ca. 1 g) *Silber ist ihr Gegenwert. 1 l Zypressenöl beim Eintreffen der Karawane; 1/5 Sekel* (ca. 1 1/2 g) *Silber ist sein Gegenwert. Das macht alles zusammen 4 3/5 Sekel + 25 Korn* (ca. 38 g) *Silber, die als Brautgabe für Awāt-Aja und für Mār-erṣetim, die Kinder des Warad-Irra, verbraucht worden sind."*

Wie diese Zwischenbilanz im einzelnen auch aussehen mag: Sie ist ein beredtes Beispiel für ein Austausch'geschäft' zwischen einem Kloster und der Familie eines Mädchens, das aus dem Elternhaus in die Klostergemeinschaft überwechselte. Mir scheint es, daß die Familie der Awāt-Aja nicht zu den wohlhabenden Sippars gehörte – es sei denn, daß dieses Schriftstück nur einen (kleinen) Teil der Transaktion mitteilt.

Verlassen wir das Thema der sakralen Eheschließung – auf das Kloster als Bildungsstätte für Frauen komme ich gleich zurück – und wenden wir uns wieder der profanen Ehe zu:

Die 'Eigenleistung' der Frau bestand darin, sich ins Haus des Gatten einzugliedern und mit ihm einen eigenen Hausstand aufzubauen, d.h. *Abb. 69* zuallererst, Kinder zu gebären. Sollte das Zusammenleben der Ehepartner in irgendeiner Weise gestört werden – beispielsweise durch Kinderlosigkeit, Tod des einen oder anderen Partners oder ein Delikt –, so daß eine Auflösung der Ehe notwendig erschien, dann traten vielfältige Komplikationen zwischen den Partnern und deren Familien auf. Diese konnten häufig nur per Richterspruch beigelegt werden, wie die zahlreichen Protokolle von Ehescheidungs-Prozessen bezeugen.

Abb. 69/70 Die kleinen Votivfiguren aus gebranntem Ton sind Sinnbild menschlicher Bitten an die Götter: der Wunsch nach einem Kind, die Sorge um die lebenverleihende Wasserspende; aus altbabylonischer Zeit.

In einem solchen Rechtsstreit zogen die Ehefrauen in der Regel den kürzeren, wie ja schon der oben zitierte Ehevorvertrag zu erkennen gibt. Während der Mann nur eine Strafe zahlt, wird über die Frau die

Todesstrafe verhängt. Dieses Mißverhältnis tritt auch bei einer Ehescheidung an den Tag, die der Kodex Ḫammurabi durchaus als Möglichkeit einräumt:

„Wenn die Frau gegen ihren Ehemann Abneigung bekommt und sagt: „Du sollst nicht mit mir verkehren!", so soll ihre Angelegenheit von ihrer Behörde überprüft werden; wenn sie unbescholten ist und keine Schuld trägt, ihr Ehemann dagegen aushäusig ist und sie schwer vernachlässigt, so ist diese Frau schuldlos, sie darf ihre Mitgift nehmen und weggehen zum Haus ihres Vaters. Wenn sie nicht unbescholten ist, aushäusig ist, ihren Haushalt verschlampt und ihren Ehemann vernachlässigt, so soll man diese Frau ins Wasser werfen." [37]

Praktisch bedeutet diese Entscheidung nämlich Straflosigkeit für den Mann, der mit seiner Frau ohnehin nichts mehr zu tun haben will, und Todesstrafe für die Frau, wenn sie sich innerlich und äußerlich von ihrem Mann abwendet.

2.2 Die Frau im öffentlichen Bereich

Je nach Zeitraum und Gegend, aus denen die Texte kommen, zeigen sich in der Stellung der Bürgerinnen hier Differenzen, was nicht zuletzt auf unterschiedliche Quellendichte zurückzuführen ist. So kann man stark verallgemeinernd feststellen, daß in Südmesopotamien (Sumer, Babylonien) und vor allem in Altsyrien die Frauen zu allen Zeiten stärker am öffentlichen Leben beteiligt waren als in Nordmesopotamien (Assyrien).

Überall konnten Frauen Sängerinnen, Priesterinnen und Nonnen sein. Eine wichtige Rolle spielten sie als Medien für die Gottheiten in Māri (18. Jahrhundert v. Chr.) und Assyrien (7. Jahrhundert v. Chr.), die ihnen entscheidende Hinweise vor allem politischer Natur für ihre Herrscher gaben[38]. Ferner standen ihnen außer den typischen Frauenberufen in Handwerk, Land- und Hauswirtschaft, wo sie auch Inspektorinnen waren[39], solche Positionen offen, die über den rein privaten Bereich in die Öffentlichkeit hineinreichten. An erster Stelle wäre hier ihre Funktion als Zeuginnen in Prozessen zu nennen, in deren Protokollen sie unter Namensnennung aufgeführt wurden. Aber auch in Berufen, die in der altorientalischen Welt an sich Männersache waren, konnten sich Frauen einen Namen machen: als Verwalterinnen öffentlicher Ein- *Abb. 64*

◁ *Abb. 71 Einzigartig ist die Darstellung eines Paares, das sich umarmt; aus dem Ištar-Tempel in Māri, um 2500 v. Chr.*

richtungen – das hängt mit ihrer Funktion als Inspektorin zusammen –, als Schreiberinnen, als Grundbesitzerinnen und Wirtschaftsleiterinnen; Richterinnen und Statthalterinnen lassen sich entgegen älteren Angaben[40] nicht feststellen.

2.2.1 Die Frau als Verwaltungsfunktionärin

Als Verwalterinnen *(šakintu, šakittu)* in Städten und Stadtvierteln begegnen uns Frauen oftmals in Assyrien zu dessen Großreichszeit im 1. Jahrtausend v. Chr.[41] Als Priesterinnen verwalteten sie auch Tempel, besaßen Silber (Geld) – womit sie also auch im Bankwesen tätig waren –, Sklaven und Ländereien. In einem Text wird eine Dame namens Amat-

Abb. 72 Die Einlegearbeit aus Elfenbein, Muschelschale und Schiefer zeigt Frauen bei häuslichen Arbeiten wie Spinnen und Nähen; aus Māri, um 2500 v. Chr.

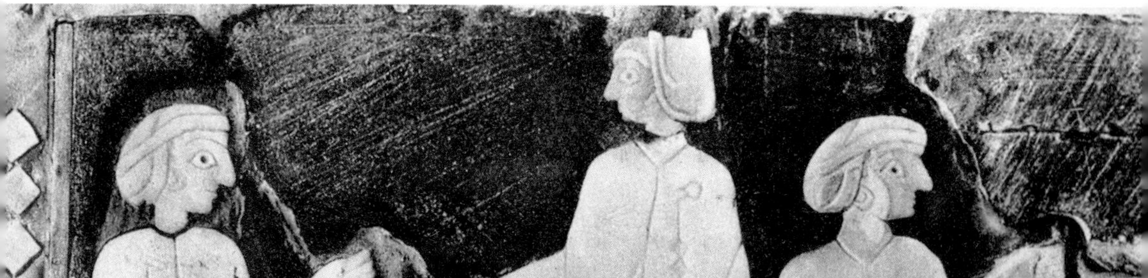

Astarti sogar als Funktionärin im neuen Königspalast zu Nimrud/Kalaḫ ausgewiesen[42].

Aus diesen Belegen wird einerseits klar, daß die *šakintu*-Funktionärin nichts mit dem männlichen Pendant *šaknu* zu tun hatte, der den Statthalterposten des Königs in einer Provinz innehatte, andererseits aber auch, daß Frauen auf der Leiter der öffentlichen Administration ganz weit hinaufklettern konnten. Sicherlich gehörten sie dann in die Gesellschaftsschicht des hohen Beamtentums oder standen gar zum Königshaus in einem Verwandtschaftsverhältnis.

Die Bekleidung solcher Posten setzt auch die erforderliche Ausbildung voraus, zu der zumindest die Schriftgelehrsamkeit gehörte. Doch damit kommen wir zu dem zweiten Wirkungsbereich, der gemeinhin als in der Hand von Männern liegend angesehen wird:

2.2.2 Die Frau als Schreiberin

In dem Abschnitt, der sich mit der Rolle der Prinzessinnen als Leiterinnen oder Angehörigen von Klöstern befaßte, wurde die herausragende Bedeutung der Enḫeduanna, der Tochter Sargons d.Gr. (23. Jahrhundert v. Chr.), als Theologin und Dichterin beschrieben. Sie schuf mit ihrem Wirken sogar ein literarisches Genre, das persönliche Klage- und Bittgebet. Ist es vorstellbar, daß eine solche Dame des Lesens und Schreibens unkundig war? Wohl kaum, auch wenn für Enḫeduanna dafür keine Meldungen vorliegen; das mag Zufall sein, da für die jüngere Zeit allenthalben, vor allem im Babylonien des 18. und 17. Jahhunderts v. Chr., immer wieder Namen von Damen auftreten, die als *ṭupšarratum* „Schreiberin" bezeichnet wurden. Sie bilden gegenüber ihren männlichen Kollegen allerdings eine offensichtlich verschwindende Minderheit. So haben statistische Untersuchungen beispielsweise für die Zeit der 3. Dynastie von Ur (21.–20. Jahrhundert v. Chr.) ergeben, daß Hunderten von namentlich bekannten Schreibern nur eine einzige Schreiberin gegenübersteht[43]. Etwas besser werden die Verhältnisse für Nippur eingestuft, wo Geschäftsfrauen auch die Fertigung von Urkunden beherrschten[44].

Die Fähigkeit zum Lesen und Schreiben erwarb man sich in den sogenannten 'Tafelhäusern' *(edubba),* Schreiberschulen, die an einen Tempel oder an den Palast angeschlossen waren und den jungen Menschen zum Dienst in Tempeln und am Hof sowie in der öffentlichen Verwaltung mit den verschiedenartigsten Aufgaben vorbereiteten. Wenn diese Ausbildungsstätten überhaupt zur Sprache kommen, dann ist immer nur von Schülern und Lehrern die Rede, nirgendwo von Schülerinnen und Lehrerinnen. Wenn es trotzdem schriftgelehrte Damen gibt, dann sind sie als Ausnahmen zu betrachten, die wohl kaum im 'Tafelhaus' ausgebildet wurden.

Nach der heutigen Quellenlage kennen wir zwei Einrichtungen, in denen Schreiberinnen in größerer Zahl tätig waren: das *nadītum*-Kloster *(gagûm)* in Sippar, das unter dem Patronat des Sonnengottes Šamaš, des Gottes des Rechts und der Gerechtigkeit, in der altbabylonischen Zeit (18./17. Jahrhundert v. Chr.) florierte, war, wie entsprechende Einrichtungen auch in anderen Orten, als geschlossene Anstalt autark und verwaltete sich selbst[45]. Die hier weilenden Nonnen, ob sie im Kloster oder nach Verehelichung – an das Gesetz der Kinderlosigkeit mußten sich diese 'Ehefrauen' auch dann halten – in enger Verbindung mit ihm außerhalb lebten, konnten in der Klosterschule offenbar eine Ausbildung durchlaufen, die ihnen den Titel *ṭupšarratum* „Schreiberin" einbrachte[46]. Gemäß der Klosterorganisation stellten diese Schreiberinnen ihre Fähigkeiten in den Dienst der klösterlichen Lebensgemeinschaft und nicht in den der Öffentlichkeit.

Über die Palastverwaltung von Māri am Mittellauf des Euphrat zur Zeit des Königs Zimrī-Lim (18. Jahrhundert v. Chr.) unterrichten zahlreiche sogenannte Rationenlisten, die die Verteilung von Gütern, vor allem von Naturalien, an die Palastbelegschaft anläßlich bestimmter Feierlichkeiten festgehalten haben. In einer dieser Listen, die von der Zuteilung von Salböl an die weiblichen Bediensteten handelt, werden zahlreiche Damen mit Nennung ihrer Namen und Berufe aufgeführt[47]. Unter ihnen fällt eine Gruppe von neun Frauen auf, die mit „Schreiberinnen" bezeichnet werden und in der Administration der Palastdame Dam-ḫurāṣum (ob sie eine Königsgemahlin neben Šibtu war, ist nicht sicher) unterstanden. Leider gibt die Liste keinerlei Hinweise auf die Stellung dieser Damen im Palast (oder Tempel?) oder auf ihre Herkunft. Sicher gehörten sie in jeder Beziehung zur gehobenen Schicht der Māri-Gesellschaft. *Abb. 54, 55*

Beide Belege für eine Schulausbildung von Frauen stammen aus der altbabylonischen Epoche und geben zu erkennen, daß der Schreiberberuf zumindest damals nicht allein auf Männer beschränkt war. Was die Ausbildung anbelangt, so ist anzunehmen, daß sie in der Hand von streng schulenden Männern lag – sei es ein Privatlehrer, ein gelehrter Vater, was bei Sippar-Schreiberinnen, die aus Häusern von Gelehrten stammen, nachweisbar zu sein scheint, oder ein eigens für Frauen zuständiger Lehrer. Denn es ist kaum vorstellbar, daß im Alten Orient Mädchen und Jungen nebeneinander in einer Schule oder gar auf einer

◁ *Abb. 73 Streng wirkt dieses Bildnis einer Frau aus der Gudea-Zeit im Vergleich zu früheren Darstellungen; das Schalgewand mit schmalen Randborten ist eine typische Neuerung dieser Epoche; aus Girsu, Ur III-Zeit, um 2100 v. Chr.*

Schulbank ausgebildet wurden. Es ist aber ebenso zu bedenken, daß zumindest im Sippar-Kloster auch Lehrerinnen die Ausbildung vorgenommen haben könnten. Jedenfalls dürfte dieser Zweig der Berufsausbildung sehr stark familienbezogen gewesen sein, weil es nur wenige Schreiberinnen gab.

Der Beruf der Schreiberin scheint nach den heute allgemein zugänglichen Quellen in der altbabylonischen Zeit einen Höhepunkt erreicht zu haben. Die späteren Epochen bieten jedenfalls nur selten einen Hinweis auf derart wirkende Damen. Möglicherweise hat es solche aber immer gegeben, und wir können nur hoffen, daß noch mehr aus dem Dunkel der Geschichte auftauchen wie z.B. jene Frau, die gegenüber Assurbanipal (669 bis ca. 630 v. Chr.) ihre Stimme erhob: Ihr ist es offensichtlich unangenehm, den Herrscher in Form von Orakeltexten auf einen schwelenden Aufstand in seinem Reich aufmerksam zu machen. Sie schließt nämlich ihre Hinweise mit dem Satz:

„Sieh davon ab, daß es (nur) eine Frau ist, die (dies) geschrieben und dir unterbreitet hat!“ [48]

Daß sie aber mit derlei Mitteilungen nicht allein stand, darauf weisen, wie oben angedeutet, auch die Eröffnungen von Prophetinnen, die eben zu jener Zeit Gottesbotschaften an Assurbanipal und seinen Vorgänger Asarhaddon (680–669 v. Chr.) gerichtet haben.

2.2.3 Die Frau als Grundbesitzerin und Wirtschaftsleiterin

Wo Frauen als Grundbesitzerinnen und Wirtschaftsleiterinnen tätig waren, entsprach ihre rechtliche Lage offenbar weitgehend der ihrer männlichen Kollegen, sie genossen also wie diese volle Rechts- und Geschäftsfähigkeit. Urkunden, die dies beleuchten, gibt es spätestens seit altbabylonischer Zeit für den südmesopotamischen und syrischen Raum in großer Zahl. Je nach Gegend und Zeit scheinen die Erfolgschancen der Frauen jedoch recht unterschiedlich gewesen zu sein. Ohne auch nur im entferntesten ein vollständiges Bild zeichnen zu wollen, seien die Gegebenheiten einiger Epochen nachfolgend kurz skizziert[49]:

In der altbabylonischen Zeit (18.–16. Jahrhundert v. Chr.) dürften die Frauen, wie es auch im Kodex Ḫammurabi festgeschrieben ist, nur als Geschiedene, Witwen (oder Klosterinsassen) selbständig aufgetreten sein, um gegebenenfalls ihr Erbe für ihre Kinder vor fremdem Zugriff zu schützen. Eine Frau im Eheverhältnis war ihrem Gatten untergeordnet. Dies ist mit den orts- und organisationsspezifischen Besonderheiten auch für die altassyrischen Handelskolonien (19. Jahrhundert v. Chr.) gültig.

Eine vergleichsweise strengere Bindung der Frauen – auch als Witwen – an die Familie des Ehegatten legen die Rechts- und Wirtschafts-

Abb. 74 Dieses Figürchen einer Frau mit Mantel und hohem Hut wurde im Tempel der kriegerischen Liebesgöttin Ištar in Māri gefunden; aus der Ur I-Zeit.

texte der mittelassyrischen Zeit (15.–12. Jahrhundert v. Chr.) nahe. Im etwa kontemporären Nuzi glich die Handlungsfreiheit der Frau dagegen eher der der babylonischen: Dort, wo Frauen in der Wirtschaft aktiv wurden, taten sie dies allerdings zumeist an der Seite ihrer Ehegatten oder – wohl im Falle einer Witwenschaft – ihres Sohnes[50].

Was den syrischen Raum in der Zeit zwischen dem 17. und 13. Jahrhundert v. Chr. anbelangt, so haben die Frauen – vorneweg die Königinnen, Prinzessinnen und andere Damen aus der königlichen Großfamilie – einen der größten uns für den Alten Orient bekannten Handlungsspielräume. Um dies anhand einiger Beispiele zu verdeutlichen, komme ich im Anschluß an die nachfolgenden allgemeinen Betrachtungen nochmals auf diesen Punkt zurück.

In den neuassyrischen und neubabylonischen Epochen des 1. Jahrtausends v. Chr. erwarb sich die Frau nach dem Urteil der Keilschriftforscher die größtdenkbare Effizienz in der Ökonomie. Das trifft wiederum mehr auf den babylonischen als auf den assyrischen Raum zu (für letzteren siehe schon oben im Abschnitt „Die Frau als Verwaltungsfunktionärin"). In Babylonien, zumal in der Zeit der Achämeniden-Könige (539–330 v. Chr.), läßt sich die Frau in allen Wirtschaftszweigen als aktiv und mitunter tonangebend darstellen. Dabei ist weniger die Rolle der persischen Königinnen in ihren Besitzungen auf babylonischem Boden gemeint[51] als die von Babylonierinnen, die die Interessen ihrer alteingesessenen Familien vertraten: beispielsweise Naqqitu, die jüngst bekanntgewordene Tochter des Großbankiers Murašû mit Sitz in Nippur (5. Jahrhundert v. Chr.), von der ein Transaktionsgeschäft vorliegt[52].

Nun einige besonders instruktive Beispiele für Aktivitäten hochgestellter Damen in den syrischen Stadtstaaten Alalaḫ und Ugarit an der Ostküste des Mittelmeeres, die gemischt aus den altbabylonischen (17. Jahrhundert v. Chr.) und mittelbabylonischen (14.–13. Jahrhundert v. Chr.) Epochen stammen, um die Kontinuität der Gegebenheiten zu zeigen; die Auswahl wurde nach dem Gesichtspunkt getroffen, daß die handelnden Damen offensichtlich nicht zum Königshaus gehörten. Thematisch greife ich ein Beispiel für Geldgeschäfte und sechs für die Nutzungsrechte von Land auf.

Zunächst also das Beispiel für Geldgeschäfte von Frauen: Eine gewisse Appatum tritt vor Gericht gegen den König Ammitakum (17. Jahrhundert v. Chr.) auf und fordert eine Restzahlung an ihre Schwester. Im Wortlaut hört sich das Gerichtsprotokoll so an:

Abb. 75 Eine thronende Frau aus Māri, ganz eingehüllt in einen Umhang, der sogar Kopf und polosartige Mütze bedeckt. Ur I-Zeit, um 2400 v. Chr. ▷

„Appatum, die Tochter des Zilladdu, hat eine Forderung von 5000 Sekeln (ca. 41,5 kg) *Silber, die dem Ehemann und (dessen Ehefrau) Dam-ḫurāṣum, der Tochter des Ṭāb-simtum, gehören, gegenüber Ammitakum, dem Herrscher von Alalaḫ. Sie sagte: 'Das Silber der Dam-ḫurāṣum, meiner Schwester, das dir zur Weiterleitung anvertraut worden ist, gib heraus! Der Gewandsaum der Dam-ḫurāṣum dient (als Beweismittel) in ihrer Abwesenheit. Vor Niqmepuḫ, dem Sohn des Ešbi-Addu, vor Abban, dem Sohn des Sikuwa (und) vor Jaqammu, dem Diener des Königs, (als Zeugen) hat man (die Angelegenheit) untersucht.' Dem hielt Ammitakum entgegen: 'Das Silber habe ich an Dam-ḫurāṣum ausgezahlt!' Jedesmal, wenn Ammitakum Silber (in Raten) abgab, hat jene gesagt: 'Es ist bezahlt!' Darum sagte er: 'Ich habe das besagte Silber der Dam-ḫurāṣum wirklich ausgezahlt!' Darauf erwiderte Appatum: 'Warum schwört mein Herr den Gotteseid (als Meineid)? Mein Herr gebe alles, was noch aussteht, dann will ich schweigen!' Nun hat Ammitakum 200 Sekel* (ca. 1,6 kg) *der Appatum ausgehändigt. Gleichzeitig stellte er ihr eine Urkunde aus, daß kein Anspruch mehr erhoben werden könne. Von diesem Tag an darf keiner dem anderen mehr ein Unrecht antun. Wer dennoch wieder vor das Gericht tritt und einen Prozeß anstrengt, dem wird man (flüssiges) Blei in den Mund gießen."*

Es folgen die Zeugenliste und die Datierung[53].
Das Protokoll verdeutlicht die volle Rechts- und Geschäftsfähigkeit einer Frau und ihren Erfolg – selbst im Falle eines Streits mit dem herrschenden König.

Nun zu den sechs Beispielen für das Frauen zustehende Nutzungsrecht von Land:
Nicht nur die Mitglieder der Königsfamilie, sondern auch die anderer wohlhabender Bürger leben auf der Basis des Nießbrauchs von den Produkten aus Landwirtschaft, Handwerk und Handel. Ihnen gehören also Felder, Gärten, Wirtschaftsgebäude und – in Ausnahmefällen – sogar ganze Ortschaften, aus denen sie ihre lebensnotwendigen Güter ziehen. Diese Immobilien sind Erbgut und gehören in den Verfügungsbereich des Königs, der bei Transaktionen auch das letzte Wort hat. Gemäß dem Erbrecht in Altsyrien zeichnen sehr oft Frauen für diese Immobilien, die sie entweder von ihren Eltern, ihrer Mutter oder ihrem Ehegatten übernommen haben. So gibt es zahlreiche Urkunden, die Tausch, Verkauf oder die Verteidigung der Ansprüche zum Thema haben.

Zwei Urkunden für Tausch: Aus Alalaḫ (17. Jahrhundert v. Chr.) stammt folgende Beurkundung eines Ortschaftentausches zwischen einem Privatmann und dessen Mutter und dem König:

„Anstelle vom Feldgrund des Ortes Tadundi hat der König Abban dem Samsu-nabalu, dem Sohn des Ašmaliki, – seine Mutter heißt Abi-

nawe – den des Ortes Tunit in vollem Gegenwert übergeben.“ – Es folgt die Zeugenliste[54].

Die königliche Administration von Ugarit (13. Jahrhundert v. Chr.) hat des öfteren Felder- und Gebäudetausch protokolliert:

„Mit Wirkung vom heutigen Tag: Vor Ammistamru, dem Sohn Niqmepas, dem König von Ugarit, hat die Dame Ummi-ḫibi das Feld mitsamt seinem Wächterhaus, seinen Weinstöcken und Olivenbäumen, das in Iššiqi liegt, aufgeboten und hat es dem Anatenu, dem Sohn des Ašmuwanu, im Tausch für seine Felder hergegeben. Anatenu, der Sohn des Ašmuwanu, hat seinerseits seine Felder und seine Weingärten mitsamt seinem Wächterhaus und Olivenbäumen, die in Naḫraju liegen, aufgeboten und diese der Dame Ummi-ḫibi und ihren Kindern ohne Steuerlast übergeben – denn Anatenu trägt die Steuerlast weiterhin.“ [55]

Zwei Urkunden für Kauf und Verkauf:

Der König von Alalaḫ (17. Jahrhundert v. Chr.) kauft Land von einer Dame:

„Den Ort Ipurija und sein ganzes Umland – es ist schuldenfrei – hat der Dame Ḫepat-šeḫerni und Abi-Addu, ihrem Sohn, Jarimlim, der Regent von Alalaḫ, gegen 1000 Sekel (ca. 8,3 kg) *Silber, 1000 Halbkor* (ca. 1500 hl) *Gerste, 1000 Halbkor* (ca. 1500 hl) *Emmer, 6 ma'unu-Krüge Wein, 10 Krüge Olivenöl, alles in ordentlicher Ausführung, zu vollem Preis abgekauft. Es ist bezahlt, beide Seiten sind zufrieden.*
Wer sich dagegen vergeht, der muß gleichviel Silber wie Gold an den (Tempel des) Addu, gleichviel Silber und Gold an den Palast bezahlen.“

– Es folgen die Zeugenliste und die Datierung[56].

Vor dem König von Ugarit (13. Jahrhundert v. Chr.) verkauft eine Dame Ländereien an einen Privatmann:

„Mit Wirkung vom heutigen Tag: Niqmepa, der Sohn Niqmaddus, der König von Ugarit, hat das Gebäude und die Felder der Dame Šuja, die am Fluß Naḫra liegen, dem Untenu übergeben.
Untenu hat dem König 2000 Sekel (ca. 16,5 kg) *Silber als Kaufpreis für Haus und Felder gegeben. Damit hat der König Haus und Felder der Šuja dem Untenu und seinen Söhnen auf alle Zeiten übereignet. Niemand darf sie dem Untenu und seinen Söhnen abnehmen.“* [57]

Es gibt mehrere solcher Texte, die Transaktionen zwischen dem König und einem Bürger einerseits und einer Frau andererseits beurkunden. Die obigen Beispiele genügen, um zu zeigen, daß die bürgerlichen Frauen – wie gesagt, hier handelt es sich nicht um Königinnen und Prinzessinnen, die oftmals derlei Geschäfte machten – in Ugarit und Alalaḫ voll rechts- und geschäftsfähig neben ihren männlichen Kollegen standen.

Mußten sich Frauen aber in Erb- und Geschäftsangelegenheiten vor Gericht behaupten, dann hatten sie meistens große Schwierigkeiten, sich gegen ihre männlichen Kontrahenten durchzusetzen. Entweder wurden sie offensichtlich benachteiligt oder sie gingen gar ihrer Ansprüche verlustig, wie die beiden nun noch vorgestellten Gerichtsprotokolle aus Alalaḫ (17. Jahrhundert v. Chr.) vor Augen führen sollen.

Im ersten Protokoll geht es um einen Streitfall zwischen Geschwistern um ihr Erbe:

„Wegen des Anwesens der Frau des Ḫammurabi hat Abban gegen Bittatti, seine Schwester, einen Prozeß geführt.

Er sagte: 'Mach' dich davon – das Anwesen gehört mir!'

Darauf entgegnete Bittatti: 'Das Anwesen in Zuḫaruwe besitze ich als Erbe von meiner Mutter. Ohne meine Einwilligung hast du (einen Teil dessen ohnehin) schon als zusätzliches Erbe an dich gerissen! Wir wollen uns, du und ich, über das Anwesen unserer Eltern friedlich einigen!'

So waren beide aneinander geraten. Sie traten vor Niqmepa, den König. Abi-Addu trat als Zeuge dafür auf, daß Bitatti überhaupt einen Anteil als Erbe hatte.

Nun entschied der König: 'Von dem Anwesen soll Abban jenen Teil an sich nehmen, der ihm besonders lieb ist. Den Teil, auf den er weniger Wert legt, soll Bittatti behalten.'

Dies sagte der König – dann wurden Gimil-Addu und Niwari-Addu vom Thronrat zur Teilung des Anwesens ausgesandt. Abban wählte den oberen Teil des Anwesens mit dem Haus mit Söller und nahm es in Besitz. Den unteren Teil überließ er seiner Schwester Bittatti. Wegen des geerbten Anwesens der Bittatti darf hinfort weder Abban gegen Bittatti noch Bittatti gegen Abban einen Anspruch erheben. Wer dies dennoch tut, wird sowohl 500 Sekel (ca. 1 kg) *Gold als Strafe an den Palast zahlen als auch seinen Anteil verlieren.“* [58]

Dieses Protokoll eines Prozesses zwischen Geschwistern, nach dem die weibliche Partei sichtlich benachteiligt wird, wird von einer Reihe hoher Persönlichkeiten – an erster Stelle von einer Dame – gegengezeichnet.

Das zweite Protokoll stellt einen Fall vor, in dem eine Schwester des Regenten von Alalaḫ (ebenfalls 17. Jahrhundert v. Chr.) wegen der Nutzungsrechte in einem Ort gerichtlich gegen ihren Bruder vorgeht. Sie zieht den kürzeren und verliert zudem ihre direkten Ansprüche auf den Ort:

„Wegen des Ortes Naštarbe hat die Dame Tatteja gegen Jarimlim, den Regenten von Alalaḫ, Klage erhoben.

Abb. 76 Die ungewöhnliche Intensität des Ausdrucks dieser Beterin aus Ur berührt den Betrachter noch nach über 4 Jahrtausenden ganz unmittelbar. ▷

So sagte sie: 'Naštarbe hat mir mein Vater als Erbe gegeben.' Jarimlim hielt dagegen: 'Mein Vater hat ihn dir als Lebensunterhalt (lediglich) zum Nießbrauch gegeben.' Darauf sagte Tatteja: 'Jarimlim soll für mich das Sorgerecht übernehmen, dann kann der Ort wieder an ihn zurückkehren.' Jarimlim hat vor Atri-Addu, dem Priester, vor Ammu-irpa, dem Fürsten von Tuba, und vor Nami-Dagan (als Zeugen) das Sorgerecht für Tatteja übernommen, und Naštarbe ist sogleich wieder zu Jarimlim zurückgekehrt.
Wer künftighin wegen Naštarbe gegen Jarimlim einen Prozeß anstrengt, der soll 1000 Sekel (ca. 8,3 kg) *Silber an den Tempel (als Strafe) bezahlen".*
– Es folgen die Zeugenliste und die Datierung[59].

Ziehen wir eine Bilanz aus den Beispielen zur Handhabung von Geld- und Immobiliengeschäften in Alalaḫ und Ugarit zwischen dem 17. und 13. Jahrhundert v. Chr., dann wird klar, daß Frauen auf der einen Seite zwar eine weitreichende Verfügungsgewalt über ihr Erbe hatten, daß sie aber andererseits in gerichtlichen Auseinandersetzungen mehr oder weniger doch auf verlorenem Posten standen.

ZUSAMMENFASSUNG

Ausgehend von Überlegungen zur Semiramis-Legende, die einer assyrischen Königin neben typisch fraulichen jene männlichen Eigenschaften zuschreibt, die sie zu Regentschaft und Kriegertum befähigt haben sollen, konnten wir als erstes Ergebnis festhalten: Eine altorientalische Frau war auf keinen Fall eine Kriegerin. Damit ist auch ernsthaft zu bezweifeln, ob sie überhaupt eine Herrscherin hätte sein können, weil es einem König oblag, sein Volk und Land gemäß Gottesauftrag unter Einsatz aller Kräfte – notfalls auch im Kampf – vor dem Chaos durch innere oder äußere Feindeskräfte zu schützen.

In Beantwortung der Frage nach der in der Keilschriftliteratur belegbaren gesellschaftlichen Rolle der Frau kam ihr Wirkungsbereich innerhalb 1. der Königsfamilie und 2. der Bürgerfamilie zur Sprache. Diese Gliederung nach dem sozialen Rahmen, in dem sich die Frauen bewegten, ergab sich aus der Quellenlage: Die Mehrzahl der aufschlußreichen Mitteilungen findet sich in den Texten der Palastarchive und in der höfischen Historiographie und bezieht sich auf das Königshaus; nur sporadisch liegen dagegen Urkunden aus Privatarchiven von Priestern oder Handelsherren vor, um die Verhältnisse in der gehobenen Bürgerschaft beschreiben zu können. Darum mußte versucht werden, die Stellung der Frau als Mitglied der Königsfamilie (als Königsgemahlin, als Königsmutter und als Prinzessin) so exakt wie möglich zu zeichnen, um daraus die notwendigen Schlüsse für die Bürgerliche abzuleiten. Es ist nämlich vorauszusetzen, daß die dort zutage tretenden Funktionen auch auf die (gut)bürgerliche Welt übertragen werden können. Bewußt wurde darauf verzichtet, die königliche Frau in ihren auf die Palastwirtschaft bezogenen Tätigkeiten zu beobachten. Dieses Thema bot sich dagegen als ein besonders instruktives für die Bürgerliche an.

Im Hinblick auf die (gut)bürgerliche Frau wurden folgende zwei Themenkreise behandelt: der persönliche, private und der öffentliche Bereich. Beide erlauben natürlich wiederum Rückschlüsse auf die königliche Frau: Der erste mit dem Schwerpunkt der Verehelichung konnte da allenfalls für die Prinzessinnen interessant sein, wenn sie eine Sakralehe mit Einzug in ein Kloster eingingen. Dagegen kann man eine sachliche Verquickung für königliche und bürgerliche Frauen im zweiten, dem öffentlichen Bereich in allen Punkten nachweisen: War doch eine königliche Frau, zumal als Prinzessin, am ehesten dazu berufen, als Verwaltungsfunktionärin, als Schreiberin oder als Grundbesitzerin und Wirtschaftsleiterin zu wirken.

Soviel persönliche Bewegungsfreiheit eine Frau in diesen Bereichen auch gehabt haben mag: Der ihr zustehende und von ihr vielseitig auszufüllende Lebensbereich war im Familienverband als Ehefrau an der Seite ihres Gatten oder, wenn ihr Lebensweg dies mit sich brachte, als fürsorgliche Mutter ihrer halbwaisen Kinder. Diesen Rahmen konnte sie allenfalls als Angehörige eines Klosters sprengen, wo sie sich als 'Gottesbraut' am ehesten selbst verwirklichen konnte. Über diese Tatsachen hilft keine noch so gut gemeinte Schönfärberei hinweg.

Rückblickend sollte nochmals hervorgehoben werden, daß die vorangehend beschriebenen Aspekte der Stellung der Frau ihren Ausgangspunkt in der städtischen Gesellschaft des Alten Orients haben. Ihre Stellung in den ländlichen und nomadischen Gesellschaften wurde unberücksichtigt gelassen, weil sie ein eigenes Thema darstellt.

Daß die im Untertitel gestellte Frage „War die Frau im Alten Orient *nur schön*?" eine rein rhetorische ist, braucht nach allem nicht besonders betont zu werden!

ANMERKUNGEN

1 Vgl. z. B I. J. Gelb, From Freedom to Slavery, Abh. Bayerische Akademie der Wissenschaften, Phil.-Hist. Klasse, Neue Folge 75, Serie A/6, München 1972, 92.

2 Diodor II 4–20 (C. H. Oldfather, Diodorus of Sicily, Cambridge, Mass. – London 1946).

3 W. Eilers, Semiramis – Entstehung und Nachhall einer altorientalischen Sage. Sitzungsberichte Österreichische Akademie der Wissenschaften, 274/2, Wien 1971, 12.

4 Namen und Werke bei W. Eilers, a.a.O., 11 Anm. 1.

5 Vgl. u.a. C. Wilcke, Compte rendu Le palais et la royauté (archéologie et civilisation), Paris 1974, 177–232; hier vor allem den literarisch formulierten Katalog der Aufgaben, der dem zweiten Herrscher der 3. Dynastie von Ur, Šulgi (21. Jh. v. Chr.), zugeschrieben wurde: S. 184f.

6 Archiv für Orientforschung 8, 1952/53, 22: V 9.

7 D. J. Wiseman, The Vassal-Treaties of Esarhaddon, in: Iraq 20/1, 1958, 75, Z. 617.

8 Z. B. Yale Oriental Series, Babylonian Texts 10, 35, 5.

9 Vgl. B. F. Batto, Studies on Women at Mari, Baltimore-London 1974, 8ff.; St. Dalley, Mari and Karana – Two Old Babylonian Cities, London 1984, 97–111.

10 G. Dossin, Archives royales de Mari 10, Paris 1978, 26.

11 1. Rg. 16, 29–33.

12 M.-J. Seux, in: Reallexikon der Assyriologie 6, Berlin 1980–1983, 161f. (Stichwort: Königtum); W. Röllig, Rezension zu W. Eilers, Semiramis (s. Anm. 3), in: Die Welt des Orients 7, 1974, 287.

13 W. Röllig, Nitokris von Babylon, in: Beiträge zur Alten Geschichte und deren Nachleben. Festschrift für Franz Altheim zum 6.10.1968, Bd. 1, Berlin 1969, 127–135.

14 H. Zimmern, Sumerische Kultlieder aus altbabylonischer Zeit, Nr. 204 V 1 (Vorderasiatische Schriftdenkmäler 10, Leipzig 1913).

15 Nach M. Civil, The „Message of Lú-dingir-ra to his Mother" and a Group of Akkado-Hittite „Proverbs", in: Journal of Near Eastern Studies 23, 1964, 1–11.

16 G. Dossin, Archives royales de Mari 10, Paris 1978, 5, 37–41.

17 Ex. 20, 12.

18 Nach H.-P. Adler, Das Akkadische des Königs Tušratta von Mitanni, Alter Orient und Altes Testament 201, Neukirchen-Vluyn 1976, 137: Z. 1–17.

19 H.-P. Adler, a.a.O., Z. 28–30.

20 Vgl. allgemein R. Labat, Die Altorientalischen Reiche III, Fischer Weltgeschichte 4, Frankfurt 1967, 80.

21 Siehe B. F. Batto, a.a.O., 37–51 (Anm. 9).

22 Zur Organisation von Klöstern siehe z.B. R. Harris, The Organization and Administration of the Cloister in Ancient Babylonia, in: Journal of the Economic and Social History of the Orient 6, 1963, 121–157, für die altbabylonische Zeit.

23 B. F. Batto, a.a.O., 79–107; hinsichtlich Inibšina ist die Zugehörigkeit zum Hause Zimrī-Lims nicht eindeutig nachweisbar.

24 Siehe J. Renger, Untersuchungen zum Priestertum in der altbabylonischen Zeit, 1. Teil, in: Zeitschrift für Assyriologie 58, 1967, 144–149.

25 Zu den verschiedenen Bezeichnungen von Priesterinnen und ihren Klassen sowie ihren nicht immer eindeutig bestimmbaren Aufgabenbereichen vgl. u.a. J. M. Asher-Greve, Frauen in altsumerischer Zeit (Bibliotheca Mesopotamica 18, Malibu 1985), 8–10. 118–123, u.a.m., für die altsumerische Zeit; J. Renger, a.a.O., 110–188; ders., Untersuchungen zum Priestertum in altbabylonischer Zeit, 2. Teil, in: Zeitschrift für Assyriologie 59, 1968, 104–230 für die altbabylonische Zeit.

26 Siehe z.B. R. Harris, The nadītu Woman, in: Studies A.L. Oppenheim, Chicago 1964, 123f.; J. Renger, in: Zeitschrift für Assyriologie 58, 1967, 150–153.

27 W. W. Hallo – J. J. A. van Dijk, The Exaltation of Inana, New Haven-London 1968, 1–11.

28 Å. W. Sjöberg – E. Bergmann, The Collection of the Sumerian Temple Hymns, Texts from Cuneiform Sources 3, New York 1969, Z. 263–270.

29 Hallo – van Dijk, a.a.O.

30 J. Klein, „Personal God" and Individual Prayer in Sumerian Religion (Archiv für Orientforschung Beiheft 19, Horn 1982), 300f.

31 Hallo – van Dijk, a.a.O., 29: Z. 100–110.

32 Die bisher ausführlichste, Bild- und Textmaterial auswertende Studie ist die von J. M.

Asher-Greve (s.o. Anm. 25). Ansonsten werden in vielen Artikeln, Kapiteln von Monographien und Nachschlagewerken mehr oder weniger pauschale Feststellungen gemacht oder detailbezogene Einzelbeobachtungen zur Sprache gebracht.

33 Nach M. Schorr, Urkunden des altbabylonischen Zivil- und Prozessrechts (Vorderasiatische Schriftdenkmäler der Kgl. Museen zu Berlin 5, Leipzig 1913), 8f.: Nr. 3, Z. 1–20.

34 Nach R. Borger, Texte aus der Umwelt des Alten Testaments I/1 (Gütersloh 1982), 58.

35 Nach G. R. Driver – J. C. Miles, The Babylonian Laws, Oxford 1952, 253f., Text A, Z. 1–29.

36 R. Harris, a.a.O. (s.o. Anm. 26), 110f.

37 §§ 142 und 143; nach R. Borger, a.a.O., 60.

38 Siehe M. Dietrich, Prophetie in den Keilschrifttexten, in: Jahrbuch für Anthropologie und Religionsgeschichte 1, 1973, 15–44.

39 Vgl. u.a. M. Çiğ, Neuere Studien über die keilschriftlichen Dokumente aus der Tontafelsammlung des Archäologischen Museums zu Istanbul, in: Festschrift H. Otten, Wiesbaden 1973, 51.

40 B. Meissner, Babylonien und Assyrien I, Heidelberg 1920, 387f.; E. Ebeling, in: Reallexikon der Assyriologie 3, 1957–1971, 104 (Stichwort: Frau).

41 Siehe W. von Soden, Gibt es ein Zeugnis dafür, daß die Babylonier an die Wiederauferstehung Marduks geglaubt haben?, in: Zeitschrift für Assyriologie 51, 1955, 148; vgl. auch ders., Akkadisches Handwörterbuch, Wiesbaden 1959–1981, 1139.

42 J. N. Postgate, Fifty Neo-Assyrian Legal Documents, Warminster 1976, 103–7: Nr. 14, Z. 1.

43 S. N. Kramer, The Sumerians, Chicago 1970, 232.

44 M. Çiğ, a.a.O., 51.

45 Siehe J. Renger, a.a.O. (Anm. 26), 156f. sowie die Wörterbücher zum Akkadischen sub voce *gagûm:* W. von Soden, Akkadisches Handwörterbuch, Wiesbaden 1959–81, 273; CAD (The Assyrian Dictionary of the University of Chicago), Chicago-Glückstadt 1956ff., G, 10f.

46 Vgl. R. Harris, Biographical Notes on the nadītu Woman of Sippar, in: Journal of Cuneiform Studies 16, 1962, 1–12; dies., The Organization and Administration of the Cloister in ancient Babylonia, in: Journal of the Economic and Social History of the Orient 6, 1963, 131ff.; J. Renger, a.a.O. (Anm. 26), 157f. (W. von Soden, Akkadisches Handwörterbuch, 1395: *ṭ/tupšarratu(m)* „Schreiberin").

47 M. Birot, Textes économiques de Mari (IV), in: Revue d'Assyriologie et d'Archéologie Orientale 50, 1956, 57–72; J. Bottéro, Archives royales de Mari (transcription et traduction) 7, Paris 1957, 238f.; vgl. St. Dalley, Mari and Karana. Two Old Babylonian Cities, London 1984, 110.

48 R. F. Harper, Assyrian and Babylonian Letters, Chicago 1892–1914, 1367 Rs. 4–5; 1368 Rs. 6–7.

49 Vgl. E. Ebeling, in: Reallexikon der Assyriologie 3, 1957–1971, 100–104 (Stichwort: Frau); V. Korošec, Keilschriftrecht, in: Handbuch der Orientalistik I 3, Leiden 1964, 105f. (altbabylonische Zeit), 148f. (altassyrische Zeit), 154f. 172f. (mittelassyrische Zeit), 174 (Alalaḫ), 177 (Ugarit).

50 C. Gordon, The Status of Woman Reflected in the Nuzi Tablets, in: Zeitschrift für Assyriologie 43, 1936, 146–169.

51 M. W. Stolper, Entrepreneurs and Empire, Leiden 1985, 62ff.

52 M. W. Stolper, a.a.O., 253: Text Nr. 46, Z. 7.

53 D. J. Wiseman, The Alalakh Tablets, London 1953, 37, pl. VI: Nr. 8.

54 D. J. Wiseman, a.a.O., pl. XX, Nr. 77.

55 J. Nougayrol, Le palais royal d'Ugarit III, Paris 1955, 129: RS 16.343.

56 D. J. Wiseman, a.a.O., pl. XIII–XIV: Nr. 52.

57 J. Nougayrol, a.a.O., 89f.: RS 16.135.
58 D. J. Wiseman, a.a.O., 34–36, pl. V–VI: Nr. 7
59 D. J. Wiseman, a.a.O., 38, pl. VII: Nr. 11.

BEMERKUNGEN ZUR AUSSPRACHE

In diesem Beitrag kommen sehr häufig Personen-, Götter- und Ortsnamen sowie Sachbegriffe im Original vor; wir haben hier keine Umschreibung in unsere Aussprache vorgenommen. Folgende vereinfachte Regeln gelten:

ḫ = ch
š = sch
ṣ = s
q = k
ṭ = t
z = weiches s
¯ und ˆ über einem Vokal bedeuten Längung und/oder Betonung.
Red.

ZEITTAFEL

URUK-ZEIT		um	3000 – 2800	v. Chr.
DJEMDET NASR-ZEIT		um	2800 – 2700	v. Chr.
MESILIM-ZEIT		um	2600	v. Chr.
UR I-ZEIT		um	2500 – 2360	v. Chr.
LAGASCH	UR			
Urnansche	Mesannepadda			
Eannatum	Aannepadda			
Entemena				
Lugalanda				
Urukagina	Lugalzaggesi			
	von Uruk	um	2360	v. Chr.
AKKAD-ZEIT		um	2350 – 2150	v. Chr.
Sargon				
Rimusch				
Manischtusu				
Naramsin				
Scharkalischarri				
GUTÄERZEIT		um	2150 – 2070	v. Chr.
Utuchengal von Uruk		um	2070	v. Chr.

UR III-ZEIT		um	2065 – 1955 v. Chr.
Urnammu	Gudea von Lagasch		
Schulgi			
Bursin			
Schusin			
Ibbisin	Ischbierra von Isin		
ISIN-LARSA-ZEIT		um	1955 – 1700 v. Chr.
Lipitischtar von Isin		um	1875 – 1865 v. Chr.
Sargon I. von Assur		um	1780 v. Chr.
Rimsin von Larsa		um	1757 – 1735 v. Chr.
Schamschiadad von Assur			1748 – 1716 v. Chr.
ALTBABYLONISCHE ZEIT		um	1830 – 1530 v. Chr.
Hammurabi			1728 – 1686 v. Chr.
Samsuiluna			1685 – 1648 v. Chr.
Abieschuch			1647 – 1620 v. Chr.
Amiditana			1619 – 1583 v. Chr.
Ammisaduqa			1582 – 1562 v. Chr.
Samsuditana			1561 – 1530 v. Chr.
MITTELBABYLONISCHE ZEIT		um	1530 – 1160 v. Chr.
Agum II.		um	1530 v. Chr.
Ulamburiasch		um	1450 v. Chr.
Karaindasch		um	1420 v. Chr.
Kurigalzu I.		um	1380 v. Chr.
Burnaburiasch II.		um	1350 v. Chr.
Kurigalzu II.			1336 – 1314 v. Chr.
Nazimaruttasch			1313 – 1288 v. Chr.
Melischipak			1283 – 1269 v. Chr.
MITTELASSYRISCHES REICH		um	1380 – 1078 v. Chr.
Assuruballit I.			1356 – 1320 v. Chr.
Adadnarari I.			1297 – 1266 v. Chr.
Salmanassar I.			1265 – 1235 v. Chr.
Tukultininurta I.			1235 – 1198 v. Chr.
Nebukadnezar I. von Babylon		um	1128 – ? v. Chr.
Tiglatpileser I.			1116 – 1078 v. Chr.
NEUASSYRISCHES REICH			909 – 612 v. Chr.
Adadnirari II.			909 – 889 v. Chr.
Tukultininurta II.			888 – 884 v. Chr.
Assurnasirpal II.			883 – 859 v. Chr.
Salmanassar III.			858 – 824 v. Chr.
Schamschiadad V.			823 – 810 v. Chr.
Adadnirari III.			809 – 782 v. Chr.
Tiglatpileser III.			745 – 727 v. Chr.
Salmanassar V.			726 – 722 v. Chr.
Sargon II.			721 – 705 v. Chr.
Sanherib			704 – 681 v. Chr.
Asarhaddon			680 – 669 v. Chr.
Assurbanipal			668 – 626 (?) v. Chr.
Assuretililani			625 – 621 v. Chr.
Sinscharischkun			620 – 612 v. Chr.

NEUBABYLONISCHE ZEIT	625 – 539	v. Chr.
Nabopolassar	625 – 605	v. Chr.
Nebukadnezar II.	604 – 562	v. Chr.
Amelmarduk	561 – 560	v. Chr.
Nergalscharussur	559 – 556	v. Chr.
Nabonid	555 – 539	v. Chr.

(Die Jahreszahlen beruhen auf der sog. „Kurzen Chronologie"; sie können sich im 2. Jahrtausend möglicherweise um etwa 50 Jahre nach oben verschieben. In die Liste der Königsnamen wurde nur eine kleine Auswahl bedeutender Herrscher aufgenommen.)

Ruth Röwer-Döhl

Die Frau im antiken Griechenland

ZWISCHEN SCHEIN UND WIRKLICHKEIT

Die griechische Antike überliefert uns ein sehr vielfältiges Bild unterschiedlicher Frauencharaktere: Neben der treuen häuslichen Gattin (Penelope) finden wir die kämpferisch emanzipierte Frau (Lysistrata), aber ebenso auch das verführerische, skandalträchtige Weib (Helena). Werke der klassischen Kunst zeigen uns auf Grabreliefs die ehrwürdige Frau und Mutter, auf Vasenbildern aber auch die kokette Schöne, die bei Männergelagen zugleich mit den Hüllen auch den Anstand fallen lassen kann[1]. *Abb. 79*

Literatur und Kunst belegen ein erstaunlich breites Spektrum des Frauenlebens innerhalb der Gegenpole von Treue und Verführung, Würde und Lust, extremer Häuslichkeit und aktiv betriebener Emanzipation[2]. Auf den ersten Blick scheint daher die Situation der antiken Frau von der der modernen Frau so sehr nicht verschieden zu sein: Viel Raum scheint zur 'Selbstverwirklichung' der Frau gegeben. Doch war dies wirklich so?

Eine erste Bildgegenüberstellung mag das Problem verdeutlichen: *Abb. 77, 78* Die Amphora des Kleophrades-Malers zeigt ein sehr oft von den Vasenmalern der archaischen Zeit aufgegriffenes Thema: die Abschiedsvorbereitungen eines in den Krieg ausrückenden Mannes; der Mann ist ganz auf die Eingeweideschau, d.h. eine Orakelbefragung konzentriert; ein kleiner Sklave hält die erforderlichen Gerätschaften; der in den Kampf mitausrückende leichtbewaffnete Sklave nimmt staunend Anteil. Im Rücken dieser Gruppe, fast ausgeschlossen, erscheint die Frau des Kriegers. Ihre offenkundige Anteilnahme am Geschehen unterstreicht im Grunde nur ihre Isoliertheit; daß sich der Hund ihr zuwendet, pointiert die Trennung. Das Vasenbild des Kuß-Malers erscheint dann wie der private, gefühlvolle Abschied des Mannes von seiner Gemahlin, die nun endlich auch zu ihrem Recht kommt. Doch weit gefehlt, denn hier handelt es sich nicht um eine Ehefrau, sondern um ein Lustmädchen, eine Hetäre. Und es sind fast ausnahmslos Hetären oder Liebschaften, die angesprochen sind, wenn auf den Vasenbildern Emotionen zwischen Männern und Frauen wiedergegeben werden.

Betrachtet man die vielen Darstellungen des Kriegerabschieds in der griechischen Vasenmalerei, so fällt auf, daß der Mann sich selten seiner Frau zuwendet; viel entscheidender sind beim Abschied die Eltern und

Abb. 77 Kriegerabschied. Bauchamphora des Kleophrades-Malers.

speziell der Vater. Die Frau ist dagegen eher 'selbstverständlich' und hat dienend dabei zu sein.

Für die Griechen ist das eigentlich ganz normal, denn „da die Frau ein fehlerhaftes und unvollständiges männliches Wesen ist, soll sie sich dem Mann in allen Stücken unterwerfen, seine Pläne unterstützen und seinen Anordnungen gehorchen", heißt es bei Aristoteles[3]. Für Liebe und Gefühle ist da kein Platz, der Frau ist eine Rolle zugewiesen. Reines Zweckdenken ist es, das den jungen Ischomachos um 400 v. Chr. bei seiner Brautwahl leitet[4]; und noch bei dem ansatzweise toleranten Plutarch im 1. Jahrhundert n. Chr. soll das Weib zu Hause bleiben und schweigen und ihre ganze Lebensweise dem Mann anpassen. Und unter Berufung auf Platon fordert Plutarch sogar, daß das eheliche Schlafzimmer eine 'Schule der Sittsamkeit' sein müsse[5]. Emotionen haben vor diesem Hintergrund wenig Platz, und es wird deutlich, weshalb Bilder wie Abb. 78 und 79 *keine* „bürgerliche" Frau wiedergeben können.

Zwischen den Vasenbildern Abb. 77 und Abb. 78 und 79 klafft in der Antike ein unüberbrückbarer Graben. Dieser Graben ist nur teilweise

Abb. 78 Schale des Kuß-Malers.

Abb. 79 Kantharos (Trinkgefäß) des Nikosthenes.

definiert durch Begriffe wie 'schicklich' und 'unschicklich'; es geht weniger um das, 'was darf' eine attische Bürgersfrau, als um das, 'was darf sie nicht'. Der wohl entscheidende Punkt zum Verständnis der griechischen Frau liegt in ihrem juristischen Status und damit in der Rolle, die ihr innerhalb der Gesellschaft zugewiesen ist.

Die wichtigste Bestimmung der athenischen Frau ist es, die Kontinuität und den Wohlstand der Familie zu garantieren. Je reibungsloser und unauffälliger sie in diesem Gefüge funktioniert, um so besser ist es. Leider, so hat offenbar mancher Grieche geklagt, sind die Frauen in 'familientechnischer' Hinsicht ein notwendiges Übel. Der oft zu Unrecht als Weiberfeind apostrophierte Euripides gießt bitteren Spott über diese Vorstellung, wenn er etwa in der 'Medea' den schwächlichen Jason ausrufen läßt:

„Nachkommen schaffen sollten sich auf andrem Weg die Menschen, nicht mehr sollte sein der Fraun Geschlecht: so träfe niemals Ungemach die Sterblichen!“ [6]

Und auch der nicht ganz so schwächliche Held Hippolytos räsonniert im gleichnamigen Drama:

„Fortpflanzung freilich ward der Menschheit nötig, doch daß uns dies durch Fraun zuteil wird, ist nicht gut.“ [7]

Die krasse Alternative zwischen Frauen, die Spaß machen, und Frauen, die notwendig sind, hat es in der Antike natürlich ebensowenig gegeben wie heute. Schon das Zerrbild einer 'Xanthippe' – mag sie ihrem Sokrates nun eine gute Ehefrau oder ein wahrer Teufelsbraten gewesen sein – sollte davor bewahren, hier in Schwarz-Weiß-Malerei zu verfallen. Immer hat es stärkere und schwächere Persönlichkeiten gegeben, sowohl bei Männern wie bei Frauen; Freiräume konnten tolerant oder restriktiv ausgelegt werden. Auch waren die Bedingungen für die Frau im antiken Griechenland nicht überall gleich, sie konnten von Stadtstaat zu Stadtstaat variieren. Den vergleichsweise stark reglementierten athenischen Frauen standen die freizügiger aufwachsenden Spartanerinnen gegenüber, die Aristoteles in seiner 'Politik' dann auch scharf angreift, weil sie sich eben nicht bändigen ließen; selbst der Gesetzgeber Lykurg sei an ihnen gescheitert[8]. Die unteritalischen Frauen waren nach unseren Maßstäben besser dran als die Frauen der jonischen Stadtstaaten. Insgesamt hat man den Eindruck, daß in Griechenland die Rechte der selbständigen Frau in dem Maße abnehmen, in dem sich städtische Zivilisation entfaltet. Je weiter wir uns von den zivilisatorischen Zentren, den kulturellen Hochburgen Griechenlands, zu den Rändern hin entfernen, je 'barbarischer' die lokalen Bräuche werden, um so größer ist auch die Selbständigkeit der Frau.

Man darf sich freilich nicht durch moderne Wertungen verführen lassen. Was wir heute im 20. Jahrhundert als Merkmale der Unterdrückung einer athenischen Bürgerin des 5. und 4. Jahrhunderts v. Chr. auflisten können, besagt nicht unbedingt, daß dies auch in der Antike als Problem gesehen wurde. Und sicher hätte damals keine Stadtathenerin mit einer Schwarzmeergriechin getauscht, nur um im Rollenkampf größere Freiheiten zu erhalten.

Man darf auch nicht vergessen, daß die aufmüpfigen athenischen Frauen, wie sie sich bei Euripides oder Aristophanes finden, eben doch von Männern beschrieben sind. Wenn eine Gestalt wie die Lysistrata des Aristophanes alle Frauen der Stadt zum gemeinsamen Vorgehen gegen die Männer, zur gemeinsamen Sexverweigerung bewegen will, wirkt dies zwar wie ein Plädoyer für eine freie Entfaltung der Frau, aber da es so eindeutig utopisch ist, relativiert es sich in gleichem Maße wieder.

Ganz entschieden muß auch betont werden, daß im antiken Griechenland manches möglich war, was durchaus nicht der Norm entsprach. Von einer Artemisia, die 480 v. Chr. auf persischer Seite fünf Schiffe kommandierte, sprach man mit Respekt, einer Aspasia begegneten die Intellektuellen mit Hochachtung, ebenso einer Sappho oder Korinna. Aber es bleiben Ausnahmen, die untypisch für die normale Situation der griechischen Frau sind. Und um letztere geht es im Folgenden.

DIE FRAU IM VORKLASSISCHEN GRIECHENLAND

In der griechischen Frühzeit, wie sie literarisch bei Homer und später bei Hesiod faßbar wird, dominiert im Hause bereits der Mann. Doch die vornehme Frau hat ihren selbstverständlichen Platz im geselligen Beisammensein, sie wirkt selbständig im Haus und kann eigene Entscheidungen treffen bis hin zu der, ob und wen sie heiraten will oder nicht. Etwas Derartiges wäre für eine Athenerin des 5./4. Jahrhunderts v. Chr. ganz undenkbar. Die Frau des Ischomachos (um 400 v. Chr.) war bei ihrer Eheschließung von den Eltern überhaupt nicht gefragt worden[9]; im 4. Jahrhundert v. Chr. regelt der Vater des Demosthenes im Angesicht seines nahenden Todes die zukünftigen Ehen für seine Ehefrau sowie für die damals erst fünfjährige Tochter[10]. Er muß dies tun, da Frauen nach damaligem Recht als nicht geschäftsfähig galten. Sie konnten zwar Besitz haben, aber nicht juristisch darüber verfügen. Dazu bedurfte es eines 'Kyrios', also eines männlichen Rechtsvertreters, der der eigene Mann, der erwachsene Sohn oder der nächste männliche Verwandte war. Wir können diese Vorstellung von Besitz ohne gleichzeitige Verfügungsgewalt heute kaum nachvollziehen; am ehesten gleichsetzen lassen sich hier wohl juristisch entmündigte Personen, also psychisch hochgradig gestörte, schwachsinnige oder senile Menschen. Alle modernen Kriterien, die zu einer Entmündigung führen können, greifen nicht bei der athenischen Frau.

Die juristische Unmündigkeit der griechischen Frau erreicht ihren absoluten Höhepunkt ausgerechnet in den Jahrhunderten, die wir gewohnt sind, als die Hauptblütezeit griechischen Geistes anzusehen. Um wievieles freier und selbständiger war da nicht noch die homerische Penelope, die sich die lästigen Freier durch eigenen Entschluß vom Leibe halten konnte, die Besitz- und Verwaltungsrecht besaß, auch wenn sie nicht in der Lage war, dies gegenüber den penetranten Freiern voll durchzusetzen.

In den homerischen Erzählungen nehmen die Frauen wie selbstverständlich an den Gastmählern im eigenen Hause teil; dabei genießen sie hohe Achtung. Freilich gilt diese Achtung vielleicht schon weniger der individuellen Persönlichkeit der einzelnen Frau als ihrer Standeszugehörigkeit. Daß hier aber einst freie Entscheidungsmöglichkeit zugrunde lag, wird auch bei Homer immer wieder deutlich: Nausikaa entscheidet, den schiffbrüchigen Odysseus aufzunehmen; Kirke trifft die Entscheidung über die Bettgemeinschaft mit Odysseus und ähnlich dann auch Kalypso. Gegenüber diesen 'aktiven' Frauen ist die eher passive Penelope dann schon fast ein Vorgriff auf die kommende Entmachtung der Frau.

Homerischer Respekt vor der Frau gilt der Frau als Bestandteil einer adligen Familie. Ein Bräutigam dieser Zeit mußte mit reichen Geschenken um die Braut werben. Den Iphidamas etwa kostete seine Brautwerbung 100 Rinder und 1.000 Schafe und Ziegen, eine freilich unrentable Ausgabe, wie wir bei Homer erfahren, denn Iphidamas fällt vor Troja „fern der vermählten Gattin ... der ehelichen, von der er noch keinen Dank sah, und gab doch vieles.“[11]

Hier kommen wir zu einem anderen, bis heute ungeklärten Bruch zwischen den homerischen Bräuchen und denen des klassischen Griechenlands: Den Iphidamas kostete seine Brautwerbung ein Vermögen. Im oben angeführten Fall der Schwester und Mutter des Demosthenes erwarben die potentiellen Ehemänner ein Vermögen: Die 5jährige Tochter erhielt eine Mitgift von 2 Talenten, die Frau eine Mitgift von 80 Minen, die offenbar schon im voraus ausgezahlt wurden[12].

Interessant ist, daß sich dieser Unterschied bis in die Gegenwart erhalten hat: In der Türkei, dem Heimatland Homers, muß auch heute noch der Mann die Mitgift (Brautpreis) an die Familie der Frau zahlen, in Griechenland dagegen muß die Familie der Frau dem Mann die Mitgift zahlen. So unterschiedlich beide Verfahrensweisen auf uns wirken mögen, im Grundgedanken wollen sie sicher das gleiche: eine Absicherung der Frau im Falle einer Ehetrennung. In beiden Fällen sollen Mitgift und Brautpreis die spätere Sicherstellung bewirken. Verändert hat sich der Garant für die Sicherung: In der homerischen Gesellschaft übernimmt diese Funktion die Familie der Frau, sie erhält ja die Mitgift. In der klassischen Gesellschaft ist es der Mann, der beim Scheitern der Ehe – theoretisch – der Frau die Mitgift wieder aushändigen muß.

Was sich hier also zwischen Homer und Demosthenes verändert hat, ist grob gesprochen die juristische Standortbestimmung der Frau: Ursprünglich blieb sie auch nach der Ehe juristisch Teil ihrer alten Familie, nun aber sind diese Bindungen gekappt, die Frau ist von ihrer alten Familienbindung gelöst, eine juristische Beziehung besteht nur noch zwischen ihrem Mann und ihr. Salopp ausgedrückt ist die Frau im klassischen Griechenland von ihrer Familie total abgenabelt, und dies wird lange so bleiben. Noch bei dem altväterlichen Plutarch liest man den Ratschlag an die junge Ehefrau, sie müsse den Eltern ihres Mannes mehr Ehre erweisen als den eigenen[13]. Damit hat die Unselbständigkeit der Frau zweifellos einen absoluten Höhepunkt erreicht, damit war gleichzeitig die Position des Mannes ungeheuer aufgewertet worden.

Wann und aus welchen Gründen auch immer dieser Wechsel erfolgt sein mag, welcher Gesetzgeber dafür namhaft gemacht werden kann, für die Frauen war dies jedenfalls ein höchst fataler Wechsel und der Übergang zur völligen Unselbständigkeit im klassischen Griechenland.

DIE FRAU IM KLASSISCHEN GRIECHENLAND

Das öffentliche Leben der Gesellschaft in klassischer Zeit war vor allem eine Welt der Männer, sei es in der Politik, die als würdigste Tätigkeit des freien Mannes galt, sei es beim Sport oder beim Gelage, beim Handel oder im Krieg. Das Leben der Frau war auf das Haus beschränkt. Hier, im sogenannten Frauenbereich des Hauses, der 'Gynaikonitis', können wir die bürgerliche Frau noch am ehesten kennenlernen[14].

Du wirst im Hause bleiben müssen[15]

Athenische Frauen treten in der Öffentlichkeit nicht auf oder sollten es zumindest nicht tun. Selbst ein so nüchterner Mann wie der Historiker Herodot (um 484–425 v. Chr.) sieht die Welt auf den Kopf gestellt, wenn er berichtet, daß in Ägypten die Frauen auf den Markt gehen und Handel treiben, während die Männer zu Hause sitzen und weben[16].

Geht dagegen in Griechenland eine Frau auf den Markt, so gilt dies als unschicklich, oder sie ist aus purer Not dazu gezwungen, denn: „Wie kann man den Frauen der Armen das Ausgehen verbieten ... Die Armen müssen ja ihre Frauen und Kinder in Ermangelung von Sklaven als Diener verwenden“[17].

Folgerichtig kann dann auch der Vorwurf, arbeitende Frauen in der Familie zu haben, dazu benutzt werden, einen Gegner moralisch zu diskreditieren. Es ist mehr als nur Spott, wenn man in der Antike dem Tragödiendichter Euripides wider besseres Wissen nachsagte, seine Mutter habe auf dem Markt Gemüse verkauft, seine Familie sei also nicht in der Lage gewesen, einer Frau ein standesgemäßes Leben zu gewährleisten, sie sei 'Lumpenpack'[18].

Die Beschränkung der Frau auf die Frauengemächer bedeutet nun freilich nicht, daß die Frau im Hause eingesperrt war. Selbstverständlich konnte sie das Haus verlassen, aber nur, um sich dorthin zu begeben, wo Frauen wiederum das Recht hatten, sich aufzuhalten, also auf einen Schwatz zur Nachbarin, einen Gang zum Tempel oder zu einem der speziellen Frauenfeste.

Abb. 80 Viele Vasenbilder zeigen uns wasserholende Frauen am Brunnen; fast immer sind hier Frauen unter sich dargestellt. Da diese Brunnen aber öffentlich zugänglich waren, waren sie 'kein Platz für eine anständige Frau'; bei den Frauen am Brunnen handelt es sich also um Sklavinnen oder arme Frauen. Die Brunnen wirkten freilich bis in die Frauengemächer hinein, denn zugleich mit dem gefüllten Wasserkrug wurde von hier auch der neueste Klatsch ins Haus getragen.

Sage mir, Frau, weswegen ich dich eigentlich genommen habe[19]

Die Heirat war wichtig für den Fortbestand der Familie, für den Ahnenkult und um für den Staat vollwertige Bürger (Krieger) zu schaffen.

Entscheidende Gesichtspunkte bei der Brautwahl waren der gesellschaftliche Stand der Familie und die Vermögensverhältnisse der Brauteltern. Gesetzlich geregelt war, daß nur eine Ehe zwischen attischen Vollbürgern legitim war, nur deren Kinder wieder legitime Vollbürger

Abb. 80 Die Wartezeit am Brunnen nutzen die Mädchen und Frauen zum Plaudern. Hydria (Wasserkrug), um 530 v. Chr.

werden konnten. Die rechtsgültige Ehe setzte die feierliche Absprache zwischen dem Bräutigam und den männlichen Rechtsvertretern der Braut voraus. Bestandteil des Ehevertrages war auch die Festsetzung der Mitgift. Sollte die Ehe später einmal geschieden werden, mußte der Ehemann die Frau mit ihrer Aussteuer wieder in ihre alte Familie entlassen. Bei unvermögenden, aber um den Staat verdienten Bürgern konnte die Mitgift auf Staatskosten erfolgen. Es handelt sich dabei allerdings nicht um eine frühe Form der 'Sozialgesetzgebung'; vielmehr sollte damit verhindert werden, daß die Zahl der bürgerlich gültigen Ehen aus finanziellen Gründen zu stark absank; man wollte einer eventuell drohenden 'Überfremdung' vorgreifen.

Die Töchter wurden möglichst jung verheiratet. Je nach der Geschlechtsreife konnte dies bereits mit 12 oder 13 Jahren erfolgen, meist scheint man aber doch bis zum 15. oder 16. Lebensjahr gewartet zu haben: „Vier Jahre blühe das Weib und mache im fünften die Hochzeit."[20] Männer konnten wohl mit 18 Jahren heiraten, scheinen dies in der Regel aber doch erst wesentlich später getan zu haben: „Weder den dreißig zu fern ... noch weit darüber hinaus: dies ist die Zeit der Vermählung."[21]

Der klassische Heiratsmonat war nicht unser Wonnemonat Mai, sondern der siebte Monat des attischen Jahres (Januar–Februar), der den bezeichnenden Namen Gamelion (von gamos 'Hochzeit') trug. In diesem Monat fand in Athen das Gamelienfest statt in Erinnerung an die eheliche Verbindung von Zeus und Hera. Der ganze Monat war Hera als der Schutzgöttin der Frauen und der Ehe heilig.

Die wichtigste Formalität (nach dem vorausgegangenen mündlichen Ehevertrag) bestand in der Bekanntgabe der Heirat durch die Väter der Brautleute an ihre Phratrien, die politisch-religiösen 'Bruderschaften', für die es keine moderne Entsprechung gibt. Am nächsten kommt es der heutigen standesamtlichen Eheschließung.

Für die Auflösung des Zusammenlebens gab es vornehmlich drei Gründe:

- Wenn die Frau das Haus ihres Mannes verließ mit der Absicht, es nie wieder zu betreten;
- wenn der Mann seine Frau in ihr Elternhaus zurückschickte (Kinder bleiben in beiden Fällen beim Vater, nur zu dessen Familie gehören sie!);
- wenn der Vater oder eine andere vom Gesetz ermächtigte Person die Frau zwang, sich von ihrem gegenwärtigen Gatten zu trennen. Das war zumeist bei einer Erbtochter der Fall. Hier kam es oft zu Prozessen. Das Gericht sprach die Frau demjenigen Anwärter zu, der ihr nächster Verwandter war (also auch dem Onkel). Der Vater konnte seine Tochter freilich schützen, wenn er den Schwiegersohn und/oder die Enkelsöhne adoptierte.

Abb. 81 Die Braut wird vom Bräutigam in sein Elternhaus gebracht. Seine Mutter begrüßt in der Tür mit Fackeln in den Händen die „neue Tochter". Lekythos (Salbölgefäß) des Amasis-Malers.

Abb. 82 Am Tage nach der Hochzeit werden der Neuvermählten die Geschenke überreicht. Lebes Gamikos (Hochzeitskessel).

Die Kammer der Braut und Hochzeitslieder zu rüsten ...[22]

Am Tag vor der Hochzeit nahmen die Brautleute in ihrem Haus ein Läuterungsbad vor; in Athen holte man das Wasser für dieses Bad aus der Kallirhoe-Quelle (der 'Schönfließenden'). Um das Wasser aus der Quelle zu schöpfen, bediente man sich ganz bestimmter Gefäße, der sogenannten Loutrophoren ('Badwassertragebehälter'). Wie wichtig die Sitte dieses Reinigungsbades war, wird daran deutlich, daß man vielfach Frauen oder Männern, die vor der Eheschließung starben, solche Gefäße auf das Grab stellte, sie beim Grabmonument in Stein nachahmte oder auf Reliefs darstellte. *Abb. 96*

Ebenfalls am Vortag der Hochzeit weihte die Braut als Abschied von der Kindheit der Göttin Artemis ihr früheres Spielzeug wie Ball oder Puppen oder andere liebgewordene Requisiten wie ein Haarnetz oder eine kleine Handpauke. Sie weiht es „als Jungfrau der Jungfrau“[23]. Unter den Schutzgottheiten der Ehe wie Hera, Demeter, Zeus und Apollon nimmt Artemis eine Sonderstellung ein: Sie ist zugleich jungfräuliche Göttin wie auch Schutzgöttin der Gebärenden.

Am Hochzeitstag fand im Elternhaus der Braut das Hochzeitsmahl statt, bei dem – entgegen den normalen Gepflogenheiten – diesmal auch die Frauen der Familien teilnahmen. Beim Dunkelwerden wurde die Frau aus dem laubgeschmückten Haus vom Bräutigam mit dem

Brautwagen heimgeholt; ihr Gesicht war dabei von einem Schleier verhüllt. Dem Hochzeitswagen folgte der Geleitzug der Verwandten und Gäste; die Brautmutter trug dabei Fackeln. Mit Fackeln erwartete sie
Abb. 81 auch die Mutter des Bräutigams vor „ihrem" neuen Haus. Man streute der jungen Braut Nüsse, getrocknete Feigen und Süßigkeiten auf das Haupt zum Zeichen, daß sie nun zu der neuen Familie gehörte[24]. Zu den Empfehlungen des Gesetzgebers Solon (um 640–560 v. Chr.) zählte dann noch der Rat an die junge Braut, ehe sie mit dem Bräutigam zu Bette ginge, eine Quitte zu verzehren, damit Zunge und Stimme süß und harmonisch seien[25].

Danach betrat das neuvermählte Paar das Brautgemach, wo die Braut ihren Schleier ablegte. Das Ablegen des Schleiers ist die eigentliche Hochzeitsgeste, die oft auf Vasenbildern und Reliefs zu sehen ist.

In den folgenden Tagen trafen die Geschenke für die Braut ein, und
Abb. 82 erst dann begann der eigentliche Festschmaus. Prunk und Üppigkeit des Festmahls waren abhängig vom Vermögen der Familie. Da hier – wie auch beim Grabzeremoniell – offenbar oft über die Verhältnisse gewirtschaftet wurde, hat der Staat als Gesetzgeber in Abständen immer wieder versucht, den Luxus einzudämmen.

Nichts Besseres als ein treffliches Weib [26]

Auf ihre neue Rolle als Frau des Hauses mußte das Mädchen bereits im Elternhaus wenigstens vorbereitet worden sein: „Nichts Besseres kann ja der Mann sich wahrlich erbeuten als ein treffliches Weib."[26] Bei den in der Regel sehr jungen Ehefrauen bleibt den Männern jedoch auch noch eine 'Erziehungsaufgabe'. In der 'Hauswirtschaftslehre' des Schriftstellers Xenophon (430–355 v. Chr.) erläutert der Gutsherr Ischomachos dies am Beispiel seiner jungen Ehefrau, die er als noch nicht Fünfzehnjährige geheiratet hatte:

„Wie konnte ich sie schon verständig bekommen ... da sie noch nicht 15 Jahre alt war, als sie in mein Haus kam, und die vorherige Zeit in sehr großer Einschränkung gelebt hatte, wobei sie sehr wenig gesehen, sehr wenig gehört und sehr wenig erfahren hatte?" [27]

Als die junge Frau sein Haus betrat, verstand sie sich darauf, Kleidungsstücke herzustellen, hatte gesehen, wie man Dienerinnen die Arbeit zuweist und war auch im Bereich der Küche recht gut unterwiesen. Freilich reicht das nicht aus, und der junge Ehemann erläutert seiner Frau ihre zukünftigen Pflichten:

„Deine Pflicht ist es, zu Hause zu bleiben und die Sklaven, die außerhalb des Hauses zu tun haben, hinauszuschicken. Diejenigen aber, die

im Haus zu tun haben, mußt du beaufsichtigen; das, was ins Haus gebracht wird, mußt du in Empfang nehmen; du mußt das, was sogleich gebraucht wird, verteilen, mußt einschätzen, was als Vorrat gebraucht werden soll, und darauf achten, daß nicht der Vorrat für ein ganzes Jahr schon in einem einzigen Monat verbraucht wird. Wenn man Wolle bringt, mußt du darauf achten, daß alle diejenigen Kleider (davon) bekommen, die es brauchen, und du mußt ferner darauf achten, daß die getrockneten Nahrungsmittel ordentlich zubereitet werden.

Eine freilich von deinen künftigen Aufgaben wird dir vielleicht nicht erfreulich erscheinen: du mußt nämlich, wenn jemand im Hause krank geworden ist, dich darum kümmern, daß man ihn pflegt.“ [28]

Es sind also drei Eckpfeiler, die als Aufgabenbereiche der Frau im Haus angesprochen werden: die Wollverarbeitung, die Wirtschaftsführung, die Krankenpflege. Zwei Bereiche, die in der Neuzeit wesentlich zum „Frauenbild“ gehören, fehlen in dieser Liste: das Kochen und die Kindererziehung.

Was die Kindererziehung betrifft, so kann die Frau hier natürlich ohne die Erfahrung und Klugheit des Mannes nicht selbständig wirken:

„Sollten uns nun die Götter einst Kinder schenken, so wollen wir zusammen beraten, wie wir ihnen die beste Erziehung geben können … denn diese müssen unsere Gehilfen und besten Pfleger im Alter werden.“ [29]

Damit ist klar, daß es sich hierbei um die männlichen Kinder handelt, da die Töchter nach der Heirat ja zu anderen Familien gehören.

Was das Kochen angeht, so ist dies von Ischomachos bei Xenophon nicht etwa vergessen worden, sondern es gehörte vielmehr nicht zu den Aufgaben der Frau. So wie bereits das Einkaufen auf dem Markt von Sklaven ausgeführt wurde, so wurde auch das eigentliche Kochen von Sklaven oder eigenen Köchen vorgenommen[30]. Der Frau fiel nur die Überwachung zu; sie hatte dafür zu sorgen, daß das Essen pünktlich auf dem Tisch stand; beim hellenistischen Dichter Theokrit verabschiedet sich eine Frau nach einem Schwätzchen von ihrer Freundin:

„Doch es ist Zeit, daß ich geh. Mein Mann erwartet das Essen. Bös ist er immer, und hungert ihn erst, dann bleib ihm vom Leib.“ [31]

Der Erziehungskanon des attischen Mädchens im Elternhaus war also eng begrenzt: Wollarbeit, Wirtschaftsführung und – sicher nur oberflächlich – Grundzüge der Krankenpflege. Bildung im antiken Sinn, also Unterricht in Lesen, Schreiben, Rhetorik, Philosophie, Musik und Sport, erhielten nur die Knaben. Um so erstaunlicher ist es, daß es in der Antike doch immer wieder gebildete Frauen gab. In Böotien erinnerte man

Abb. 83 Ein musikalischer Wettstreit zwischen Sappho und Alkais. Kalathosartiges Gefäß des Brygos-Malers.

sich an die Dichterin Korinna (spätes 6./frühes 5. Jahrhundert v. Chr.), von der selbst Pindar gelernt haben soll; Argos rühmte sich der Dichterin Telesilla, einer Zeitgenossin der Korinna; am bekanntesten ist zweifellos Sappho aus Mytilene auf der Insel Lesbos (2. Hälfte des 6. Jahrhunderts v. Chr.), die einen Kreis von Frauen und Mädchen vornehmer Familien um sich scharte, die sie in Musik und Poesie anleitete. Und zur gleichen Zeit soll in dem unteritalischen Kroton der Philosoph Pythagoras von Samos eine eigene Schule gegründet haben, die auch Frauen aufnahm. Die griechische Welt war damals von sog. Tyrannen beherrscht. War das Zeitalter der Tyrannis der Selbstentfaltung der Frau günstiger als die folgenden Demokratien?

Abb. 84 Musische Betätigung im Haus. Hydria.

Am Gastmahl der Sieben Weisen, das Periander, der Tyrann von Korinth (um 590–550 v. Chr.), veranstaltet haben soll, nahmen in der Schilderung des Plutarch wie selbstverständlich auch Frauen teil: Melissa, die Frau des Gastgebers, und Eumetis (oder Kleobuline), die Tochter eines der Weisen[32].

Aus der Zeit des Klassischen Griechenlands ist uns dagegen nur eine Frau als gleichwertige Teilnehmerin an Männergelagen bekannt: Aspasia, die Lebensgefährtin des Perikles, des gleichen Perikles, der den Ausspruch geprägt haben soll: „Der beste Ruf, den eine Frau haben kann, ist, wenn unter den Menschen überhaupt nicht über sie gesprochen wird, weder im Guten noch im Schlechten." Über seine Aspasia freilich wurde viel geredet, sie war Zielscheibe des Komödienspotts. Andererseits war in Athen auch ihre Klugheit in aller Munde. Aspasia stammte aus Milet, besaß also nicht das attische Bürgerrecht und konnte daher auch keine rechtsgültige Ehe mit Perikles eingehen.

Abb. 85 Mutter mit Kind. Hydria, um 420/410 v. Chr.

Wenn uns die Götter einst Kinder schenken [33]

Das wichtigste Ereignis im Leben der verheirateten Frau war die Geburt eines Knaben. Der Knabe wurde einige Tage nach der Geburt vom Vater feierlich um den Hausaltar getragen und damit als legitim anerkannt und in den Familienverband aufgenommen; danach erfolgte die Eintragung in die Bürgerliste. Beides entfiel bei der Geburt eines Mädchens. Ein Olivenkranz schmückte die Haustür bei der Geburt eines Knaben, ein Wollband oder ein Wollkranz bei der Geburt eines Mädchens. Am 10. Tag nach der Geburt treffen sich die Familienangehörigen zur Feier der Namensgebung ('Tauffest'); zugleich findet die Reinigung der Frau und des Hauses von der 'Befleckung' durch die Geburt statt.

Eine wichtige Rolle bei der Kinderbetreuung und Kindererziehung spielte neben der Mutter die Amme. Die Beziehung zwischen der Amme und den Kindern dürfte oft enger gewesen sein als zwischen den Kindern und der Mutter. Eine wichtige, oft verhängnisvolle Rolle spielt die Amme dann vielfach später bei den heranwachsenden Mädchen in Liebesaffären. Die Amme wird hier nahezu zum literarischen Topos. Vielleicht war dies einer der Gründe, warum die wohlhabenden Athener Ammen aus Sparta bevorzugten, denn diese galten als besonders streng. *Abb. 86, 87*

Bis zum sechsten Lebensjahr wurden in Athen Jungen und Mädchen gemeinsam erzogen. Danach wurden die Mädchen von der Mutter oder der Amme mit den Pflichten des Haushalts vertraut gemacht. Für die Knaben begann nun die 'Schule', das heißt, sie wurden zu Lehrern geschickt, die sie ausbilden sollten. Auf dem Weg von und zu den Lehrern wurden sie von älteren Sklaven begleitet, die als 'Knabengeleiter', als 'Pädagogen', bezeichnet wurden. Der antike 'Pädagoge' unterrichtete also nicht. *Abb. 88*

Besorge nun deine Geschäfte, Spindel und Webstuhl[34]

Die wohl wichtigste Arbeit einer freien Frau im Hause war die Wollarbeit; zugleich mußte die Frau den Spinnerinnen und Weberinnen ihr tägliches Arbeitspensum zuweisen und ihnen das Material zuteilen: „Treib die Mägde zum Fleiß bei der zugewiesenen Arbeit", fordert Telemach seine Mutter Penelope auf[35].

In der Frühzeit wurden die Kleidungsstoffe für die Familie durchweg im Hause selbst angefertigt, später bei wachsendem Luxus wurden eigene Werkstätten erforderlich, manche Stoffarten konnten nur aus speziellen auswärtigen Produktionszentren besorgt werden (z.B. die feinen, hauchdünnen Gewänder aus Kos).

Die zum Spinnen vorbereitete, gewaschene und gekämmte Wolle wurde auf einen Spinnrocken gesteckt und die ausgezogene Faser verdrillt. Man konnte die Wolle bzw. die Faser aber auch über dem nackten Oberschenkel oder der aufgerauhten Oberfläche spezieller Geräte, die man auf den Oberschenkel legte[36], vorspinnen. Die fertigen Wollknäuel bewahrte man in einem Weidenkorb auf. *Abb. 89–91*

Die Arbeit am breiten aufrechtstehenden Webstuhl wurde im Hin- und Hergehen ausgeführt. Die Kettfäden wurden durch Webgewichte straffgehalten. Buntweberei war schon früh bekannt; dabei waren Kette und Schuß von verschiedener Farbe. *Abb. 92, 93*

Solche gewebten Prachtgewänder wurden oft auch Götterbildern geweiht. Am bekanntesten in diesem Zusammenhang ist das alle vier Jahre wiederkehrende Fest der Athena in Athen. Für das altertümliche

Abb. 86 Die alte Amme herzt den Säugling. Terrakotta, um 325/300 v. Chr.

Abb. 87 Amme mit Kleinkind. Terrakotta, um 325/300 v. Chr. ▷

Standbild der Athena auf der Akropolis fertigten junge Mädchen ein prächtiges Gewand, in das sie Bilder der Männer hineinwebten, die besondere Taten vollbracht hatten. Sicher nicht allen Mädchen und sicher nicht immer war dieses Weben eine reine Freude:

„Ich kann dir, süße Mutter,
nicht den Webfaden aufziehn.
Die schlanke Venus quält mich
mit Verlangen nach dem Knaben ... "[37]

Was gibt es Besseres für Sterbliche als sich Freuden zu gönnen?[38]

Große Feste konnten die Eintönigkeit des Alltags durchbrechen; bei einigen davon handelt es sich um reine Frauenfeste.

Im Spätherbst (Oktober/November), zur Zeit der Herbst- und Winteraussaat, fanden die Thesmophorien zu Ehren der Fruchtbarkeitsgöttin-

Abb. 89 Mädchen mit Spinnrocken. Oinochoe (Weinkanne), um 490/480 v. Chr.

nen Demeter und Kore statt. Es war ein großes rituelles Fest, an dem nur verheiratete Frauen teilnehmen konnten. Männer und Hetären waren davon ausgeschlossen.

Ein anderes wichtiges Fest war die im Februar/März stattfindende Dionysosfeier. Auch hier feierten die Frauen unter sich. Wie beim Weingott Dionysos nicht anders zu erwarten, sind Rausch und Ekstase charakteristisch für dieses Fest. Zahlreiche Vasenbilder zeigen die Frauen trunken vor Freude und im Taumel der Begeisterung den Tanz der Mänaden im Zuge des Dionysos nacherlebend. *Abb. 94*

... und begruben dich weinend [39]

Ein gänzlich andersgearteter Anlaß, der es Frauen erlaubte, in der Öffentlichkeit zu erscheinen, lag bei Todesfällen in der Familie vor. Bereits

◁ *Abb. 88 Der Pädagoge begleitet den Knaben zum Schulunterricht und trägt dessen Lyra. Amphora, um 460 v. Chr.*

Abb. 90 Die Wolle im Korb wird über den nackten Oberschenkel verdrillt. Schaleninnenbild des Douris.

Abb. 92 Buntweberei am senkrechten Webstuhl. Skyphos (Trinkgefäß) des Penelope-Malers.

in mykenischer Zeit hatte die Frau hier schon die Aufgabe, die Totenklage anzustimmen. Im modernen Griechenland ist die eigentliche Totenklage auch heute noch Aufgabe der Frauen.

War im Haus jemand gestorben, so richteten die nächsten Verwandten, d.h. vor allem die Frauen, die Verstorbenen für die feierliche Aufbahrung her. Sie hatten die Aufgabe, den Leichnam zu waschen, mit Öl

◁ *Abb. 91 Zur Schonung der Haut wird das Epinetron aufgelegt, dessen Oberfläche (hier Schuppenmuster) aufgerauht ist. Die bildliche Darstellung zeigt eine Hochzeitsszene. Epinetron des Eretria-Malers, um 420 v. Chr.*

Abb. 93 Arbeit am Webstuhl. Lekythos des Amasis-Malers, um 540 v. Chr.

zu reinigen, mit dem weißen Totengewand zu bekleiden, ihn mit dem *Abb. 95, 96* Leichentuch zu umwickeln, ihn mit Schmuck und Wertgegenständen auszustatten. Neben die Bahre stellte man Gefäße mit Salböl, vor die Tür des Hauses Weihwassergefäße. Zugleich mit dem Klagegeschrei zerkratzte man sich die Wangen, schlug sich die Brust, löste das Haar auf oder schnitt es sich aus Trauer ab.

In Athen erfolgte die Bestattung einen Tag nach der Aufbahrung. Am dritten Tag nach der Beisetzung beginnt der Totenkult. Am Tage des *Abb. 97* Jahresgedächtnisses kamen Angehörige und Freunde zum Grab und brachten Spenden und Opfergaben. Zum Zeichen besonderer Trauer konnte man am Grabe wiederum abgeschnittenes Haar niederlegen, so wie es etwa Elektra, ihre Schwester Chrysothemis und ihr Bruder Orest am Grabe ihres erschlagenen Vaters Agamemnon taten[40].

Abb. 94 Tanz der Mänaden um den Dionysospfeiler und Altar. Außenbild einer Schale.

Mit kostbarem Öl und Königsbalsam den schmiegsamen Leib gesalbt[41]

Körperpflege und Kosmetik spielten auch im Leben der antiken Frau eine bedeutende Rolle. Schon auf antiken Vasenbildern des 6. Jahrhunderts v. Chr. sind des öfteren Brunnen- oder Badehäuser dargestellt, in denen Frauen sich gemeinsam waschen, baden oder auch schwimmen. *Abb. 99* Die Vasenmaler treffen meist keine Unterscheidung zwischen einem reinen Brunnenhaus, zu dem man nur zum Wasserholen ging, und einer Brunnenhausanlage, die auch zum Baden benutzt werden konnte. Über das genaue Aussehen und auch die Organisation des Badebetriebes in dieser Zeit wissen wir zu wenig. Nur soviel scheint sicher, daß bis in die Kaiserzeit hinein in diesen Frauenabteilungen der Bäder vornehmlich Frauen der ärmeren Schicht, Hetären und Sklavinnen badeten. Normalerweise aber wusch man sich im eigenen Haus in einer flachen Stein-

Abb. 95 Totentrauer um eine junge Frau. Loutrophoros, um 470/460 v. Chr.

◁

Abb. 96 Loutrophoros mit Darstellung der Trauer um einen Jüngling. Kleophrades-Maler, um 480/470 v. Chr.

Abb. 97 Opfergaben am Grab. Lekythos.

oder Tonschale auf hohem Fuß. Auch diesen höchst intimen Vorgang
Abb. 98–100 haben die Vasenmaler gerne dargestellt.

Neben dem Baden kam dann dem Einölen des Körpers bei Männern und Frauen große Bedeutung zu. Die Salbgefäße (Alabastra), in denen man das Öl für den täglichen Bedarf aufbewahrte, hatten ovale oder kugelförmige Gestalt. In fast allen Gräbern von Männern und Frauen fanden sich unter den Grabbeigaben auch solche kleinen Salbgefäße.

Die Salböle konnten mit Duftstoffen versetzt werden, die dann mit dem Öl zusammen in die Poren der Haut eindrangen. Es ist also anders als bei dem heutigen Parfüm, das Aroma und Alkohol enthält, der leicht verfliegt und den Duft zurückläßt.

'Ihre' spezielle Duftmischung des Salböls war zweifellos eines der bestgehüteten Geheimnisse der antiken Frau, zumal man ja eine erotische Wirkung erzielen wollte. Aber offensichtlich haben in der Antike

Abb. 98 Vorbereitung zum Waschen. Schaleninnenbild des Onesimos-Malers.

▽ *Abb. 99 Frauen im Schwimmbad. Links träufelt eine Frau Öl aus einem Aryballos zur Körperpflege nach dem Bad. Bauchamphora des Andokides-Malers.*

Abb. 100 Körperpflege zu Hause am Becken. Stamnos (Weinbehälter), Gruppe des Polygnot, um 435 v. Chr.

auch Männer sich solcher aphrodisischer Salböle bedient, damit die „Weiber ganz von Sinnen kämen“[42].

Zu den weiteren Toilettengeheimnissen der griechischen Frau gehörte natürlich auch die Schminke; man kannte darüber hinaus eine Vielzahl von kleinen Kunstgriffen, um körperliche Mängel zu verbergen:

„Wenn eine klein an Gestalt ist, füttert man die Schuhe mit Kork aus; ist sie groß, gibt man ihr dünne Sohlen, und beim Gehen senkt sie den Kopf auf die Schultern. Eine dritte hat dünne Hüften; diesen Fehler gleicht man durch Wülste aus. Eine vierte ist beleibt; ihren Körper schnürt man mit Stäben und Binden ein. Hat eine feuerrote Augen-

brauen, so färbt man sie mit Kienruß schwarz. Ist sie von brauner Hautfarbe, so streicht man Bleiweiß darauf. Eine zu Blasse reibt man mit Karminrot ein. Sticht ein einzelner Körperteil durch Schönheit hervor, so wird er absichtlich entblößt. Diese besitzt schöne Zähne, deshalb lacht sie früh bis spät.“ [43]

Die diversen Gerätschaften auf dem Toilettentisch einer griechischen Frau wie die Spiegel, blanke Metallscheiben, feine Schmucktruhen, kleine Ölfläschchen, Dosen, Pyxiden und Glasflakons waren nicht nur eine Wonne fürs Auge, sondern enthielten Salben, Öle, Schminkfarben und teilweise wohl auch Haarersatz.

Der biedere Ehemann sah es freilich nicht gerne, wenn seine Frau sich so herausputzte. Auch der mehrfach oben schon zitierte jungverheiratete Ischomachos hat offenbar seine artige junge Frau beim Schminken ertappt, sonst wäre seine Rede an sie kaum zu verstehen:

„Glaube ja nicht, daß mir dein rot und weißgeschminktes Gesicht lieber ist als dein natürliches; denn wie die Götter es eingerichtet haben, daß Pferde den Pferden, Ochsen den Kühen und Schafe den Schafen am besten gefallen (– man hört deutlich den Gutsbesitzer! –), *so glauben auch die Menschen, daß ein natürlicher Menschenkörper ihnen am besten gefällt. Solcher (Schmink-)Betrug könnte allenfalls Fremde täuschen ..., Leute aber, die immer miteinander umgehen, müssen notwendig ertappt werden, wenn sie sich gegenseitig zu betrügen versuchen. Denn wenn sie aus dem Bett aufstehen, werden sie entweder angetroffen, ohne sich geschminkt zu haben, oder der Schweiß verrät sie und Tränen entlarven es auch ...“* [44]

Um eine solche Entlarvung geht es auch in der Rede eines anderen Ehemannes an eine Hetäre:

„Unsere Ehefrauen sind nicht so mit Bleiweiß geschminkt wie ihr und haben ihre Wangen nicht mit Maulbeersaft gefärbt. Wenn ihr im Sommer ausgeht, so laufen von den Augen zwei schwarze Wasserstriemen herab, und der Schweiß gräbt von den Wangen bis zum Nacken hinunter eine mennigrote Furche; die Haare, die über das Gesicht flattern, erscheinen grau, so voller Bleiweiß sind sie.“ [45]

Natürlich darf man aber auch nicht in das andere Extrem verfallen:

„wie die Frau, welche, um nicht in den Ruf zu kommen, sie gebrauchte kostbare Salben am Haupt, sich nicht einmal mit Öl salbt, und wie die Frau, die, damit man nicht glaube, daß sie ihr Gesicht schminke, sich gar nicht wäscht.“ [46]

Abb. 101 Goldenes Halsband aus Nymphaeum, Grab IV.

Entlarvungen von Toilettenkünsten können natürlich auch von Rivalinnen vorgenommen werden. Bei dem Dichter Alkiphron schmäht eine sitzengelassene Hetäre über eine Kollegin:

„Was mußt Du aushalten, wenn Du mit jener Kröte schläfst! Was die Person nur für einen Teint hat – der reine Zinnober! Und was für eine mächtige Perücke das Fräulein Braut trägt! Man sieht sofort, daß es nicht die eigenen Haare sind. Und wie stark sie sich schminkt! ... Und die Füße! Unförmige Plattfüße. Pfui, wie grauenhaft muß es sein, jene zu umarmen. Dabei der widerliche Mundgeruch, den sie hat ...“ [47]

Ebenso wie heute spielte auch damals der Schmuck eine ganz wichtige Rolle im Leben der Frau. Kaum eine Griechin dürfte Plutarch darin zugestimmt haben, daß der schönste Schmuck der Frau, ihre größte Zier „nicht Gold, nicht Edelstein noch Purpur“ ist, sondern „Bescheidenheit und Schamhaftigkeit“[48]. Und Plutarch ist sich auch ganz sicher:

„Die meisten Frauen bleiben zu Hause, wenn man ihnen die goldenen Schuhe, Armspangen, Kniebänder, Purpur und Perlen nimmt.“ [49]

Viel freundlicher als eine Ehefrau ist die Hetäre [50]

Da hatte man sie nun, die tugendhafte, sittsame Frau der griechischen Klassik, die sich nicht schminkt oder schmückt, die brav zu Hause bleibt, ihre Lebensweise dem Mann anpaßt, in der Öffentlichkeit nicht redet, sich dem Manne unterwirft, deren Schlafgemach eine Schule der Sittsamkeit ist, die keine eigenen Freunde oder Götter hat, keine eigenen Passionen besitzt[51]. Allenfalls ein wenig häusliche Weiterbildung war gestattet, doch unterscheidet sich die Begründung von der heutiger Pädagogen:

„Ein Weib, welches die Geometrie erlernt, wird sich schämen zu tanzen; wenn sie von den Schriften des Platon und des Xenophon bezaubert ist, wird sie sich nicht mehr mit Zauberei oder Hexerei befassen."[52]

Da hatte man sie nun also, diese Musterfrau, und es war klar, daß *diese* Frau dem griechischen Manne dann doch zu wenig war. Sehr schnell fand man daher den Weg zur 'Arbeitsteilung'. Dem Redner Demosthenes wird ein Ausspruch zugeschrieben, der dies deutlich beschreibt:

„Hetären hält man sich zum Vergnügen, Nebenfrauen für die täglichen Bedürfnisse, die Ehefrauen zur Erzeugung ehelich anerkannter Kinder und als treue Verwalterin unseres Besitzes."[53]

Die Grenze zwischen der Hetäre und der Nebenfrau (der Pallake) dürfte in der Antike fließend gewesen sein. Beides waren Frauen, die all das durften, an denen man all das schätzte, was der Ehefrau untersagt war. Doch zum Ausgleich dafür hatte die Ehefrau ja den Rechtsstatus. Neben Hetäre und Pallake gab es dann auch noch die regelrechte Hure, die Porne. Man empfand diese Aufteilung in Griechenland offenbar nicht nur als praktisch, man hielt sie sogar für ausgesprochen moralisch. Die vielleicht kurioseste Rechtfertigung des Dirnentums, die jemals geäußert wurde, findet sich bei dem Schriftsteller, Philosophen und Apollonpriester Plutarch, der die Ehefrauen dringend ermahnt, doch dankbar dafür zu sein, wenn der Ehemann sich mit Dirnen einläßt:

„Wenn nun ein Privatmann, der in der Lust sich nicht mäßigen und beherrschen kann, sich einmal mit einer Dirne oder Magd vergeht, so soll seine Frau darüber nicht zürnen und unwillig sein, sondern bedenken, daß er aus Scham vor ihr seine Trunkenheit, Geilheit und Übermut an einer anderen ausgelassen hat."[54]

Der Gang zu den Dirnen geschieht also nur aus Hochachtung und Verehrung für die eigene Ehefrau, ist quasi ein Opfer, das der Mann seiner tugendhaften Frau bringt. Nun, für die griechischen Männer war dies zweifellos das fröhlichste und unterhaltsamste Opfer, ein Opfer, das man seiner Frau auch gar nicht oft genug bringen konnte.

Abb. 102 Die Schale des Brygos-Malers zeigt ein Symposium. Hetären sorgen für die musikalische und anderweitige Unterhaltung.

Achtung vor der Tugend der Frau war es dann wohl auch, was dazu führte, daß bei den Männergelagen, den Symposien, die eigenen Frauen ausgeschlossen waren und man an ihrer Stelle als Opferlämmer die Hetären einlud. Wir besitzen zahllose Vasendarstellungen solcher Gelage unter Teilnahme von Hetären. *Abb. 102, 103*

Das Wort 'Hetäre' ist schon bei Homer belegt, hat in dieser frühen Zeit aber noch nicht die negative Bedeutung; dort besagt es lediglich 'die Gefährtin', so ist bei Homer die Göttin 'Zwietracht' die Gefährtin und Schwester des Kriegsgottes Ares, nicht aber seine Konkubine[55]. Es war offenbar den Athenern vorbehalten, aus der neutralen Kampf- und Stammesgefährtin allmählich die erotische Gespielin zu machen. Im klassischen Athen ist die Rolle der Hetäre ganz eindeutig von ihren außerehelichen Qualitäten bestimmt. Diese können sehr vielschichtig sein. Die Hetäre kann gebildete Freundin, aber ebenso auch reines Freudenmädchen sein. Sie konnte musische Künste beherrschen, Akrobatin sein oder auch bloß Inhaberin eines weiblichen Körpers. Es gab ein Hetärenproletariat, vornehmlich in den Hafenvierteln, und Hetären, die wie Königinnen Hof hielten.

Überwiegend stammen die Hetären aus dem Kreis der Personen, die nicht das volle Bürgerrecht besaßen, also ohnehin keine rechtsgültige Ehe schließen konnten. Man hat daraus den Schluß gezogen, daß die Hetäre prinzipiell nicht ebenbürtig sei und keine rechtsgültige Ehe hätte schließen dürfen. Doch haben wir keinen Beleg dafür, daß die Ausübung der Hetärentätigkeit automatisch die Aberkennung der Bürger-

Abb. 103 „Gastfreie Mädchen ... auf lieblichem Lager." Kalpis (Hydrienform) des Dikaios-Malers.

rechte nach sich gezogen hätte. Anders mag sich das beim Beruf der Porne, der Hure, verhalten haben.

Im Unterschied zur bürgerlichen Ehefrau war die Hetäre ihres eigenen Glückes Schmiedin. Eine Hetäre, die den sozialen Aufstieg schaffen wollte, mußte daher eine möglichst perfekte und vielseitige Ausbildung absolvieren, sonst drohte ihr die Gefahr, in den Kaschemmen des Piräus alt und grau zu werden.

Die antike Literatur berichtet mancherlei über Hetären und das Hetärenwesen; Schriftsteller wie Lukian und Alkiphron haben Sammlungen fiktiver Hetärengespräche oder -briefe verfaßt. Aber eines, was wir gern wissen möchten, verraten uns all die Quellen nicht, sie lassen es allenfalls erahnen: Gab es so etwas wie eine Berufsgenossenschaft der Hetären, einen Schutzverband für junge, unerfahrene oder frisch verführte Mädchen? Oder mußte sich das Mädchen, das den Beruf der Hetäre ergreifen wollte oder sollte, an eine altgediente Hetäre anschließen, die sie in die Feinheiten ihrer Arbeit und die Kundschaft einwies? Denn in den seltensten Fällen werden es die eigenen Mütter gewesen sein, die ihre Töchter auf den Weg der Hetäre leiteten, wie es bei Lukian Krobyle für ihre Tochter Korinna tut, nachdem sie diese das erste Mal mit einem Freier verkuppelt hat:

„Krobyle: Kind, du brauchst weiter nichts, als mit jungen Herren umzugehen, mit ihnen zu schmausen und für ihr bares Geld bei ihnen auf dem Sofa zu liegen.
Korinna: Wie die Tochter der Daphnis, die Lyra?
Krobyle: So ungefähr.
Korinna: Aber die ist ja eine Hetäre?
Krobyle: ... Mach es wie sie, so wirst Du auch so reich werden wie sie und viele Liebhaber bekommen. Was weinst Du, Korinna? ...“[56]

Und dann folgen Tröstungen, neue Ermahnungen und erste Einführungen, wie sich eine Erfolgshetäre in der Gesellschaft zu bewegen habe. Das fiktive Gespräch bei Lukian ist noch in einer anderen Hinsicht erhellend für einen möglichen Berufseinstieg. Korinna, die ja gerade erst von ihrer Mutter für eine Mine Geldes verkuppelt war, ist entsetzt bei der Vorstellung, den Beruf einer Hetäre zu ergreifen. Sie hat ihn aber bereits ergriffen, ohne es gemerkt zu haben.

Hetären mit fortune konnten es in der Antike weit bringen. Eine der bekanntesten unter den Erfolgshetären ist Phryne, Geliebte und Modell des Bildhauers Praxiteles. Recht schnell erwarb sie hinreichendes Vermögen, um sich zunächst von ihrer Kupplerin loszukaufen, dann aber auch ein immenses Vermögen anzusammeln. Trotz des Makels der fehlenden Eherechtlichkeit war Phryne äußerst selbstbewußt. Als Alexan-

Abb. 104 Flötist und Tänzerin. Schaleninnenbild des Epiktetos

▽ *Abb. 105 Flötenspielende Hetäre. Attischer Psykter (Weinkühler), um 500 v. Chr.*

der die Stadt Theben zerstört und ihre Mauern geschleift hatte, bot sie der Stadt an, auf eigene Kosten die zerstörten Mauern wieder aufzubauen. Freilich knüpfte sie daran eine kleine Bedingung: Man müsse ihren Namen an der neuen Stadtmauer anbringen. Man muß Phryne in Theben vor ihrer großen Karriere wohl einmal bös mitgespielt haben, anders ist diese süffisante Rache nicht zu verstehen. Und natürlich nahm die Stadt das Angebot nicht an.

Gelegentlich sind uns bei Hetären auch die Preise überliefert. So erhielt Phryne einmal zwei Goldstatere, ein anderes Mal eine Mine (wie obige Korinna bei ihrem ersten Freier), das sind 100 Drachmen. Zum Vergleich: Ein gelernter Handwerker verdiente pro Tag 2 Drachmen, ein ungelernter Arbeiter eine Drachme.

Spricht man von griechischen Hetären, so darf letztlich eine Sondergruppe nicht unerwähnt bleiben, die Hierodulen, gewissermaßen die wahren Priesterinnen der Liebe. Bei den Hierodulen handelt es sich um Hetären im Dienste eines Aphrodite-Tempels, um Tempelprostituierte. Am bekanntesten sind vielleicht die sogenannten Mädchen von Korinth, die Hierodulen im Tempel der Aphrodite Melaina. In diesem Tempel waren zeitweilig über tausend Mädchen damit beschäftigt, das Vermögen des Tempels und des Heiligtums durch körperliche Dienste nach Kräften zu vermehren.

Die Sitte der Tempelprostitution stammt aus dem Orient. Wie man ihre Einführung in Griechenland begründet hat, wissen wir nicht. Es ist nicht auszuschließen, daß hier Frömmigkeit und Geschäftssinn eine harmonische Ehe eingingen. Korinth war eine bedeutende Hafenstadt und hatte folglich großen Bedarf an Prostituierten. Wenn der Tempel sozusagen diesen Gewerbezweig übernahm, so hatte er auf der einen Seite den materiellen Gewinn davon, die Kunden auf der anderen Seite aber auch die Gewißheit, daß die Mädchen dieses Tempels finanziell ehrlich waren und mit Sicherheit auch ärztlicher Kontrolle teilhaftig wurden. Und so mag dann auch noch das Heiligtum des Heilgottes Asklepios in Korinth Nutzen aus dieser Sache gezogen haben.

Die Tempelmädchen waren freilich mehr als bloße 'Betthäschen'; ihre schon beruflich enge Beziehung zur Liebesgöttin Aphrodite maß auch ihrem Wort bei dieser Göttin besondere Bedeutung bei. So schickte man, als die Perser Griechenland bedrohten, eben diese Tempelmädchen um Fürsprache in den Tempel der Aphrodite (Anfang des 5. Jahrhunderts v. Chr.)[57].

Und ehrenvoll war es, wenn man dem Tempel 'frisches Blut' zuführte. Von einem Privatmann namens Xenophon (464 v. Chr.) hören wir, daß er aus Dank für einen olympischen Sieg der korinthischen Aphrodite 100 Mädchen als Hierodulen in ihren Tempel weihte. Eine rühmliche Tat, die der Dichter Pindar in einer Ode verherrlicht:

„Gastfreie Mädchen, Dienerinnen der Überredung im reichen Korinth „Mädchen, die in die Pubertät kommen, muß man besonders streng hüten, da sie am Anfang besonders darauf aus sind, ihre Liebesfähigkeit auch zu kosten, und wenn sie nicht davor bewahrt werden, der Entwicklung ihres Körpers vorauszueilen, und nicht gehindert werden am Genuß der Liebe, dann hängt ihnen das bis ins späte Alter nach." [59]

So groß und vielfältig die Unterschiede zwischen der Frau in der griechischen Antike und der Frau in der modernen Gesellschaft sein mögen, in diesem Punkt jedenfalls sind sich Antike und Gegenwart treu geblieben.

... euch hat (Aphrodite) gewährt frei von Vorwurf auf lieblichem Lager üppiger Jugendzeit Früchte zu pflücken."

Und mit direktem Bezug auf den Stifter Xenophon:

„O Herrin von Kypros (Aphrodite), *eine hundertzählige Schar (weide-) lagerbereiter Mädchen hat Xenophon Deinem Heiligtum zugebracht, beglückt (und dankbar) wegen der Erfüllung seiner Wünsche."* [58]

Der Abschnitt über die Hetären soll nicht beendet werden, ohne daß wir hier auch einer mahnend-warnenden Stimme aus der Antike das Wort gäben und das Hetärenproblem nun einmal nicht aus der Situation des lustsuchenden Mannes, sondern mit den besorgten Gefühlen des Vaters betrachten: Im 7. Buch seiner Zoologie, dem Buch zum Kapitel 'Mensch', äußert sich der Philosoph Aristoteles zu unserem Problem:

ANMERKUNGEN

1 Die Antike war sich in diesem Punkt nicht ganz einig. Für Herodot (I 8,3) stand fest: „Mit dem Gewand legt die Frau zugleich die Scham ab", aber Plutarch widerspricht: „Herodot hat Unrecht ... Im Gegenteil, eine kluge Frau legt an Stelle des Gewandes die Scham an." (Plutarch, Ehevorschriften 10 = Moralia 139 C).

2 Ausgewählte Literatur zum Thema Frau in der Antike: Ugo Enrico Paoli, Die Frau im alten Hellas, Bern 1955; Verena Zinserling, Die Frau in Hellas und Rom, Leipzig 1972; Robert Flacelière, Griechenland. Leben und Kultur in klassischer Zeit, Stuttgart ^{2}1979; Helke Kammerer-Grothaus, Frauenleben – Frauenalltag im antiken Griechenland, Berlin 1984; Gisela Wickert-Micknat, Die Frau, Archaeologia Homerica Teil R, Göttingen 1982; W. K. Lacey, Die Familie im antiken Griechenland, Mainz 1983.

3 Das Zitat gibt Aristoteles' Meinung nur inhaltlich wieder. Für die Überlegenheit des männlichen Geschlechtes vgl. etwa Aristoteles, Politik 1254 b 13 (I.II.12): 'das männliche Geschlecht von Natur aus überlegen'; 1259 a 39 (I.V.2): 'von Natur aus zum Herrschen besser geeignet'; 1260 a 9 (I.V.6): 'von der Natur bestimmt: Der Freie herrscht über den Sklaven, der Mann über die Frau'. Die Forderung nach absoluter Unterordnung der Frau findet sich im 3. Buch der Schrift über die Hauswirtschaft (übers. von P. Gohlke 1947, S. 52 = Rose frg. 141); hierfür ist freilich Aristoteles als Autor nicht gesichert, die geäußerte Meinung ist aber ohne Zweifel 'aristotelisch'.

4 Xenophon, Hauswirtschaftslehre (Oikonomikos) VII 11ff.
5 Plutarch, Ehevorschriften 47 = Moralia 145 A.
6 Euripides, Medea 573ff.
7 Euripides, Hippolytos 618ff.
8 Aristoteles, Politik II 9, 3 b (1270 a).
9 Ähnlich in der aristotelischen Schrift über die Hauswirtschaft (vgl. Anm. 3), wo gefordert wird, daß selbst die Mütter sich aus der Heiratspolitik heraushalten sollten und alles dem Vater zu überlassen hätten.
10 Demosthenes, Rede gegen Aphobus I, 4ff. Andererseits finden sich bereits am Ausgang des 6. Jahrhunderts v. Chr. Warnungen an die Männer, lediglich wegen der Mitgift zu heiraten: „Bei Widdern, Eseln und Hengsten bemühen wir uns um edle Zucht und wählen mit Sorgfalt; doch eine schlechte Frau aus schlechtem Haus zu nehmen, das macht einem Mann nichts aus, wenn nur die Mitgift stimmt." (Theognis, Zählung Diehl 183-186).
11 Homer, Ilias 11, 241–245.
12 Für die Mitgift der Frau hätte in der Antike ein ungelernter Arbeiter 15–20 Jahre lang arbeiten müssen, für die Mitgift der 5jährigen Tochter 30–40 Jahre.
13 Plutarch, Ehevorschriften 36 = Moralia 143 B.
14 Die folgenden Ausführungen sind im wesentlichen auf die Situation im Athen der klassischen Zeit bezogen.
15 Xenophon (Anm. 4) VII 35. Ähnlich lautet der Anfang des 3. Buches der aristotelischen Hauswirtschaft (s. Anm. 3 Rose frg. 140, 6).
16 Herodot II 35. Das entspricht allerdings nicht der tatsächlichen Situation im antiken Ägypten, und man kann sich schwer vorstellen, daß diese Aussage wirklich von Herodot stammt, der ja die ägyptischen Bräuche aus eigener Anschauung kannte. Das Bild von den frei sich bewegenden Frauen und den zu Hause webenden Männern ist dagegen ein Topos für Amazonenstaaten. Hier muß der Text verderbt sein.
17 Aristoteles, Politik 4, 15, 4 (1300 a 6).
18 Vgl. Pauly-Wissowa, Real-Encyclopädie d. klass. Altertumswiss. Bd. VI, 1244.
19 Xenophon (Anm. 4) VII 10.
20 Hesiod, Menschliches Schaffen (Erga) 698; vgl. Anm. 21.
21 Hesiod a.a.O. 696ff. Ähnliche Zahlen auch in Platons Staat (Männer 30 Jahre, Frauen 20 Jahre); bei Solon wird für Männer ein Alter von 28–35 Jahren vorgeschlagen. Eine ausführliche Begründung für Heiratsaltervorschläge findet sich in der Politik des Aristoteles (VII 16, 1, 1334 bff.), wo Zeugungsfähigkeit des Mannes, Gebärmöglichkeit der Frau und Altersabstand Eltern – Kinder zum Resultat führen: Heiratsalter für Frauen mit 18 Jahren, für Männer mit 37 Jahren oder etwas darunter.
22 Anthologia Graeca VII 649. Aus einem Grabepigramm der Dichterin Anyte auf eine vor der Eheschließung verstorbene Braut.
23 Anthologia Graeca VI 280.
24 Bräuche dieser Art können von Ort zu Ort variieren. So erhielt etwa in Böotien die Braut einen symbolischen Kranz von Spargeln, weil diese Pflanze aus den rauhesten Stacheln die süßeste Frucht hervorbringe (Plutarch, Ehevorschriften 2 = Moralia 138 D).
25 Plutarch, Ehevorschriften 1 = Moralia 138 D.
26 Hesiod, Menschliches Schaffen (Erga) 702–703.
27 Xenophon (Anm. 4) VII 5.
28 Xenophon (Anm. 4) VII 35ff.
29 Xenophon (Anm. 4) VII 12.
30 Die Wichtigkeit und Beliebtheit von Köchen spiegelt sich besonders deutlich in ihrem häufigen Auftreten in der neuen Komödie; vgl. auch Athenaios, Die gelehrten Gastfreunde (Deipnosophistai) II 274–286; III 302–316; VII 30–50.

31 Theokrit, Die Frauen aus Syrakus beim Adonisfest 147–148.
32 Plutarch, Das Gastmahl der sieben Weisen. Beide Frauen nehmen eine Zeitlang am Gespräch teil und verlassen erst in vorgerückter Stunde die Gesellschaft (Kap. 13 = Moralia 155 E).
33 s. Anm. 29.
34 Homer, Odyssee I 356–57 (Telemach zu seiner Mutter Penelope).
35 Homer, Odyssee I 357–358.
36 Die Spindel, der Spinnrocken ist der antike 'Onos' (eigtl. 'Esel'); die der Oberschenkelform angepaßten Geräte hießen 'Epinetra'.
37 Sappho (Zählung Diehl) 58.
38 Bakchylides (Zählung Snell) Fragmente 20.
39 Kallimachos, Epigramme 14.
40 Sophokles, Elektra 51–52; 448ff.
41 Sappho (Zählung Diehl) 96.
42 Plutarch, Ehevorschriften 44 = Moralia 144 D.
43 Athenaios (Anm. 30) XIII 568 b–c (gekürzt).
44 Xenophon (Anm. 4) X 7–8.
45 Athenaios (Anm. 30) XIII 557f. (nach einer verlorenen Komödie des Euboulos).
46 Plutarch, Ehevorschriften 29 = Moralia 142 A.
47 Alkiphron, Hetärenbriefes 12 (frag. 4).
48 Plutarch, Ehevorschriften 26 = Moralia 141 E.
49 Plutarch, Ehevorschriften 30 = Moralia 142 C.
50 Athenaios (Anm. 30) XIII 559 a (nach einer verlorenen Komödie des Amphis).
51 Sämtliche Forderungen in Plutarch, Ehevorschriften.
52 Plutarch, Ehevorschriften 48 = Moralia 145 E.
53 Athenaios (Anm. 30) XIII 573 b.
54 Plutarch, Ehevorschriften 16 = Moralia 140 B.
55 Homer, Ilias 4, 441.
56 Lukian, Hetärengespräche; Lukian, Werke übers. von Chr. M. Wieland (Ausgabe Berlin/Weimar 1974) II 166.
57 Athenaios (Anm. 30) XIII 573 c–d.
58 Zitiert bei Athenaios (Anm. 30) 573f – 574a.
59 Aristoteles, Tierkunde VII 1 (581 B). Ähnlich auch an anderer Stelle: „Es pflegt Wollüstigkeit bei den Weibern zu erzeugen, wenn sie allzufrüh des Liebesgenusses teihaftig werden.“ Aristoteles, Politik VII 16 (1335 a 20ff.)

Hartmut Döhl

Amazonen
Traumfrauen und Schreckensbilder*

Kaum eine Zeit scheint so verständnisvoll für die Probleme von Frauen gewesen zu sein wie die griechische Klassik. Besonders stark drängt sich dieser Eindruck im literarischen Bereich auf, vor allem beim Drama, wo wir zahlreiche Frauen als Titelheldinnen finden: Hekabe, Medea, Iphigenie, Elektra, Antigone und manch andere. In der Regel handelt es sich dabei um tragische Gestalten, die aber zugleich in psychologischer Hinsicht besonders ausdrucksstark sind. Es sind Frauenschicksale, die sich außerhalb der Alltagsnorm bewegen, Frauen also, die ganz anders als die griechische Hausfrau sind, sozusagen 'alternative' Frauen.

Zu solchen 'alternativen' Frauengestalten und -gestaltungen gehören nun auch die Amazonen und ihre vielleicht berühmteste Vertreterin, Penthesilea. Was bedeutet es, wenn solch gegensätzliche Frauenbilder von den Griechen hochstilisiert werden? Wenn Sympathie und Bewunderung für solche Typen von Frauen geweckt werden, die man im eigenen Hause schwerlich dulden würde? Was bedeutet der Amazonenmythos für den griechischen Mann, der ihn gestaltet?

Die Sage vom kriegerischen Volk der Amazonen bildet einen der beliebtesten Erzählstoffe der Antike, wobei – wie selbstverständlich – in der Regel die Tötung und Vernichtung der Amazonen im Zentrum des Erzählinteresses steht[1].

Als Töchter des Kriegsgottes Ares gelten die Amazonen als überaus kriegstüchtig, kampferprobt und kampfbegierig. Es ist bezeichnend, daß sie sich nur mit den größten Helden der Griechen auseinandersetzen: Herakles, Achill und Theseus[2].

Während über ihr Verhältnis zu Männern in militärischer Hinsicht eigentlich kein Dissens in der Antike bestand – sie sind eindeutig *kriegerische* Gegner –, so war sich die Antike aber uneins darüber, wie es denn nun um ihr Verhältnis zu Männern in *privater* Hinsicht bestellt war. Das in der Ilias mit ihnen verbundene, kennzeichnende Adjektiv *antianeirai* haben bereits die antiken Quellen in den extremen Gegenpolen interpretiert, nämlich entweder als männergleich, ihnen ebenbürtig oder männerfeindlich[3]. Nach Ausweis einiger Autoren hatten Amazonen Männer sogar recht gern, nur – in ihrem Staatswesen war kein Platz für diese Spezies[4].

Abb. 106–108

Abb. 106 Amazonen mit Streitwagen gegen zu Fuß kämpfende Griechen. Zum rechten und linken Bildrand siehe Abb. 127. Schulterbild einer Hydria des Berliner Malers (um 500 v. Chr.).

Wieder andere Autoren vermelden Schockierendes: Im Staate dieser Frauen sei das Kriegführen ein Vorrecht der Frauen; den Männern sei als Arbeit aber Wollespinnen und andere häusliche Tätigkeit zugewiesen, denn die Bestimmung der Männer sei Knechtschaft und Erniedrigung[5]. Als widernatürliche Weiber, die zu Recht aus der menschlichen Natur ausgemerzt seien, werden die Amazonen dann (unter Einfluß des Christentums?) in der Spätantike angeprangert[6].

DIE GEOGRAPHISCHE LAGE DES AMAZONENREICHES

Hinsichtlich der Lokalisierung des Amazonenreiches schwankt die antike Überlieferung. Von den afrikanischen Amazonen braucht in diesem Zusammenhang nicht weiter geredet zu werden; sie sind nach antiker Vorstellung auch zeitlich und inhaltlich zu weit entfernt von den großen heroischen Amazonenkämpfen[7].

Das Reich der Amazonen, mit denen die großen griechischen Helden der pseudohistorischen, heroischen Zeit sich auseinandersetzten, lag im Schwarzmeergebiet. Hier freilich läßt antike Tradition den Amazonenstaat rund um das Schwarze Meer herumwandern. Wir finden die Amazonen bei den Skythen bzw. östlich der skythischen Gebiete (es gibt jedoch auch Verbindungen nach Westen zu Thrakien), bei den Sauromaten, am Kaukasus und – vornehmlich – an der Nordküste der heutigen Türkei zwischen Trapezunt und Sinope; hier habe ihre sagenhafte

Abb. 107 Kantharos des Duris (490/80 v. Chr.).

Abb. 108 Dinos, Gruppe des Polygnot (440/30 v. Chr.).

Abb. 109 Hauptstadt Themiskyra (die gelegentlich aber auch wieder im skythischen Bereich lokalisiert wird) gelegen[8].

Es fällt überhaupt auf, wie sich in dieser geographischen Region bedeutende Frauenschicksale stilisieren und entfalten können, als Beispiel seien nur Helena, Kassandra, Iphigenie in Tauris, Medea in Kolchis und die Frauen von Lemnos genannt. Sehen wir von den afrikanischen Frauenreichen ab, so gibt es wohl kein geographisches Gebiet, wo nach der antiken Mythologie Frauen eine so bedeutende Rolle spielen wie hier an der Grenzschwelle zwischen Europa und Asien. Das mag einen Grund darin haben, daß den Griechen bewußt war, daß sich Frauen in dieser Region freier entfalten konnten als in Griechenland selbst.

Von ihrem Staat im Schwarzmeerbereich aus dringen die Amazonen auf Raubzügen weit nach Süden und Westen vor; südlich gelangen sie nach Lykien, wohl auch nach Arabien und zu den Persern, westlich fallen sie in Europa ein und dringen bis nach Athen vor. All diese kriegerischen Züge unternehmen sie auf dem Landweg. Was Wunder, daß sie *Abb. 110–112* schon früh als Reitervolk par excellence verstanden wurden[9].

SPRECHENDE NAMEN

Zahlreiche Amazonennamen sind uns literarisch oder durch Beischriften *Abb. 113* auf Bildwerken überliefert[10]. Der größte Teil solch benannter Amazonen spielt in den Sagenerzählungen keine Rolle, sie werden zur Ausweitung der Erzählung, zur Bereicherung eingeführt. Es lag also ganz im Ermessen des Sagenerzählers oder des Vasenmalers, welche Namen er den einzelnen Amazonen geben wollte. Aus der Wortbedeutung dieser Namen läßt sich daher ablesen, wie die Amazonen von den Griechen der Frühzeit gesehen wurden. Es fällt dabei auf, daß es sich überwiegend um ehrenvolle Namen handelt, die auf Kampf, Ritterwesen und gehobene gesellschaftliche Stellung hinweisen. Unter den rund 120 erhaltenen Amazonennamen finden wir elfmal eine Zusammensetzung mit *hippos* (Pferd), neunmal eine Zusammensetzung mit *maché* (Kampf); es ist daher wohl kaum ein Zufall, daß in den frühen Bilddokumenten die prominente Gegnerin des Herakles *Andro-mache* (die mit Männern Kämpfende) heißt. Als 'Mann-Töterinnen' bezeichneten die Skythen ihre kriegerischen Frauen[11].

Es fällt ferner bei den Namensbeischriften auf Vasen auch auf, daß wir dort bei den Amazonenkämpfen mehr als doppelt so viele Namen für Amazonen finden, verglichen mit den Namensbeischriften für ihre männlichen (griechischen) Gegner[12]. Das besagt zweierlei: Der beigeschriebene Name sollte erstens verdeutlichen: 'Dies ist eine berühmte

Abb. 109 Kampf um Themiskyra, die Hauptstadt der Amazonen. Die Amazonenkönigin mit gemusterter Mittelbordüre (Mitte rechts). Tyrrhenische Amphora (570/60 v. Chr.).

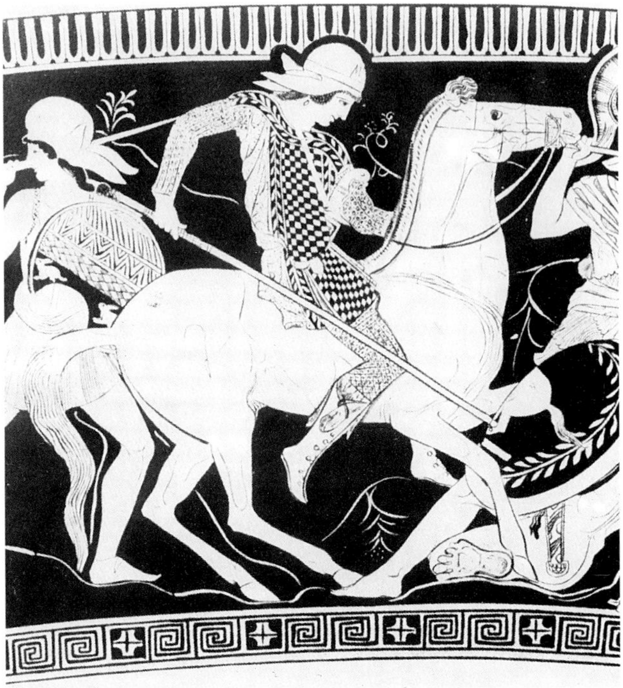

Abb. 110
Aus einem Volutenkrater des Niobiden-Malers (um 455 v. Chr.).

Heldin', er ehrt also die Amazonen; es sollte zweitens aber auch zum Ausdruck bringen, daß der Sieger über eine solche Heldin ebenfalls ein Held sein muß; je mehr namentliche Heldinnen es also gibt, um so größer die Ehre für ihre griechischen Überwinder. Einen namenlosen Helden zu besiegen, das brachte wenig Ruhm!

DIE GROSSEN AMAZONENKÄMPFE

Unsere älteste Quelle, die Ilias, nennt zwei Amazonenkämpfe, die freilich beide nur lose mit den Heroen des griechischen Mutterlandes verbunden sind: einen Kampf, den Priamos gemeinsam mit den Phrygern am Fluß Sangarios gegen angreifende Amazonen geführt hatte, und dann noch einen Kampf, an dem Bellerophon teilgenommen hatte, ausgesandt vom Herrscher Lykiens; bei diesem Kampf erfahren wir weder warum noch wo er sich abspielte[13].

Achill – Penthesilea

Im Zusammenhang mit dem trojanischen Krieg steht der Kampf der Griechen gegen Penthesilea und ihr Gefolge.Verschiedene Gründe werden für den Zug Penthesileas nach Troja angegeben: Entsühnung für Totschlag (ohne Namensnennung des Opfers), Entsühnung für den versehentlichen Totschlag ihrer Schwester und letztlich reine Ruhmsucht der Amazone[14].

Penthesileas Ende vor Troja durch die Hand des Achill ist bekannt, wird von den Griechen aber nicht einheitlich erzählt. Bereits das von Goethe so geschätzte *Gründliche mythologische Lexicon* des Benjamin Hederich (1770) zählt eine Fülle solcher Varianten auf[15]. Ohne chronologische Reihenfolge der Quellen seien hier die wichtigsten angeführt: *Abb. 114*

- Es ist zunächst Penthesilea, die Achill tötet; dieser wird auf Bitten seiner Mutter wieder zum Leben erweckt und tötet nun seinerseits die Amazone;
- nicht Achill hat Penthesilea erschlagen, sondern erst sein Sohn Neoptolemos;
- Achill hat sie mit dem Speer durchbohrt oder verwundet und an den Haaren vom Pferd gerissen. Die Griechen wollen sie, „weil sie mehr getan, als ihrem Geschlechte anstehe"[16], lebendig in den Fluß Skamander werfen oder den Hunden zum Fraß vorwerfen; Achill will dies verhindern, kann sich aber nicht durchsetzen;
- es ist Achill selbst, der sie in den Fluß wirft;
- Achill bestattet die Leiche mit allen Ehren;
- im Augenblick ihres Todes erkennt Achill ihre Schönheit[17], doch es ist zu spät;
- es ist doch nicht zu spät: Achill vergeht sich am Leichnam;
- Penthesilea und Achill haben einen Sohn, den Kaystros.

Die Zusammenstellung macht deutlich, daß kaum eine denkbare Variante des Verhältnisses Achill – Penthesilea in der antiken Literatur ausgelassen wurde. Die Skala reicht vom reinen Heldenkampf bis zur morbidesten Leichenschändung.

Herakles

Zu den berühmten Arbeiten des Herakles gehört auch die Herbeischaffung des Gürtels der Amazonenkönigin. Allein oder mit Gefährten bricht der Held nach Themiskyra am Thermodon zum Kampf gegen die Amazonen auf. Erotische Beziehungen zwischen Herakles und den Amazonen kennt die Antike nicht. Einen Ersatz dafür bietet vielleicht eine bei Herodot überlieferte Sage, die erzählt, daß Herakles auf einer seiner Reisen ins nachmalige Land der Skythen verschlagen wurde; hier

Abb. 111 Kaiserzeitliche Bronzestatuette nach griechischem Vorbild der 2. Hälfte des 4. Jahrhunderts v. Chr. aus Herkulaneum.

zwingt ihn ein Mischwesen (halb Frau, halb Schlange)[18] zu bleiben und Kinder mit ihr zu zeugen. Aus dieser Verbindung entstammen die ersten skythischen Könige. Als Erkennungszeichen läßt Herakles später seinen Bogen und Gürtel zurück[19].

Abb. 112 Umkehrung der Verhältnisse: berittene Griechen gegen zu Fuß kämpfende Amazonen. Außenbild einer attisch schwarzfigurigen Schale (Mitte 6. Jahrhundert v. Chr.).

Beide Sagenversionen lassen sich in ihrer Bedeutung wohl kaum voneinander trennen. Es ist nicht nur der gleiche geographische Bereich, der die Erzählungen verbindet, es ist nicht nur die Begegnung des männlichen griechischen Helden mit der fremdartigen 'Überfrau', es ist auch das Motiv des Gürtels (und Bogens), das hier verbindet. Gürtel (und Bogen) galten später als Kennzeichen der skythischen Könige. Eine solche unmittelbare Bedeutung als Würdesymbol hat der Gürtel im griechischen Bereich nie besessen[20].

Theseus

An die Heraklessage haben sich in der Folge offenbar die Athener angeschlossen, die ihren Stadthelden Theseus mit unter die Gefährten des Herakles einreihen oder ihn auch einen separaten Zug gegen die Amazonen unternehmen lassen. Entweder beim Zuge mit Herakles oder bei seinem eigenen Feldzug gewinnt Theseus sich eine Amazone, die er als Frau nach Athen führt. Er gewinnt diese Amazone als Beutepreis oder mit List oder durch Gewalt oder durch die Macht der Liebe. Der Name dieser Frau wird unterschiedlich angegeben, ihr Ende in Athen unterschiedlich geschildert[21]. *Abb. 116*

Amazonen ziehen gegen Athen

Während es in den oben angeführten Beispielen Griechen waren, die gegen Amazonen in die Fremde zogen, läßt in der nun zu nennenden Version der Mythos Amazonen gegen Griechenland und Athen ziehen.

Abb. 113 Herakles – Andromache (mit gemusterter Mittelbordüre). Aus dem Schulterbild einer tyrrhenischen Amphora (570/60 v. Chr.).

Abb. 114 Achill – Penthesilea. Halsamphora des Exekias (um 530 v. Chr.).

Die Amazonen tun dies
- aus reiner Ruhmsucht,
- um die geraubte Gefährtin zu befreien,
- um die Gefährtin zu bestrafen, weil sie sich durch die Liebe zu einem Mann gegen die Gesetze des Amazonenstaates vergangen hat.

In all diesen Varianten kann die amazonische Frau des Theseus mit ihren in Athen weilenden Gefährtinnen *und* den Athenern *gemeinsam* gegen die angreifenden Amazonen kämpfen[22]. *Abb. 118, 119*

Und letztlich gibt es dann noch die Variante von einem Amazonenaufstand in Athen selbst, der darin begründet war, daß Theseus seiner Amazone überdrüssig wurde (wie ihm dies in seinem Leben ja so oft mit Frauen geschah), als er Phaidra heiraten wollte und seine Amazonenfrau an dieser Vorstellung keinen Geschmack fand.

Die Argonauten

In der Sekundärliteratur wird gelegentlich ein Kampf der Argonauten gegen die Amazonen genannt. Dieser Kampf hat aber nicht stattgefunden, es wird ausdrücklich betont, daß er vermieden werden konnte[23]. Die Argonauten hatten auf ihrem Zuge aber stattdessen ein anderes Abenteuer zu bestehen, das auf den ersten Blick recht 'amazonisch' anmutet.

Bevor sie zu den Dardanellen gelangen, landen sie auf der Insel Lemnos, Thrakien vorgelagert. Auf dieser Insel gab es nur Frauen. Wie die lemnischen Frauen den Griechen erklären, lag dies daran, daß ihre Männer zu viel Geschmack an thrakischen Beutesklavinnen gefunden hatten und darüber ihre eigenen Frauen vernachlässigten; als sie daher wieder einmal einen Beutezug nach Thrakien unternahmen, ließen ihre Frauen sie bei der Rückkehr nicht mehr in die Stadt, und die Männer mußten mitsamt den männlichen Kindern nach Thrakien emigrieren. In Wahrheit freilich – so der antike Erzähler – wurden die Männer von ihren Frauen in einer einzigen Nacht getötet[24]. „Das gesamte Mordgeschlecht mit Dolchen ward es in einer Nacht zu Tod gekitzelt.“[25]

Das entscheidende Motiv dieser Sage ist aber nun nicht amazonische Männerfeindlichkeit, sondern Rache und Vergeltung[26]. Nun fehlen natürlich auf dieser Insel in mancher Hinsicht doch Männer, und so werden die Argonauten zum Verweilen eingeladen und verbleiben dort einige Zeit[27].

Für das zweite hier angeschlagene Motiv, den männerlosen Frauenstaat, der aber doch Männer in gewisser Form benötigt, finden wir wiederum bei Herodot Vergleichbares. Dort handelt es sich um ein männerloses Amazonenheer, das in Skythien einfällt, sich dort mit skythischen Jünglingen verbindet und sich schließlich östlich von Skythien niederläßt[28].

Abb. 115 Waffengemisch bei den Amazonen: Schlangenhautrüstung verbunden mit Panoplie. Volutenkrater des Niobidenmalers (460/50 v. Chr.).

Weder die Frauen von Lemnos noch die in Skythien einfallenden Amazonen sind männerhassend oder streben bewußt einen Staat ohne Männer an. Die Amazonen bei Herodot überreden die skythischen Jünglinge dazu, sich außerhalb ihres Heimatlandes niederzulassen, weil sonst die unterschiedliche Lebensführung bei den Amazonen und den skythischen Frauen zu Konflikten führen würde, denn sie, die Amazonen, verstünden nichts von all der Hausarbeit einer Frau, ihr Metier sei der Kampf[29].

GRÜNDE FÜR DIE BELIEBTHEIT BESTIMMTER SAGENVERSIONEN IM 6. UND 5. JH. V. CHR.

Vor mehr als einhundert Jahren hatte Klügmann bereits darauf hingewiesen, daß sich die drei großen Sagenversionen (Achill, Herakles, Theseus) und die damit verbundenen Helden unterschiedlicher Beliebtheit

Abb. 116
Theseus raubt Antiope. Aus dem Giebel des Apollon-Tempels zu Eretria (510/500 v. Chr.).

Abb. 117 Grieche (Theseus) raubt eine Amazone. Von einer Bauchamphora des Myson (500/490 v. Chr.).

Abb. 118 Amazonen und Griechen kämpfen gemeinsam gegen Amazonen. Tyrrhenische Amphora (um 550 v. Chr.).

im 6./5. Jh. v. Chr. erfreuten[30]. Für die Frage nach dem 'Frauenbild' der Griechen besagt dies nicht viel, und wir können uns daher auf knappe Angaben beschränken. Die älteren Amazonenkämpfe sind diejenigen des Herakles und des Achill, doch taucht letzterer in der Frühzeit nicht sehr häufig auf. Seit dem letzten Viertel des 6. Jhs. v. Chr. wird dann in verstärktem Maße der Frauenraub des Theseus und der Amazonenkampf in Athen dargestellt, der um die Mitte des 5. Jhs. v. Chr. den alten Heraklesstoff weitgehend ablöst[31]. *Abb. 117*

Dieser Wechsel innerhalb der Grundthematik hängt offenbar mit politischer Propaganda zusammen: Im Jahr 561/60 v. Chr. wird durch Peisistratos in Athen die Tyrannis eingeführt, die erst mit der Ermordung (514) bzw. Vertreibung (510) seiner Söhne ein Ende findet. Diese neue Staatsform der Tyrannis, also die Herrschaft eines Einzelnen über die Gesamtheit, ist ein günstiger Nährboden für intentiöse Mythenverbiegung: Zur Rechtfertigung der Herrschaft eines Einzelnen wird eine überragende Einzelfigur der mythischen Vergangenheit beschworen (Theseus), damit die Überlegenheit des vom Schicksal prädestinierten Einzelherrschers verdeutlicht und zugleich mit der Gestalt dieses einzelnen Heros das Volk stolz auf seine 'Geschichte' gemacht. Die Figur dieses Helden wird jetzt bewußt in Sagenzyklen ganz anderer geographischer Bereiche eingebunden, um so den Anspruch belegen zu können, daß Athen schon früh überall aktiv und entscheidend in die griechische Geschichte eingegriffen hat.

Es kann also nicht überraschen, daß Theseus – früher in den Amazonenkämpfen doch eher unbedeutend – nun als ein oder sogar der Hauptheld in Athen herausgestellt wird. In die Zeit der Tyrannis würde auch eine zweite Veränderung und Erweiterung des Mythos gut passen: die eheliche Verbindung eines männlichen Helden mit einer Amazone, die amazonische Ehegattin in Athen, also die Vorstellung von der Gleichwertigkeit einer Frau auch im Alltag. In der Zeit der Tyrannis konnten Frauen – nicht nur in Athen – größte Achtung erringen[32].

Der Einsatz mythisierender Propaganda findet sich in der Antike des öfteren. In den meisten Fällen bedient man sich aber dieses Mittels, um das jeweils regierende Herrscherhaus auf mythische Geschlechter zurückzuführen und damit einen legitimen Herrschaftsanspruch zu dokumentieren. In Athen verläuft der Prozeß diffiziler: Hier wird ein Heros stilisiert, doch hat er keine lebenden Nachkommen; er wird idealisiert und erhöht, damit der ganze attische Adel in dieser Gestalt Verpflichtung und Leitziel sehen kann. Selbst die politischen Gegner innerhalb der Adelsschicht konnten daher die Aufwertung des Heros problemlos nachvollziehen.

Scheinbar folgerichtig verstärkt sich nach dem Sturz der Tyrannis und mit Beginn des 5. Jahrhunderts v. Chr. in Athen die Theseusthematik,

Abb. 119 Ein Grieche trägt eine verwundete oder tote Amazone aus der Schlacht; Griechen sind demnach hier mit Amazonen verbündet. Hydria der Leagros-Gruppe (510/500 v. Chr.).

doch hat der historische Hintergrund gewechselt: Jetzt liegt der Akzent auf dem siegreichen Kampf von Griechen gegen Orientalen. Die Auseinandersetzung zwischen Griechenland und Persien hinterläßt ihre Spuren. Am Ende des 6. Jahrhunderts v. Chr. beginnen die kleinasiatischen Griechen gegen die Perserherrschaft zu revoltieren. Im frühen 5. Jahrhundert v. Chr. greift die persische Macht nach Griechenland über, bis im Jahre 479 v. Chr. hier die Perser endgültig zurückgeschlagen werden, ein Sieg und eine Leistung, auf die man nicht oft genug hinweisen konnte. Bei der Zurückschlagung der persischen Invasion allerdings war es nicht mehr der 'heldische' Adel, sondern es war das attische Volk, das hier zum Helden wurde. In diesem Kräftemessen stand Orient gegen Griechenland und so bieten sich als mögliche Formeln zur politischen Verdeutlichung einmal der Kampf der Griechen vor Troja an, aber ebenso auch ein griechischer Kampf im Orient, d.h. vor Themiskyra unter Beteiligung oder Anführung des Theseus. Da sich Athen einer führenden Rolle im Kampf gegen die Perser bewußt ist, verdrängt konsequenterweise auch schnell der athenische Held Theseus den unverbindlich allgemein-griechischen Herakles.

In dem Moment, in dem nun Athen immer unverhohlener seinen gesamtgriechischen Führungsanspruch artikuliert, wird auch die Amazonomachie in Athen immer stärker auf Athen bezogen, d.h., der eigentliche Kampf gegen die Barbaren wird zur wesentlich attischen Leistung, das Kampfgeschehen konzentriert sich auf Athen, das letzte Bollwerk gegen den Amazonensturm, dem das restliche Griechenland ohne Athen bereits hilflos ausgeliefert war. Athen stilisiert sich damit zum unangefochtenen alleinigen Kraftzentrum gegen jegliche Gewalt von außen; Athen ist das Herz und der die Waffe führende Arm ganz Griechenlands. Es ist also wenig verwunderlich, daß sich unter Perikles der Amazonenmythos immer stärker auf das Zentrum Athen verlagert. Die attische Demokratie war eine Demokratie für Athener, aber nicht etwa für die Leute auf Samos oder Lemnos. Der Führungsanspruch Athens wird mythologisch durch die Theseustat untermauert. Die bildenden Künstler arbeiten im Dienste des Staates. Unter Perikles entstehen die bedeutsamsten Darstellungen der Amazonomachie, ausgeführt von den bedeutendsten Künstlern der Zeit (Phidias, Polygnot, Mikon), an den wichtigsten Stellen der Stadt (Stoa Poikile, Theseion, Parthenos-Schild), aber auch bereits außerhalb (Olympia, Zeusstatue)[33]. *Abb. 121*

Während in der archaischen Zeit Amazonenkämpfe heroische Duelle darstellen, werden sie unter der attischen Demokratie zu Massenschlachten. Die Gemälde Polygnots und Mikons müssen so ausgesehen haben, einen wirklichen Eindruck überliefern uns heute aber nur noch die Kopien der Amazonomachie am Schild der Athena Parthenos[34]. *Abb. 122*

Der Wechsel vom Zweikampf zur Massenschlacht ist in erster Linie wohl für den Historiker bedeutsam[35]. In unserem Zusammenhang ist lediglich wichtig, daß bei einem Umschwenken der Mythenerzählung von individuellen (heroischen) Zweikämpfen zu anonymen Massenschlachten der Amazonenkampf in der Vorstellung des Volkes so ins Allgemeine abflachen konnte, daß nun gar kein individueller Mythos mehr im Zentrum stand, sondern nur die Vorstellung vom Kampf gegen ein grundsätzlich (griechen-)männerfeindliches Frauenheer. Es ist jetzt nicht mehr die einzelne Heldin-Amazone, sondern es sind Amazonen als Gattung, es sind kämpferische, aus ihrer zugewiesenen Frauenrolle fallende Wesen.

Die Blütezeit der attischen Demokratie, die Zeit unter Perikles (495–429 v. Chr.), scheint, was das Rollenverhältnis der Geschlechter betrifft, nicht gerade frauenfreundlich zu sein. Die Beschwörung eines rollengerechten Verhaltens, das auf naturbegründeter Unterordnung der Frau basiert, findet sich sowohl in den Dramen des Perikles-Freundes Sophokles („Wir müssen einsehn, daß wir Frauen sind, mit Männern uns zu messen, nicht bestimmt“; „Wenn sie sich ungestraft das leisten kann, bin ich kein Mann, denn dann ist sie der Mann“[36]), wie auch in Dramen des

Abb. 120 Sich rüstende Amazonen auf einem Epinetron. Ein antiker Scherz? Das Epinetron ist ein Gerät zum Wollekrempeln, ein Hausfrauengerät typischster Art! Epinetron des Sappho-Malers (Anfang 5. Jahrhundert v. Chr.).

Euripides, doch hier zumeist von einer eher als schwächlich skizzierten Person ausgesprochen.

In einer Gesellschaft, in der eine Frau der elementaren Rechte, frei zu denken, zu bestimmen und zu handeln, beraubt ist, ist dann natürlich eine Frau, die zu den Waffen greift und kämpft wie ein Mann, eine reine Utopie. Es verwundert daher nicht, wenn sich nun – und verstärkt in hellenistischer Zeit – eine Skepsis breit macht, ob es denn wirklich jemals solche kämpfenden Frauen gegeben habe[37].

ZUR HISTORISCHEN WIRKLICHKEIT VON AMAZONEN UND AMAZONENREICHEN

In der neuzeitlichen Literatur hat sich die Vorstellung festgesetzt, daß ein Amazonenreich ein reines Frauenreich sei, eine Art emanzipatorisches Eldorado unter bewußter ideologischer und praktischer Ausgrenzung der Männer. Man muß hier aber doch stärker differenzieren und wenigstens drei Formen unterscheiden: Die extreme Form ist ein reines Frauenreich, in dem es nur Frauen gibt. Daß die Griechen mit dem Bild eines solchen Staates zumindest in ihrer Vorstellung gespielt haben, verdeutlicht die Erzählung von den Frauen von Lemnos (vgl. S. 235). Ein solches Gemeinwesen aber ist über einen längeren Zeitraum hin nicht lebensfähig. Ein entsprechender Staat ist reine Fiktion.

Anders verhält es sich mit einem von Frauen beherrschten Reich, einem Staat, in dem Männer und Frauen leben, aber die Führung aus-

Abb. 121 Kampf um Athen. Rekonstruktion des Schildes der Athena Parthenos des Phidias (um 440 v. Chr.).

schließlich in der Hand der Frauen liegt. Eine solche Situation beschreibt Diodor für Nordafrika, wo es in sagenhafter Vorzeit „mehrere Geschlechter von streitbaren Frauen“ gegeben habe; ganz im Nordwesten Afrikas habe nun einst ein Volk gelebt, das von Frauen beherrscht wurde, wo das Kriegführen Vorrecht der Frauen war, Regierungs- und öffentliche Ämter nur Frauen zukamen; Männer dagegen hatten weder mit Krieg noch Staatsverwaltung zu tun, durften auch nicht öffentlich auftreten und mußten den Befehlen der Gattinnen gehorchen[38]. Das ist eine klare Umkehrung der griechischen Alltagsverhältnisse, eine *verkehrte Welt.* Ob und unter welchen Bedingungen ein solches Reich in der Antike möglich war, soll hier nicht näher überprüft werden.

Wichtiger ist für unseren Fragenkomplex die dritte Form: gemischte Frauen-Männer-Reiche, Staaten also, in denen Frauen wie selbstverständlich männliche Rollen übernehmen konnten, bis hin zu der männlichsten aller Rollen, dem Kriegshandwerk, wo sie gleichwertig, ungebärdig, ungestüm 'wie Männer' (*antianeirai*) agieren. Die Entstehung eines solchen Staates beschreibt Herodot: Ein Teil der von den Griechen bei dem kleinasiatischen Thermodon besiegten Amazonen wird nach Skythien verschlagen; dort verbinden sich die Amazonen mit skythischen Jünglingen. Die Verbindung war um so problemloser, als sowohl Skythen wie Amazonen nichts weiter als Waffen und Pferde hatten und von nichts anderem lebten als von Jagd und Raub. Sie siedeln sich nordöstlich von Skythien an und wurden später Sauromaten genannt. Seit jener Zeit leben die Sauromatenfrauen wie die Männer, sie reiten zur Jagd mit und ohne Männer, ziehen in den Krieg und tragen die gleiche Kleidung wie die Männer[39].

Was Herodot hier für die Sauromaten beschreibt, findet sich in vielen nomadisierenden Gesellschaften wieder: Sie fordern von den Frauen männergleiche Leistungen und bieten dafür männergleiche Rechte. Es sind die städtischen Kulturen, die den Frauen ihr Recht auf den engen Bereich des Hauses zurechtschneiden. Die Existenz solch amazonischer

Abb. 122 Vom Heroenduell zur Massenschlacht. Bauchlekythos des Aison (um 420 v. Chr.). Vgl. auch Abb. 113 u. 114 mit 121.

Abb. 123 Waffengemisch bei den Amazonen: ganz links Schlangenhautrüstung und phrygische Kappe. Die Gefallene in der Mitte in griechischer Panoplie ebenso wie die Doppelgegnerinnen des Herakles; ganz rechts Schlangenhautrüstung und korinthischer Helm. Volutenkrater des Euphronios (um 510 v. Chr.).

Frauen war den Griechen zweifellos aus eigener Anschauung bekannt. Es ist kaum zufällig, daß sie die Amazonenreiche in nomadischen Regionen ansiedeln. Eine frühe kriegerische Auseinandersetzung von Griechen mit 'Amazonen' ist also durchaus denkbar, doch ist sie deswegen auch historisch? Hat die Sage einen geschichtlichen Kern? Welche Vorstellungen hatten die Griechen überhaupt von diesem Amazonenreich? War es für sie das gemischte Frauen-Männer-Reich oder das ideologische Frauenreich? Man möchte doch eher an letzteres denken, denn schon bei Homer sind es reine Frauenheere, mit denen gekämpft wird. Das Amazonenheer wird von einer Königin gelenkt, es sind Frauen, die beraten und Recht sprechen.

Wenn wir versuchen, einen historischen Kern der Amazonensage zu ermitteln, so stehen uns im Griechischen drei unterschiedliche Quellenbereiche zur Verfügung:
- die schriftlichen Zeugnisse,
- die bildlichen Zeugnisse,
- die monumentale Hinterlassenschaft.

Die schriftlichen Zeugnisse sind am wenigsten ergiebig. Es sind vor allem attische Redner, die immer wieder den Topos der historischen Existenz des Amazonenstaates strapazieren; die Gefährlichkeit der Amazonen soll dabei den Ruhm und die Bedeutung Athens unterstreichen[40].

Die bildlichen Zeugnisse, d.h. in unserem Zusammenhang die Vasen des 6. und 5. Jhs. v. Chr., sind merkwürdig uneinheitlich[41]. Es sind dabei

Abb. 124 Amazonenkampf in Athen. Volutenkrater des Niobiden-Malers (um 450 v. Chr.).

nun gerade die älteren Vasen, die uns am erzählfreudigsten über antiquarische Details aufklären; nur auf den frühen Vasen finden wir z.B. den schweren Rock mit breiter, reich verzierter Mittelbordüre als Kennzeichen der Königin. Von der Frühzeit bis tief ins 5. Jh. v. Chr. hinein findet sich bei Amazonen auf ein und demselben Monument oft ein
Abb. 115, 123, 124 reichhaltiges Waffengemisch: Amazonen in klassischer Panoplie – also der Rüstung des griechischen Kriegers – stehen neben Amazonen in orientalischer Tracht oder, allerdings erst in späterer Zeit zunehmend, in leichter Bekleidung mit leichter Bewaffnung. Es handelt sich – in kriegerischer Hinsicht – um ein äußerst buntgemischtes Volk. Wohl unter dem Einfluß der attischen Massenschlachtdarstellungen verschwinden gegen Ende des 5. Jhs. v. Chr. die unterschiedlichen Ausrüstungen und seit
Abb. 125, 126 etwa 400 v. Chr. gibt es dann in der bildenden Kunst einen einheitlichen Amazonentyp: kurzer luftiger Chiton, der eine Brust freiläßt; leichte Bewaffnung mit Streitaxt, Bogen und Speer. Damit stehen wir zugleich an einem markanten Wendepunkt eines sachlich verstandenen Amazonenbildes. Davon wird weiter unten zu sprechen sein.

Insgesamt sind aber auch die bildlichen Zeugnisse für unsere Frage viel zu spät, denn ein möglicher Amazonenkampf kann ja nur in der Zeit während des (auch nicht erwiesenen) trojanischen Krieges bzw. ein bis zwei Generationen davor stattgefunden haben.

Abb. 125 Neuzeitliche (?) Bronzestatuette in Anlehnung an Statuen des Phidias und Polyklet (um 440 v. Chr.). ▷

Abb. 126
Aus dem Fries des Mausoleums von Halikarnassos (um 350 v. Chr.).

Am ehesten lassen sich vielleicht noch der dritten Quellengruppe Folgerungen entnehmen: der monumentalen Hinterlassenschaft. Die meisten Denkmäler freilich sind kaum präzise zu datieren, doch dürften einige von ihnen in Zeiträume zurückreichen, die vor dem Einsetzen unserer bildlichen und schriftlichen Quellen liegen, somit also unsere ältesten Zeugnisse für Amazonen darstellen. Daß viele Städte, besonders im westlichen Kleinasien, in ihren Gründungslegenden Amazonen zu den Gründern der Stadt oder eines wichtigen städtischen Kultes zählen, ist bekannt[42]. Solche Gründungslegenden sind jedoch ein höchst fragwürdiges archäologisches Instrumentarium.

Entscheidender sind die – zumindest in der Antike sichtbar gewesenen – Monumente. Deren muß es überaus viele gegeben haben. Allein im 27. Kapitel von Plutarchs Theseusvita finden sich für Athen selbst aufgezählt: Gräber gefallener Amazonen, eine Grabstele für ein solches

Grab; es gab dort ein Amazoneion[43]. Man zeigte sich in der Altstadt am Areopag die Stelle, wo einst die Amazonen ihr Heerlager aufgeschlagen hatten. Es ist vielleicht kein Zufall, daß in unmittelbarer Nähe der Amazonenstele ein Heiligtum der olympischen Ge sich befand, also das Heiligtum einer offenbar auf prähistorische Kulte zurückreichenden Muttergottheit. Weiter listet Plutarch Amazonengräber in Chalkis auf; auch dort gab es ein Amazoneion; Amazonengräber nennt er ferner für Megara, Chaironeae und im Gebiet von Skotussa und Kynoskephalai in Thessalien[44].

Im Unterschied zu den schriftlichen und bildlichen Zeugnissen zu den Amazonen sind die Monumente dieser Gruppe bis heute nicht systematisch zusammengetragen oder untersucht worden[45]. Vorderhand lassen sich – grob gesagt – zwei unterschiedliche Typen trennen: Monumente des Kults – hier müßte im Einzelfall nach eventueller Kontinuität bis in prähistorische Zeit zurück gefragt werden – und Örtlichkeiten, die der antike Volksmund mit Amazonen in Verbindung brachte. Hier wäre zu fragen, wie weit man noch Spuren alter 'oral poetry' erkennen kann.

Ich kann solchen Fragen an dieser Stelle nicht nachgehen. Festgehalten sei aber, daß man auf Grund der Tatsache, daß der antike Volksmund bestimmte Örtlichkeiten konkret mit Amazonen verband, folgern muß, daß zumindest im einfachen Volk der Gedanke an eine Historizität von Amazonen durch den ganzen Zeitraum der Antike latent blieb.

DAS FRAUENBILD: DIE AMAZONEN ALS WEIBLICHE WESEN

Wir müssen zu der Frage nach der Frauenvorstellung zurückkehren, die sich bei den Griechen mit der Amazonenfigur verband. Drei unterschiedliche Wertungen kennen wir aus der antiken Literatur:

- Amazonen sind Helden, die *darüber hinaus* weiblich sind[46],
- es sind kriegerische Frauen, die deutlich weiblich sind und damit zum erotischen Objekt werden *können*,
- es handelt sich um *widernatürliche* Frauen, die gegenüber einem von der Natur vorgegebenen Rollenverhältnis freveln.

Belege für die letzte Meinung sind zeitlich spät und wohl erst in der Auseinandersetzung mit dem Christentum ausgeformt worden. Die *widernatürliche* Frau braucht uns in unserem zeitlichen Zusammenhang nicht weiter zu interessieren, wohl aber der Gegensatz zwischen der 'Heldin' und dem koketten, krieg-spielenden Mädchen. Betrachtet man den Bildbestand der Amazonendarstellungen, so wird schnell deutlich, daß das 6. Jh. v. Chr. – und auch noch weitgehend des 5. Jh. v. Chr. – überwiegend die tapfere Kriegerin meint.

Abb. 127 Die seitlichen Szenen zu Abb. 106: rechts siegreicher Grieche, links siegreiche Amazone.

Greifen wir den Herakleskampf heraus. Das eigentliche Kampfende schildern die Vasenbilder unterschiedlich:

Herakles packt die Gegnerin am Helmbusch, sie ist in die Knie gebrochen und blickt zu ihm auf; er packt sie an der Schulter, und sie wendet sich zur Flucht; er durchbohrt sie mit dem Speer, und sie sinkt nach hinten zurück; er zieht sie am Helmbusch vornüber und droht ihr mit dem Schwert den Kopf abzuschlagen; sie hat sich bereits zur Flucht *Abb. 113* gewendet, doch er reißt sie am Arm zurück. Ein Thema mit zahlreichen Variationsmöglichkeiten.

Bei aller Unterschiedlichkeit in der Gruppierung der Antagonisten gibt es ein verbindendes Element: von vornherein ist die Amazone die Unterlegene, ist Herakles der Superheld, für den der Sieg vorbestimmt ist; eine Gleichwertigkeit der Gegner besteht nicht. Dies hat aber nichts mit dem Gegensatz männlich – weiblich zu tun. Auf wen auch immer Herakles in seinem abenteuerlichen Leben stößt, stets ist er der Unüberwindliche. Er ist der Superheld unter den Superhelden der Griechen (bis auf seine Episode bei Omphale)[47]. Nichts und niemand kann diesem Herakles widerstehen, sei es nun ein Krieger, ein Monstrum oder eine kriegerische Frau. Herakles ist – aus griechischer Sicht – schlechthin ein Symbol der Überlegenheit.

Wir müssen bei der Frage nach der griechischen Wertschätzung der Amazonen daher unseren Blickwinkel erweitern. Hier kommt uns nun die griechische Militärgeschichte ein wenig entgegen. Erst um 700 v. Chr. formiert sich in Griechenland so etwas wie ein geschlossener Kampfverband, die Hoplitenphalanx. Dagegen trägt das Kampfgesche-

Abb. 128
Seitenbilder von
Abb. 113.

hen bei Homer und auch auf den Vasen der früharchaischen Zeit in starkem Maße noch heroischen Zweikampfcharakter, es ist der Kampf einzelner Helden gegeneinander, modern gesprochen ein wenig Samurai, ein wenig Wildwest.

So finden wir denn auch auf den Vasen des 6. Jhs. v. Chr. Amazonenkämpfe in der Regel aufgesplittert in Zweikampfdarstellungen, allenfalls noch in Zweikämpfe über der Leiche eines Gefallenen. Bei der Frage nach der Beurteilung dieser kriegerischen Frauen durch die Griechen der Frühzeit tun wir also gut daran, unser Augenmerk nicht auf die unvermeidliche Charakterisierung von Sieger und Unterlegenem im Erzählzentrum (Herakles – Heldin) zu richten, sondern auf das Randgeschehen zu lenken, wo Alltagsvertreter der einzelnen Gattungen (männlicher Krieger, weiblicher Krieger) gegeneinander kämpfen. Und da läßt sich für die Frühzeit bis hin zur Mitte des 5. Jhs. v. Chr. doch eine ganze Anzahl von Denkmälern anführen, wo Männer und Frauen in gleicher Weise auch einmal als Sieger, als Überlegener gekennzeichnet sind. Es ist Heldenepos, das hier erzählt wird, und es wirkt teilweise eher zufällig, daß einer der beiden Kontrahenten dabei weiblich ist. Siegreiche Amazonen finden sich auch noch in den Massenkämpfen seit 400 v. Chr., dienen dann aber eher zur Variation des Themas. Bei den älteren Darstellungen mit Polarisierung weniger Zweikampfgruppen kommt dem Sieger ganz andere Bedeutung, ganz anderes Gewicht zu.

Abb. 127, 128

Wenn es im 6./5. Jh. v. Chr. gelegentlich schwerfallen kann, bei den kämpfenden Kriegern das Geschlecht anzugeben, so kehrt sich dies mit Phidias vollständig um: Jetzt ist es oft schwer, bei den locker geschürzten Mädchen auszumachen, daß es sich um wehrhafte Kriegerinnen handelt.

Abb. 129 Achill – Penthesilea als erzählerisches Zentrum einer Amazonenschlacht. Römisches Sarkophagrelief.

Abb. 130 Kulminationspunkte eines Penthesilea-Epos. Hellenistischer Reliefbecher (2. Hälfte des 2. Jahrhunderts v. Chr.).

Jede der Amazonendarstellungen seit der Phidiaszeit spricht darüber hinaus klar gegen einen Glauben der Griechen an die bei ihnen schriftlich überlieferte Etymologie des Amazonennamens: a-mazon (brustlos)[48]. Man darf in diesen anatomisch vollständig wiedergegebenen weiblichen Amazonenkörpern nun aber wohl auch keinen besonders hochstehenden griechischen Schönheitssinn erkennen wollen. In gesprochener oder geschriebener Form mag die Vorstellung einer verstümmelten Frauenbrust vielleicht pikant erscheinen, in der bildlichen Realität stört es die erotische Note, die das Amazonenbild seit Phidias eindeutig hat.

DIE KRIEGERISCHE FRAU ALS EROTISCHES MOTIV

Blicken wir auf die Hauptthelden griechischer Amazonenkämpfe und ihr Verhältnis zu den weiblichen Gegnern, so erhalten wir zunächst drei unterschiedliche Aussagen:

1. Herakles

Herakles ist nur Kämpfer. Es gibt keine Spur von Erotik, woran sich bis zur Spätantike nichts ändert.

2. Theseus

Theseus gewinnt oder raubt eine Amazone. Die Athener des späteren 6. Jhs. v. Chr. gefielen sich offenbar darin, ihren Lokalhelden die Amazone rauben zu lassen. Theseus heiratet sie und hat mit ihr einen Sohn.

Das einzige 'erotische' Motiv an der Geschichte ist der Frauenraub. Frauenraub gehörte aber nun offenbar in dieser Zeit zum besseren Handwerk der Elite. Helena wurde gleich mehrfach geraubt; in Rom werden in der Frühzeit die Sabinerinnen geraubt; der griechische Mythos ist im übrigen voll von Erzählungen geraubter Frauen[49]. Frauenraub – mit erotischem Motiv – finden wir in jüngster Zeit noch in der Türkei; Frauenraub als Ritual – mit verschüttetem erotischem Motiv – bei Hochzeitsbräuchen in Deutschland.

Der Frauenraub der frühen griechischen Helden hat – ähnlich wie der Frauenraub in nordischen Sagen – nicht unbedingt und immer einen erotischen Hintergrund. Oft geht es lediglich darum, sich in den Besitz der/einer Frau zu setzen. Es ist reiner Diebstahl, das Sich-in-den-Besitz-setzen von Gegenständen, die einem nicht gehören, sei dies nun ein Pferd, eine Viehherde oder eine Frau. So erfahren wir im Falle von Theseus auch nichts über eine vorausgegangene erotische Beziehung zwischen ihm und der geraubten Amazone; sie ist Kriegsbeute. Zwar heiratet Theseus seine Amazone, doch über ein intensives Gefühlsleben der beiden schweigen sich die Quellen aus.

3. Achill

Achill bleibt somit der einzige Held unter den Helden der Frühzeit, der noch als Kandidat für erotische Beziehungen zwischen männlichen und weiblichen Kriegern in Betracht kommt. Und er ist es ja auch, bei dem wir so sehr daran gewöhnt sind, eine sentimentale Beziehung zwischen den feindlichen Partnern zu sehen, mag sie sich nun in der brutalen Version wie bei Kleist äußern[50] oder eher in der tragischen eines Helden, der zu spät erkennt, daß er liebt, was er gerade getötet hat. Achill ist – zugegebenermaßen – ein unglücklicher Fall. Das betrifft nicht nur sein eigenes Schicksal, das betrifft auch seine wissenschaftliche Rezeption. Die Tatsache, daß ein Amazonenkampf des Achill bereits in homerischer Zeit überliefert ist, und die so einprägsame tragische Liebesgeschichte des zu spät gekommenen Helden, die vor allem in römischer Zeit betont wurde, hat die Forschung dazu verführt, beide Elemente als ursprünglichen Teil *einer* Geschichte anzusehen. Achill, als Mythenversion gleich alt mit Herakles und älter als Theseus, wäre damit der Kronzeuge gegen die hier vorgetragene Sicht der Amazonen im 6./5. Jh. v. Chr.

Abb. 129

Ich kann und will mich nicht in eine philologische Diskussion einschalten. Was mich aber an einer zeitlich so früh angesetzten Liebesbeziehung Achill – Penthesilea stört, ist einmal, daß er der einzige Amazonenkämpfer ist, für den etwas derartiges berichtet wird (und wir können hier die außergriechischen unerotischen Amazonenkämpfer Bellerophon, Priamos und bedingt Perseus einschließen), zum anderen, daß der tragische Konflikt, der ja durchaus in das 5. Jh. v. Chr. passen würde, durch ein hellenistisches Märchenmotiv begründet wird, durch die Späterkennung. Was Achill hier passiert, ist keine Tragik griechischer Klassik, das ist lediglich Pech. Und dazu kommt, daß das Motiv der Späterkennung von vornherein mit der Vorstellung spielt, daß der Held nicht weiß, daß sein Gegner eine Frau ist. Bei einem Kampf von Griechen gegen ein Amazonenheer war dies jedoch von vornherein klar. Und auch Achill war klar, daß er gegen eine Frau kämpfte; und dies war auch den Griechen des 6./5. Jhs. v. Chr. klar. Die Überraschung für Achill während des Kampfes konnte also nicht sein, daß Penthesilea eine Frau war; die Überraschung konnte nur sein, daß sie eine besondere Persönlichkeit war. Dann müßten wir aber auch ähnliche tragische Überraschungen bei männlichen Kämpfen der Frühzeit erwarten dürfen. So etwas gibt es nicht[51].

Das Epos, das die Geschichte der Penthesilea vor Troja erzählt, ist uns verloren. Von philologischer Seite wird es teilweise mit einer Aithiopis, teilweise mit einer Amazonia in Verbindung gebracht[52]. Bekanntlich endet die Ilias mit der Erzählung vom Begräbnis des Hektor. Der letzte Vers des 24. Buches lautet: „So besorgten diese die Bestattung Hektors, des Pferdebändigers." Unter den erhaltenen Homerscholien gibt es nun eine Variante zu diesem Vers, die lautet: „So besorgten diese die Bestattung Hektors. Eintraf aber die Amazone."

Das ist die unmittelbare Überleitung zum Penthesilea-Mythos, der sich hieran anknüpfend nun folgerichtig entwickeln könnte. Wir können nicht sagen, wie die griechische Archaik oder Klassik diese Stoffe tatsächlich miteinander verbunden hat. Aber wir haben ein Zeugnis aus dem mittleren Hellenismus (2. Jh. v. Chr.), das zumindest eine frühe emotionslose Form des Penthesilea-Mythos widerzuspiegeln scheint: Es sind dies reliefverzierte Becher aus einer Gruppe, die sich mit Vorliebe homerischer Themen bemächtigt[53]. *Abb. 130, 131*

Ähnlich wie in der zitierten Variante des Schlußverses der Ilias verknüpfen die Bilder auf diesen Bechern Ereignisse, die am Ende der Ilias geschildert werden, mit Ereignissen einer folgenden Amazonomachie: Hektor, der einzige echte Garant für Trojas militärische Stärke, ist durch Achills Hand gefallen. Achill hat ihn verhöhnend um die Mauern Trojas geschleift, den Leichnam ins Lager der Griechen gezerrt und weigert sich, ihn den Trojanern zur Bestattung zu überlassen. Priamos macht

A *Trauer in Troja I. Nach Hektors Tod. In der Mitte Hektors Frau Andromache und ihr Sohn Astyanax.* B

C *Trauer in Troja II. Kreusa, die Frau des Aeneas, und ihr Sohn Askanios (?).* D

Abb. 131 Kulminationspunkte eines Penthesilea-Epos. Römischer Sarkophag.

sich nächtens auf, um Achill fußfällig um die Herausgabe des Leichnams zu bitten. Diese Szene ist die Einleitung der Erzählung auf den Bechern. Reduziert auf die Formel des bittflehenden, knienden Priamos ist in einem einzigen Bild zugleich die katastrophale militärische Lage der Trojaner skizziert – ihres mächtigsten Helden beraubt, haben sie den Griechen nichts Gleichwertiges mehr entgegenzusetzen.

Das zweite Bild der Bechererzählung verändert die Situation: Vor dem Grabe Hektors schließt die soeben eingetroffene Amazone Penthesilea per Handschlag mit Priamos ein Bündnis. Nicht zufällig ist das

Ankunft der Penthesilea und Abschluß des Bündnisses mit Priamos.

Rüstung der Amazonen zum Kampf.

Grab Hektors im Hintergrund angegeben. Penthesilea ist der mitlitärische Ersatz für Hektor; sie, die Amazone, verspricht ebenbürtigen Kampf.

Die dritte und letzte Szene weicht von allen älteren griechischen Darstellungen des Mythos ab: Sie schildert den Zweikampf zwischen Achill und Penthesilea, aber in einem Schema, das nicht zu erkennen gibt, wer der Überlegene, wer der Unterlegene ist. Der Gegensatz zum Kampf Herakles – Amazone ist ganz unübersehbar.

Damit endet die Bechererzählung. Gleichwohl war für jeden gebilde-

Abb. 132
Tonschild aus Tiryns (7. Jahrhundert v. Chr.).

ten Griechen der Ausgang der Geschichte klar, ebenso wie ihm auch die Vorgeschichte bewußt war. Es blieb dem Betrachter überlassen, sich das erzählerisch Vorausgehende oder Folgende auszumalen. Der Künstler, der die Bildthemen dieser Becher entworfen hat, hat sich in einer erstaunlichen Weise beschränkt auf wesentlichste Formeln, die den Achill-Penthesilea-Stoff prägnant verdeutlichen: die Notwendigkeit ihres Erscheinens, der Bündnisschluß auf Grund dieser Notwendigkeit, ihr Kampf mit Achill (und per Konnotation ihr Tod durch die Hand des Achill).

Was die Becher des 2. Jhs. v. Chr. uns hier erzählen, ist frühgriechisches Epos reinster Form: Kampfmotivation, Bündnis, Kampf und Tod. Da ist kein Raum für Liebesbeziehungen oder Gefühle; da ist kein Raum für einen Achill, der zu spät erkennt, daß es sich doch eigentlich bei seinem Gegner um ein erotisch anziehendes Wesen handelt, ganz zu schweigen von sexueller Leichenschändung. Da ist auch kein Raum für das Klischee einer Frau, die wider die Natur handelt, wenn sie kämpft wie ein Mann. Hier kämpft ein Held gegen den anderen. Und nichts macht diese Interpretation so eindeutig wie der Vertragsschluß der Amazone mit Priamos vor dem Grabe Hektors.

Abb. 134 Als Kronzeuge für eine Liebesbeziehung zwischen Achill und Penthesilea wird immer wieder eine rotfigurige Schale in München angeführt[54]. Zu einem wahren Höhepunkt sentimentaler, dabei zugleich rollenbewußter Beschreibung hat sich 1914 ein Autor mit folgender Deutung verstiegen:

Abb. 133
Siana-Schale (um 560 v. Chr.).

Abb. 134
Schale des Penthesilea-Malers
(um 460 v. Chr.).

„Etwas ganz neues enthüllt sich in der Penthesileaschale; die Amazone ist nicht mehr kriegerischer *Mensch*, sie ist *Weib* geworden. Im Augenblick des Todes bricht ihre *Weibernatur* durch, *die innerliche Überwindung durch den Mann*. Vorwurfsvoll senkt sich ihr brechender Blick in die Augen des Mannes, der vermeint, das männerfeindliche Wesen getötet zu haben, das sie nun gar nicht mehr ist.“[55]

Die scheinbar innige Gruppierung Achills und der Amazone auf dem Vasenbild, das scheinbare Ineinanderversenken der Blicke sind moderne Deutungen aus der Kenntnis einer hellenistisch-römischen Sagenerweiterung heraus. Und hier spielt in der Tat das Motiv einer zu spät erkannten Liebe eine bedeutsame Rolle, wie die zahlreichen Sarkophagdarstellungen beweisen, aber auch die Statuenkopien nach einer wohl im späten Hellenismus geschaffenen Gruppe[56].

Die Komposition des Innenbildes der Penthesilea-Schale erklärt sich weitgehend aus innerkünstlerischen Problemen der Zeit. Eines dieser Probleme bestand darin, eine Rundkomposition befriedigend auszufüllen. Und – wie mir scheint – ganz zu Recht haben die Gegner einer Lie-
Abb. 133 besdeutung hier auf eine rund hundert Jahre ältere Schale hingewiesen, die eine vergleichbare Komposition zeigt[57]. Es ist das Schalenrund, das die Helden zusammenzwingt, nicht aber die Liebe. Bei der Vase des 6. Jhs. v. Chr. (das ja ohnehin mehr zum 'Heldenepos' neigt) ist der Kampf freilich ausgeglichener, doch besagt dies wenig für die Gesamtinterpretation[58].

Abb. 135 Detail aus Abb. 108.

Die Begegnungen zwischen Griechen und Amazonen in der Frühzeit sind also offenbar noch nicht von Vorstellungen bestimmt, die in der Frau ein erotisches Objekt sehen. Eine entscheidende Veränderung in der Sichtweise setzte in Athen erst im späteren Verlauf des 5. Jhs. v. Chr. ein, also der Blütezeit der attischen Republik unter Perikles. Jetzt werden die Amazonen – in männlicher Sicht – weiblicher, sie entblößen Arme, Schultern, Beine und Busen. Man kann sich des Eindrucks nicht erwehren, daß diese Amazonen unterdrückte Wunschvorstellungen verraten, Traumfrauen, Gegenbilder zu den züchtig im Hause eingeschlossenen, oft fade gewordenen Ehefrauen. Träumen kann man wohl von solchen Amazonen, doch gehören sie keinesfalls ins eigene Haus und den eigenen Alltag.

ANMERKUNGEN

* Der vorliegende Beitrag entspricht im wesentlichen einem ursprünglich für Hildesheim konzipierten Manuskript; auf Grund einer überraschend erfolgten Einladung in die USA konnte der Vortrag dann nicht in Hildesheim gehalten werden. Statt dessen wurde er 1985 zuerst in Bloomington/Indiana gehalten und in einer – auch in der Zielrichtung – veränderten und erweiterten Form auf der Jahrestagung der Heinrich-von-Kleist-Gesellschaft in Berlin.

Danken möchte ich für Kritik, Hilfe und Unterstützung den amerikanischen Freunden und Kollegen, ferner H.J. Kreutzer und seinen Mitarbeitern bei der Kleist-Gesellschaft, Hartmut Vogel, Bonn, für unerwartete Hilfe, Ute Steffgen und Bettina Schmitz vom Roemer- und Pelizaeus-Museum, Hildesheim, für ihre schier unerschöpfliche Geduld sowie in ganz besonderem Maße K. Nickau, Göttingen.

Als das Manuskript so gut wie abgeschlossen war, erreichte mich durch freundliche Vermittlung von Ilse Brehmer, Bielefeld, noch die Kopie eines wichtigen Amazonenaufsatzes, der leider nicht mehr berücksichtigt werden konnte: Beate Wagner-Hasel, „Männerfeindliche Jungfrauen. Ein kritischer Blick auf Amazonen in Mythos und Geschichte", in : Feministische Studien Heft 1, 1986, 86ff.

1 Aus der reichhaltigen Literatur zum Amazonenstoff seien hier nur die Werke genannt, die auch für einen Nicht-Altertumskundler den schnellsten und umfassendsten Einblick vermitteln: A.Klügmann, Die Amazonen in der attischen Literatur und Kunst, Stuttgart 1875 (wichtig für die literarischen Quellen); D. v. Bothmer, Amazones in Greek Art, Oxford 1957 (reiche Sammlung des Bildmaterials). Beide Bände sind hier abgekürzt als Klügmann bzw. v. Bothmer. Reiches Bildmaterial auch im Lexicon Iconographicum Mythologiae Classicae Bd. I, 1+2, Zürich 1981 (hier abgekürzt LIMC I; Text von P. Devambez und A. Kauffmann-Samaras).

Da die folgenden Anmerkungen im wesentlichen für den Nicht-Fachmann bestimmt sind, habe ich mich bemüht, die Zahl der angegebenen Quellen zu beschränken und – wenn möglich – leichter erreichbare Literatur anzugeben. Eine ausführliche Diskussion des hier angeschnittenen Fragenkomplexes ist in anderem Zusammenhang geplant.

2 Beiseite gelassen habe ich die 'ältesten' Amazonenkämpfe, die uns durch die Ilias überliefert werden: die Kämpfe des Priamos und des Bellerophon. Beide haben offenbar keinen Bezug zur mutterländisch griechischen Sage. Als Amazonomachie ist in der Antike gelegentlich auch der Kampf des Perseus gegen die Gorgonen verstanden worden (Diodor 3, 35); Rückdeutung einer Mythenumdeutung?

3 Klügmann 8ff., der auch das „männerhassende Heer" der Amazonen bei Aischylos (Prometheus 724) zitiert. Männerhaß oder Männerfeindlichkeit in ideologischem Sinne scheint im wesentlichen aber erst eine Erfindung hellenistischer Zeit zu sein.

4 Klügmann 9ff. Zum Gedanken eines Amazonenstaates K. Fuhrmann, in: Kleist-Jahrbuch 1986.

5 Diodor 2,45 von den Amazonen am Thermodon; Diodor 3,53 von den nordafrikanischen Amazonen.

6 Klügmann 87 (Himerios Polemarchikos).

7 Diodor, 3,53ff. Als Heimat dieser Amazonen wird Äthiopien oder auch Libyen genannt. Beide Länder sind nicht innerhalb ihrer heutigen geographischen Grenzen zu verstehen, bezeichnen vielmehr das (südlich oder auch westlich) außerhalb des Kulturstaates Ägypten gelegene Gebiet. Was Diodor von einem Staat mit Amazonen im nordwestlichen Afrika (am Atlas) schreibt, scheint völkerkundlich durchaus einleuchtend. Es verwundert auch nicht, daß es in dieser Gegend gleich mehrere Geschlechter streitbarer Frauen gegeben haben soll. Auch der Hinweis, diese Amazonen hätten kein Brot gegessen, paßt zu nomadisierender Lebensgewohnheit. Klügmann 9ff. erwägt die Ableitung des Amazonennamens von a-maza – brot-los, hat aber offenbar obige Diodorstelle übersehen. Archäologisch interessant ist auch Diodors Hinweis, daß die Amazonen sich als Schutzrüstung vornehmlich der Häute großer Schlangen bedienten. Darin könnte eine Erklärung für die Hosen- und Ärmeltracht mit ihren oft flammig gezackten Mustern liegen. Sollte auch die schlangenfüßige Stammutter der Skythenkönige hierin eine archäologische Erklärung finden können (Herodot IV 8ff.)?
Die geographische Verbindung zwischen Libyen und Skythien findet sich – ohne nähere Begründung – bereits bei Herodot VI 43-46.

8 Die hier vorgesehene Karte der 'Amazonenreiche' ist technischen Gründen zum Opfer gefallen.

9 Dies wird verständlich, wenn man eine Amazonenexistenz mit nomadisierender Lebensgewohnheit verbindet. Daß man aber auch dann nicht sämtliche Frauen aufs Pferd setzen muß, war offenbar bereits der Antike klar; das Amazonenheer der Myrina (bei Diodor 3, 54) bestand aus 30.000 Fußkämpfern und 2.000 Reitern, woran manche Kommentatoren Anstoß genommen haben, da doch die größere Zahl die Reiter betreffen müsse.

10 Katalogmäßige Auflistungen von Amazonennamen sind literarisch mehrfach überliefert, so etwa von Diodor, Hygin und Justin; vgl. auch B. Hederich, Gründliches Mythologisches Lexicon, Leipzig 1770, 206ff. Die auf Vasen inschriftlich genannten Amazonen bei v. Bothmer 234; LIMC I 653.

11 Herodot IV; R. Rolle, in: Kleist-Jahrbuch 1986.

12 v. Bothmer 234 (auf Vasen inschriftlich genannte Griechen).

13 Vgl. Anm. 2. Zumindest die Bellerophonsage, aber vielleicht auch der Priamoskampf könnte in Verbindung zu sehen sein mit den mythischen Städtegründungen der von Afrika nach Kleinasien eindringenden Amazonenschar.

14 Das Motiv reiner Ruhmsucht findet sich in den verschiedensten Versionen der Amazonensagen. Es hat durchaus archaischen Charakter, die Ruhmsucht zielt auch nicht auf den Gegensatz Mann – Frau ab, sondern auf die Position des überlegenen Kriegers.

15 B. Hederich, Gründliches mythologisches Lexicon, Leipzig 1770, 203ff.

16 Hier (Dictys Cretensis) ist wieder christliche Moral im Spiel.

17 Das Erkennungsmotiv scheint eine hellenistische Erfindung zu sein. Wesentlich ist dabei – im Unterschied zu den Amazonenkämpfen – die anfängliche Unkenntnis vom Geschlecht des Gegners. Unter den zahlreichen Verwendungen in neuzeitlichen Märchen sei als besonders schönes Beispiel aus einem kurdischen Märchen zitiert, in dem Schah Ismael gegen einen 'Schwarzen Reiter' kämpft. Sieben Tage lang ringen sie miteinander, ohne den Gegner besiegen zu können, dann gelingt es Ismael, den Feind zu Boden zu werfen, er „langte nach seinem Schwert, um ihm den Kopf abzuschneiden. Der Schwarze Reiter nutzte die Gelegenheit: er öffnete die Knöpfe seines Wamses und entblößte eine Weiberbrust." (L.-C. Wentzel, Kurdische Märchen-Slg. Diederichs (110). In griechischer Zeit finden wir dieses Motiv auch in pseudohistorischem Kontext: Im Zusammenhang mit kämpferischen Auseinandersetzungen zwischen Sparta und Messene kommt es am Ende irrtümlich zu einem Kampf von spartanischen Männern gegen spartanische Frauen. Erst in dem Augenblick, als die Frauen sich ihrer Waffen und Kleider entledigten, erkannten die spartanischen Männer, was hier geschah, und das Ganze endet in einer sexuellen Orgie (vgl. F. Graf, Woman, War and Warlike Divinities. In: Zeitschrift für Papyrologie und Epigraphik 5, 1984, 248. Den Hinweis verdanke ich H. J. Gehrke).
Das Motiv der Frauen, die in Männerkleidung oder -rollen schlüpfen, widerspricht dem Selbstverständnis der Amazonen, denn diese haben ja nie einen Rollentausch beabsichtigt, sie haben lediglich ihrem Naturell freien Lauf gelassen. Das ist etwas grundsätzlich anderes als im Falle des 'Schwarzen Reiters' oder der spartanischen Frauen, die nur vorübergehend in ein anderes Kostüm schlüpfen. Die Amazonen jedoch, nach denen wir archäologisch fragen müssen, sind mit Sicherheit nicht 'zukurz-gekommene' Frauen.

18 Herodot IV 9. Hinter der herodoteischen Version von der schlangenfüßigen Gottheit könnte als historischer Kern eine Schlangenhautkleidung stehen, so wie es Diodor 3, 54 für die nordafrikanischen Amazonen überliefert; vgl. hier Anm. 7.

19 Herodot IV 10.

20 Zum Gürtel in homerischer Zeit vgl. H. Brandenburg, in: Archaeologia Homerica E 1, Göttingen 1977, 119ff. Nach den griechischen Vasenbildern der archaischen Zeit scheint eher die breite, mit einzelnen Bildfeldern dekorierte, senkrechte Mittelbordüre am Gewand die Amazonenkönigin auszuzeichnen.

21 Klügmann 4ff., 31ff.

22 Klügmann 31ff. Das ist vielleicht bei manchen Vasenbildern gemeint, z.B. LIMC I Abb. 186. 257.

23 Apollonius Rhodios II 985ff.

24 Apollonius Rhodios I 610ff.

25 Kleist, Penthesilea Vs. 1950ff. Das Motiv der Ausrottung sämtlicher Männer in einer Nacht kann Kleist nur aus Apollonius Rhodios' Argonautica übernommen haben. Auch dieses Motiv hat mit Amazonen in unserem Sinne wenig zu tun, es umschreibt vielmehr Probleme der Selbstbehauptung von Frauen in einer männlich dominierten Gesellschaft.

26 Rollentausch wegen der Vernachlässigung durch die Männer ist offenbar auch bei Herodot IV 1 angesprochen.

27 Zu diesem Zeitpunkt ist auch Herakles noch bei den Argonauten, hat also auch sein Pseudo-Amazonenerlebnis auf Lemnos. Charakteristisch ist aber wohl, daß er auch in dieser Situation keine besondere amouröse Rolle spielt. Im Gegenteil, wenig später wird er aus Liebesleid um den Knaben Hylas aus der Argonautenschar ausscheren.

28 Herodot IV 110ff.

29 Herodot IV 114. Nirgendwo sonst in der Antike ist so prägnant ausgesprochen, was es mit dem amazonischen Selbstverständnis auf sich hat: Es sind keine frustrierten

Frauen; es sind Frauen, die anders leben, die das Problem von 'Hausfrauen' durchaus sehen, dieser Rolle aber nicht folgen können. Es ist nicht ein Gegensatz der Geschlechter – oder gar eine Männerfeindlichkeit –, es ist ein ganz anderer Erfahrungshorizont der nomadisierenden Frau, die dem Mann gleichberechtigte Aufgaben ganz selbstverständlich übernehmen muß. Von der Idee eines männerlosen Staates ist keine Rede.

30 Klügmann 21ff.

31 Der Wechsel ist klar ablesbar in der Vasenmalerei und dort wesentlich deutlicher als in den vergleichsweise spärlichen literarischen Quellen.

32 Vgl. hier den Beitrag Röwer-Döhl.

33 Es wäre lohnend, wenn die propagandistische Ausnutzung des Amazonenstoffes einmal von archäologischer und althistorischer Seite gemeinsam untersucht würde.

34 Aus der zahlreichen Literatur zum Schild der Parthenos sei hier nur stellvertretend genannt V.-M. Strocka, Piräusreliefs und Parthenosschild. Versuch einer Wiederherstellung der Amazonomachie des Phidias, Berlin 1967.

35 Auch hier wäre eine gemeinsame Untersuchung von archäologischer und althistorischer Seite erwünscht.

36 Aus Sophokles, Antigone Vs. 61-62 (Ismene); Vs. 484-85 (Kreon). Vgl. hier Beitrag Röwer-Döhl.

37 Klügmann 76.

38 Diodor 3, 52-53.

39 Herodot IV 110ff. Zu den kriegerischen Frauen bei den Skythen R. Rolle, in: Kleist-Jahrbuch 1986.

40 Klügmann 65ff.

41 v. Bothmer und LIMC I (vgl. Anm. 1).

42 Zu den Orten gehören u.a. Ephesos, Smyrna, Sinope, Myrina, Mytilene, Kyme, Pitane und Priene.

43 Was man unter einem 'Amazoneion' zu verstehen hat, ist unklar. Von der Wortbildung her würde man zunächst an ein Amazonenheiligtum denken. Wir besitzen aber keine Zeugnisse für kultische Vorgänge, auch wäre ein Kult der Amazonen wohl doch kaum vorstellbar.Das Wort taucht auch als Stadt- oder Ortsname (in Patmos und im Pontos) auf. Archäologisch nachgewiesene Amazoneia gibt es bislang nicht.

44 Eine Sichtung und Analyse dieses Materiales steht aus.

45 Eine solche Untersuchung müßte wohl wesentlich weiter ausholen. In unmittelbaren prähistorischen Kontext zur Amazonensage scheinen auch andere griechische Sagen mit einzumünden, die Opferungsszenen von Frauen enthalten; als Beispiel sei hier nur die Opferung der Iphigenie für Artemis genannt. Daß Artemis als Gottheit sehr direkt in den Amazonenbereich weist, war mir zunächst nur gedankliche Assoziation, die sich aber verstärkte bei der Lektüre eines in ganz andere Richtung zielenden Artikels von M. B. Hollinshead, Against Iphigenia's Adyton in Three Mainland Temples, in: American Journal of Archaeology 89, 419ff. Überhaupt wird sich eine sinnvolle Amazonenforschung mit sehr viel weitreichenderen Fragen zu beschäftigen haben als mit reiner Bestätigung literarischer Texte. Die Texte stilisieren und verhüllen einen eventuell historischen Kern.

46 Daß ich diese älteste Gruppe der Amazonen aus dem Streit der Geschlechter gegeneinander ausnehme, könnte Befremden auslösen. Ganz zweifellos handelt es sich bei diesen Amazonen natürlich um Frauen und bei ihren Gegnern um Männer, doch scheint dies in der Frühzeit eine eher belanglose Polarisierung zu sein; es könnten auch Plattnasen gegen Spitznasen stehen. Keinesfalls läßt sich aus der frühen Amazonomachie ein Streit vom (untergehenden) Matriarchat gegen ein (aufkommendes) Patriarchat ableiten. Eine erotische Note fehlt hier noch ebenso wie ein klar artikuliertes Rollenverhältnis.

47 Auch am Tod des Herakles ist – unwillentlich – dann eine Frau schuld: Deianeira.

48 Vgl. Anm. 7.

49 Vielleicht müßte man schärfer zwischen Frauenraub und Entführung unterscheiden. Ein klassisches Beispiel für Raub ohne vorherige erotische Beziehung der Partner, ja sogar ohne nähere Kenntnis der Partner, findet sich bei Herodot I 1. Ein klassisches Beispiel für Entführung (bei vorheriger Kenntnis der Partner) ist Helena.

50 Dort wird Erotik und Kannibalismus miteinander verbunden.

51 Untersuchungen zum Motiv der Späterkennung in der Antike gibt es m. W. nicht. Ich denke dabei an Späterkennung, die noch in unmittelbarer Folge des Kampfgeschehens geschieht. Im deutschen Sagenbereich wäre hier etwa der Kampf Hildebrand-Hadubrand zu nennen.

52 Antik überlieferte Titel verlorener Epen bzw. ein und desselben Epos.

53 Zu den Bechern: Carl Robert, Homerische Becher. In: 50. Prgramm zum Winckelmannfest der Archäologischen Gesellschaft zu Berlin, Berlin 1930, 25ff. Zu der Versvariante a.O. 28. Gute photographische Abbildungen der Becher bei U. Hausmann, Hellenistische Reliefbecher, Stuttgart 1959, Taf. 13ff.

54 Nach diesem Vasenbild hat der Vasenmaler seinen archäologischen Namen (Penthesilea-Maler) erhalten. Vgl. E. Simon, Die griechischen Vasen, 2. Aufl. München 1981, Taf. 183, S. 130 (Befürwortung eines Liebesmotivs).

55 Ahrem, Das Weib in der antiken Kunst, Jena 1914, 123.

56 Die Sarkophage gesammelt bei C. Robert, Die antiken Sarkophagreliefs Bd. II: Mythologische Cyklen, Berlin 1890. Von der Mittelgruppe solcher Sarkophage ist offenbar auch die Sterbeszene in Kleists Penthesilea (Schluß des 8. Aufzugs) angeregt: „der Erblaßten naht er sich, er beugt sich über sie, 'Penthesilea' ruft er, in seinen Armen hebt er sie empor und laut die Tat, die er vollbracht, verfluchend, lockt er ins Leben jammernd sie zurück."

57 v. Bothmer, Taf. XVII 2.

58 An die Interpreten, die auf der Münchner Schale eine Liebesbeziehung erkennen wollen, sei die Frage gerichtet: Wer liebt dort eigentlich wen? Achill die Penthesilea, Penthesilea den Achill, beide einander? Letzteres sollte man doch wohl annehmen, wenn dem 'Ineinanderversenken' der Blicke so großes Gewicht beigemessen wird. Die antike erzählerische Tradition beschreibt aber nur die – einseitige – Liebe des Achill.

Margret Wensky

Die Frau in Handel und Gewerbe vom Mittelalter bis zur frühen Neuzeit*

Die Frage nach der wirtschaftlichen und sozialen Stellung der Frauen in Mittelalter und Frühneuzeit ist in den letzten Jahren erneut in das Blickfeld von Sozial-, Wirtschafts- und Stadthistorikern gerückt. Das beweisen Tagungen zu diesem Thema und zahlreiche einschlägige Publikationen jüngeren Datums. Als Ergebnis auch dieser neuen Veröffentlichungen bleibt jedoch festzustellen, daß die erheblichen regionalen Unterschiede, die sich für diese Fragestellung ergeben, bislang nur wenig erforscht sind[1]. Nach wie vor liegen nur für wenige deutsche Städte detaillierte Untersuchungen zur Frauenarbeit und zu Frauenarbeitsmöglichkeiten bzw. zum Anteil der Frauen an der jeweiligen Stadtwirtschaft im hier gefragten Zeitraum vor. Das hängt ganz wesentlich mit der Quellenlage zusammen, denn für dieses Thema reichen die gedruckt vorliegenden Quellenpublikationen selten aus und müssen durch zeitintensive Archivstudien ergänzt werden. Das gilt ganz besonders für die frühe Neuzeit.

Dieser Beitrag orientiert sich am derzeitigen Forschungsstand und versucht, beispielhaft regionale Unterschiede herauszustellen. Dabei wird nur auf die Frauenarbeit im Rahmen der städtischen Wirtschaft eingegangen, der Anteil, den Frauenarbeit an ländlichen Gewerben hatte, bleibt unberücksichtigt.

RECHTLICHE UND WIRTSCHAFTLICHE VORAUSSETZUNGEN

Das Aufkommen der Städte mit der Ausbildung einer städtischen Wirtschaftsordnung, die Entstehung der Stadtgemeinde und eines Stadtbürgertums einheitlichen Rechts brachte auch für die Frauen neue rechtliche und wirtschaftliche Möglichkeiten[2]. Frauen war es möglich, selbständig das Bürgerrecht zu erwerben, mancherorts notwendige Voraussetzung, um überhaupt Handel und Gewerbe betreiben zu können.

◁ *Abb. 136 Frauen beim Spinnen, Kardätschen und Weben. Frankreich, 15. Jahrhundert.*

Beim Erwerb des Bürgerrechts mußte der Bürgereid geleistet und das Bürgeraufnahmegeld gezahlt werden. Der Bürgereid wurde damit auch Frauen abverlangt, während noch zu erforschen ist, wieweit Frauen allgemein zu Eidesleistungen herangezogen wurden, eine z.B. sehr wichtige Frage für die Tätigkeit von Frauen in Handelsgeschäften. So galt in Köln der Fraueneid grundsätzlich, was für das Wirtschaftsleben dieser mittelalterlichen Großstadt von Bedeutung war, wobei nur auf die vielen Warenvereignungen (= eidliche Eigentumserklärungen an Handelsgütern) und eidlichen Aussagen, die Frauen in Handelsdingen vornahmen, hingewiesen sei[3]. Die Frauen wurden jeweils *by yrer freuwelich truwe* – so die gängige Formulierung in den Quellen – aufgefordert, die Wahrheit zu sagen. Als Gegenbeispiel diene, daß es in der großen Handelsstadt Antwerpen Ende des 15. Jahrhunderts nicht üblich war, Frauen den Eid abzunehmen[4].

Doch kehren wir zurück zum Bürgerrecht. Wieweit Frauen es tatsächlich erworben haben, ist Neubürgerlisten zu entnehmen, die uns für viele Städte vor allem seit dem Spätmittelalter überliefert sind. Als Beispiele seien hier die Bürgerbücher von Lübeck, Nürnberg, Frankfurt a.M. und Köln gewählt.

Unter den Lübecker Neubürgern[5] sind von 1317–1356 häufiger Frauen anzutreffen, wobei Zusätze zu den Namenseintragungen wie *boterhoke* (*-hokersche*), *institrix* (Krämerin)[6], *mercatrix* (Kauffrau)[6], *sidenwerkersche* (Seidenweberin) die Berufe dieser Neubürgerinnen angeben. Es handelt sich in diesen Fällen eindeutig um Berufsbezeichnungen, nicht etwa um Familiennamen, was in vielen anderen Quellen oft nur schwer zu unterscheiden ist – ein grundsätzliches Problem für unsere Fragestellung, vor allem für Quellen des 14. Jahrhunderts. In Nürnberg[7] war es nach Ausweis der Bürgerbücher des 14. und der ersten Hälfte des 15. Jahrhunderts fast eine Ausnahme, wenn Frauen selbständig das Bürgerrecht erwarben. Die wenigen genannten Frauen waren meistens Witwen oder zusammen mit den Ehemännern aufgenommene Ehefrauen. In der Reichsstadt Frankfurt legte von 1401–1470 eine Reihe von Frauen den Bürgereid ab, darunter die üblichen Witwen, eine Ärztin, eine Hullenwäscherin, einige Seidenstickerinnen, ferner auffallend viele Obsthökerinnen[8]. Für Frankfurt sind in diesem Zeitraum auch drei Frauen bezeugt, die der Stadt die Bürgerschaft aufsagten.

Die beste Statistik über Frauen als Neubürger liefern die Kölner Bürgerbücher, die von 1356 – 1798 vollständig ediert vorliegen[9]. 1356–1399 waren 3 % der Neubürger Frauen, im 15. Jahrhundert – *dem* Jahrhundert der Frauenerwerbstätigkeit in Köln – 0,8 %, im 16. Jahrhundert 0,2 %, in der ersten Hälfte des 17. Jahrhunderts dagegen 5,7 %, darunter wiederum 21,7 % Ehefrauen. Es sei nachgetragen, daß es in Köln, von einigen Ausnahmen abgesehen, ursprünglich nicht erforderlich war, Vollbürger zu sein, um Handel und Gewerbe nachgehen zu können[10]. Das änderte sich erst in der Zeit der Reformation bzw. Gegenreformation[11].

„SO WAT SE LOVEN DAT SCHOLEN SE GELDEN" – FRAUEN IM HANDEL

Die Frage nach dem Bürgerrecht für Frauen hat bereits mitten in unser Thema geführt. Den frühesten Hinweis auf einen selbständigen Handelserwerb von Frauen gibt das älteste Straßburger Stadtrecht aus der Zeit um 1130[12]. Seit dem 13. Jahrhundert mehren sich dann die Belege für kaufmännische und gewerbliche Betätigung von Frauen, und zwar sowohl in den großen Handelsstädten als auch in vielen kleineren Orten[13]. So sind z.B. in den wenigen erhaltenen Rostocker Stadtbuchfragmenten des 13. Jahrhunderts[14] Bäckerinnen, Brauerinnen, Badstüberinnen, Köchinnen, Goldwirkerinnen, Wollenweberinnen, Müllerinnen und Hökerinnen genannt. Die Geschäftsfähigkeit der Kauffrau, die sich auch auf Verschuldens- und Konkursfähigkeit erstreckte, hob sich von derjenigen der übrigen Frauen ab. Der Grundsatz, daß Frauen, die *kopschat hebben, unde kopen unde verkopen, so wat se loven dat scholen se gelden*[15], ging in viele städtische Rechtsordnungen ein. Er bedeutet, daß Kauffrauen, die erwerbsmäßig kauften und verkauften, voll geschäftsfähig waren. Im lübischen Recht war dieser Rechtssatz seit der ersten Hälfte des 13. Jahrhunderts kodifiziert[16], im Hamburger Stadtrecht seit 1292 bzw. 1301[17], danach im gesamten lübisch-hansischen Rechtskreis, aber auch ähnlich in den Stadtrechten von München und Augsburg[18], um nur einige weitere Beispiele zu nennen.

Frauen sind vor allem im Spätmittelalter – das hängt auch mit der besseren Quellenlage für diese Zeit zusammen – in erstaunlich vielen Handelsberufen und Handelssparten anzutreffen, nach derzeitigem Kenntnisstand jedoch von Ort zu Ort sowohl qualitativ als auch quantitativ in unterschiedlichem Maße. Krämerei und Hökerei waren kaufmännische Gewerbe, in denen selbständig tätige Frauen allerorten im hier gefragten Zeitraum häufig nachzuweisen sind. Krämerinnen finden wir in Hamburg, Lübeck, Frankfurt a.M., Köln, Nürnberg, Göttingen, Goslar, Breslau, Straßburg und in vielen anderen Orten mehr[19]. Gleiches gilt auch für die Hökerei mit verschiedenen Waren, besonders mit Lebensmitteln.

Der Verkauf auf dem innerstädtischen Markt war überhaupt eine Domäne der Frauen[20]. Die Frau, die in der Kaufmannsbude auf dem Markt oder im Kaufgewölbe hinter der Theke steht, ist uns auch aus bildlichen Zeugnissen der Zeit geläufig[21]. Gelegentlich waren Frauen beim Verkauf auf dem Markt Beschränkungen unterworfen.

Abb. 137 Kaufgewölbe. Holzschnitt, 1531.

Zum Fischverkauf waren sie z.B. in Nürnberg und Augsburg grundsätzlich nicht zugelassen, in Köln vom Verkauf größerer, nach dem Gewicht zu verkaufender Fische ausgeschlossen, während ihnen der Fischverkauf nach der Stückzahl erlaubt war[22].

Frauen sind als aktive und passive Teilnehmer an Handelsgeschäften bezeugt, wobei auf eigene Rechnung wirtschaftende Frauen gemeint sind, z.B. Kauffrauen und Krämerinnen im 14. Jahrhundert in Hamburg und Lübeck und Kölnerinnen im 15. und 16. Jahrhundert[23]. Gelegentlich stiegen Witwen in die Gesellschaftsverträge der verstorbenen Männer ein, wie nach 1372 die Kölnerin Adelheid de Rode in einen Vertrag mit Lübecker Großhändlern, die im Stockholm-, Gotland- und Schonenhandel engagiert waren[24]. Eine bei Frauen beliebte Form der Beteiligung an

Handelsgesellschaften war die Geldeinlage. Für Regensburg kennen wir anhand von Quittungen des Runtingerbuches Ende 14./Anfang 15. Jahrhundert eine Reihe von Frauen, zum Teil Mägde des Handelshauses, die regelmäßig mit kleineren und größeren Kapitaleinschüssen an Runtingers Handelsgeschäften beteiligt waren[25].

Als norddeutsches Beispiel sei auf das Handlungsbuch des Hamburger Kaufmanns Vicko von Geldersen aus dem 14. Jahrhundert verwiesen, in dem Vickos Mägde wie der Sohn des Hauses mit Geschäftsbeteiligungen vermerkt sind[26].

Als Gründerinnen neuer Handelsgesellschaften sind Frauen jedoch bislang kaum nachzuweisen. Die Kölnerin Agnes van Homburg, die 1531 mit ihrem Faktor in Riga, Hans Saitmann, eine Handelsgesellschaft einging, in die sie das Kapital, jener seine Arbeitskraft einbrachte, dürfte zu den Ausnahmen zählen[27]. Im Groß- und Fernhandel waren Frauen überhaupt selten anzutreffen. Wenn in den Hamburgischen Pfundzollbüchern von 1369 und 1399/1400 gelegentlich Frauen als Befrachter und vereinzelt sogar als Schiffer auftreten, handelt es sich ebenfalls um singuläre Belege[28].

In Nürnberg, der nach bzw. mit Köln bedeutendsten deutschen Handels- und Gewerbestadt in unserem Zeitraum, sind Frauen im Fernhandel überhaupt nicht nachzuweisen. Auch in Frankfurt a.M. waren Kauffrauen deutlich in der Minderzahl. Unter den 1046 zwischen 1210 und ca. 1550 namentlich genannten Frankfurter Kaufleuten finden sich nur 13 selbständig tätige Kauffrauen, daneben bis Ende des 15. Jahrhunderts noch 32 Witwen, die die Geschäfte der Männer fortführten[29].

In den 20 schleswigschen und holsteinischen Städten – also ohne Lübeck – sind nach einer neueren Untersuchung[30] im 15. und 16. Jahrhundert Handelstätigkeiten von Frauen extrem selten nachzuweisen, im Über-Land-Handel schon gar nicht.

Über die Kölner Verhältnisse sind wir – wie so oft – besser informiert. Die Handelsaktivitäten Kölner Frauen sind seit dem späten 14. Jahrhundert gut zu verfolgen[31]. Dabei zeigt sich, daß Frauen nicht auf bestimmte Güter und Handelsbereiche festgelegt waren, sondern mit allen in Köln gängigen Handelsartikeln Geschäfte machten. Überraschend hoch war dabei ihr Anteil am Handel mit Metallen und Metallwaren, und zwar als Folge einer besonderen Form innerfamiliärer Arbeitsteilung. Die Ehemänner dieser Frauen waren als Handwerker tätig, während den Frauen der kaufmännische Part zufiel, indem sie die Rohstoffe besorgten und die fertigen Produkte, häufig Rüstungsteile und Waffen, in den Handel brachten.

Kölner Akziseregister[32], die von 1452 bis zum Anfang des 16. Jahrhunderts ausgewertet sind[33], erlauben es, den Anteil, den Frauen am Handel mit verschiedenen Gütern, die in Köln zwecks Akziseerhebung

Abb. 138 Kauffrau in der Schreibkammer.

über die städtische Waage liefen, hatten, quantifizierend zu bestimmen. Dazu einige Beispiele. Am Kölner Gewürzimport, der weitgehend in den Händen großer Fernhandelshäuser lag, waren Frauen von 1452 bis 1459 mit fast 10 % der Einfuhrwerte beteiligt, sie stellten 5 % der Importeure, ebenso in den Jahren von 1460 bis 1468. Am Bleihandel hatten Frauen 1460–1469 einen 10 %igen Marktanteil, am Kupferhandel von 1452 bis 1480 dagegen nur 2,7 %, am Messinghandel im selben Zeitraum 19,2 %.

Insgesamt ist jedoch zu beobachten, daß die Frauen in der zweiten Hälfte des 15. Jahrhunderts zunehmend aus dem Kölner Drugwarenhandel verdrängt wurden, als Folge eines allgemeinen Kontraktionsprozesses im Kölner Handel, der sich zugunsten weniger großer Handelsfirmen vollzog, wobei kleinere Handelshäuser, darunter auch viel Kauffrauen, in ihrer Leistungsfähigkeit und -möglichkeit zurücktraten[34]. Dem widerspricht nicht, wenn zwischen 1497 und 1511 eine Kölner Kauffrau, Cathringin Broelmann, fast 20 % der Kölner Stahleinfuhren verantwortete und damit nur knapp hinter dem größten Stahlimporteur dieser Jahre,

Abb. 139 Beim Herrichten und Zuschneiden von Leinen. Italien, um 1385. ▷

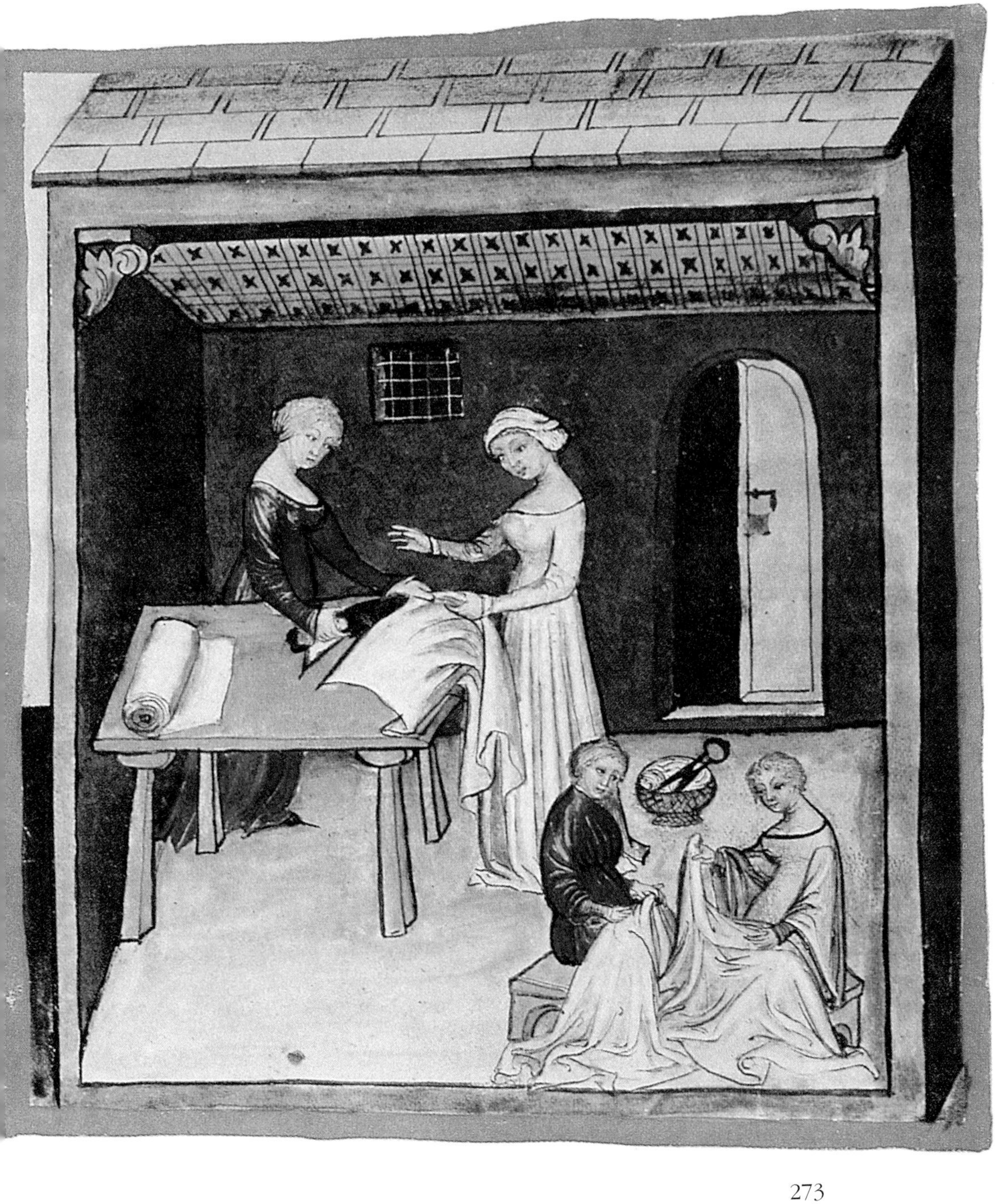

auf den 22 % entfielen, blieb[35]. Die Frau hat dieses Geschäft selbständig betrieben, nicht etwa im Auftrag ihres Mannes, des zweimaligen Kölner Bürgermeisters Johann Broelmann. Sie hatte auch Beziehungen zu einem Stahlwerk in Weidenau a.d. Sieg, das 1440 von einem Kölner errichtet worden war.

Frauen waren in Köln am Gewandschnitt und Tuchhandel beteiligt[36]. Der Gewandschnitt war in Köln nicht ohne weiteres zu betreiben, sondern nur nach einer vom Rat erteilten Konzession, die das Bürgerrecht voraussetzte. Unter 318 zwischen ca. 1465 und 1527 zum Gewandschnitt Zugelassenen waren 18 Frauen, was knapp 6 % entspricht. In ähnlicher Höhe lag auch der Marktanteil, den Frauen von 1414 bis 1439 am Kölner Gewandschnitt hatten. Dabei sind allerdings für die Jahre 1419–1439 jährlich ca. 20 % hinzuzurechnen, die allein auf die Witwe eines Kölner Gewandschneiders entfielen, der es gelang, das Geschäft des Mannes auf voller Höhe weiterzuführen. Keine ganz alltägliche Erscheinung, wissen wir doch aus Köln und anderen Städten, daß Witwen oft nicht in der Lage waren, die Geschäfte der Männer in vollem Umfang bzw. überhaupt fortzuführen[37].

Der Weinhandel, in Köln immer ein gutes Geschäft, wurde von Frauen gern betrieben. So zeichneten zwischen 1466/67 und 1478/79 Frauen für ca. 10 % der gesamten Kölner Weineinfuhren verantwortlich[38]. Unter den 15 bedeutendsten Kölner Weinhändlern, die alle mehr als 100 Fuder pro Jahr versteuerten, waren drei Frauen. Zur sozialen Stellung der als Weinhändlerinnen tätigen Kölnerinnen sei angemerkt, daß sie häufig aus ratsgängigen Familien kamen, also Angehörige der städtischen Oberschicht waren.

Zusammenfassend läßt sich sagen, daß Frauen in Köln gern im Kommissionsgeschäft tätig waren, weniger im reinen Fernhandel. Wenn sie Fernhandel betrieben, bedienten sie sich der Hilfe von Faktoren und Handelsdienern.

Die Kölner Belege, die hier vorgestellt wurden, stammen überwiegend aus dem 15. Jahrhundert, was mit der Aufarbeitung der einschlägigen Quellen zusammenhängt. Wie eine stichprobenartige Durchsicht der Kölner Briefbücher des 16. Jahrhunderts, einer bedeutenden Quelle für Handel und Verkehr, zeigt, waren Kölner Frauen auch in diesem Jahrhundert selbständig im Handel aktiv, und zwar in durchaus beachtlichem Maße[39].

Dieser Eindruck bestätigt sich, wenn man die umfangreiche Chronik des Kölner Ratsherrn Hermann von Weinsberg, die fast das ganze 16.

◁ *Abb. 140 Beim Schreiben. Frankreich, 15. Jahrhundert.*

Jahrhundert erfaßt[40], studiert. Sie ist nicht nur eine kulturgeschichtlich sehr wertvolle und ergiebige Quelle, sondern bietet auch ein eindrucksvolles Bild vom Grad der Erwerbstätigkeit von Frauen, seien sie ledig, verheiratet oder verwitwet, im Köln des späten 15. und des 16. Jahrhunderts. Unter den vielen Frauen in Weinsbergs näherer und weiterer Verwandtschaft, angefangen mit seiner 1463 geborenen Großmutter Maria von Weinsberg, ist keine zu finden, die nicht in irgendeiner Weise erwerbstätig war[41]. Die wirtschaftliche Tätigkeit der Frauen hebt Hermann von Weinsberg häufig hervor mit Formulierungen wie *sei verstunde sich wol uff allerlei handel, verstunde sich uff den weinhandel und zappen* (= sie verstand sich aufs Handelsgeschäft, sie kannte sich aus mit Weinhandel und Weinzapf)[42].

Handelsreisen, die den Geschäftserfolg des mittelalterlichen Kaufmanns so entscheidend mitbestimmten, haben Frauen vergleichsweise selten unternommen. Zu den Ausnahmen zählt jene Danziger Bürgerin, die im 15. Jahrhundert Handelsreisen nach England unternahm[43]. Baseler Frauen sollen die Frankfurter Messen besucht haben, sicher waren dort im 15. und 16. Jahrhundert Kölner Frauen anzutreffen, die selbst Messestände unterhielten[44]. Die Kölner Seidmacherinnen zogen um 1500 jedoch nicht nur regelmäßig zu den Frankfurter, sondern auch zu den Antwerpener Messen[45]. Kölnerinnen sind gelegentlich auf andere weite Reisen gegangen, z.B. nach Leipzig oder nach Joachimsthal[46], meistens um Schuldforderungen mehr Nachdruck zu verleihen, weniger zur Anknüpfung neuer Handelsgeschäfte. Zahlreich sind die Belege dafür, daß Kölnerinnen die Jahrmärkte in den benachbarten kleineren und größeren rheinischen Städten besuchten[47].

Unselbständige Tätigkeiten lassen sich in den Quellen immer schwer nachweisen; daher sind wir auch über unselbständige Tätigkeiten von Frauen, z.B. als Handelsmägde oder Handelsdienerinnen, nur unzureichend informiert. Die Mägde des Regensburger Kaufhauses Runtinger und die des Hamburger Kaufmanns Vicko von Geldersen haben wir bereits erwähnt. Für Köln sind Handelsmägde, die *kraem* und *gadem* (= das Ladengeschäft) verwahrten, bezeugt[48]. Es ist anzunehmen, daß Frauen in diesem Beruf häufiger vertreten waren. Für Frankfurt a.M. ist bekannt, daß neben Männern auch Frauen während der Messezeiten durch Übernahme von Nebenämtern und Nebentätigkeiten Geld verdienten[49].

Frauen waren überhaupt häufig in Stützberufen des Handels und in halbamtlichen Funktionen des städtischen Wirtschaftsbetriebs tätig, was für Lübeck, Frankfurt a.M. und Köln überliefert ist, um nur einige Beispiele zu nennen[50]. Ob das städtische Maklergeschäft, der Unterkauf, in Frankfurt a.M. tatsächlich überwiegend von Frauen betrieben wurde, wie in der älteren Literatur behauptet wird[51], bleibt noch zu prüfen, denn für diese Tätigkeit sind sonst im allgemeinen Männer nachgewiesen. Zu den städtischen Handels- und Verkehrsarbeitern sind auch die Zöllnerinnen an den Stadttoren zu zählen, die es sicher nicht nur in Nürnberg und Köln[52] gegeben hat.

DIE ZUNFT – MÖGLICHKEITEN UND SCHRANKEN FÜR FRAUEN IM STÄDTISCHEN GEWERBE

Die in der Literatur, ausgehend von Karl Bücher[53], häufig anzutreffenden Feststellungen, Frauen seien im Mittelalter grundsätzlich von keinem Gewerbe ausgeschlossen gewesen, für das ihre Kräfte gereicht hätten, Mädchen hätten wie Jungen häufig ein Handwerk erlernt, Frauen hätten in vielen mittelalterlichen Zünften eine den Männern gleichberechtigte Stellung gehabt, werden in einigen neueren Untersuchungen erheblich in Zweifel gezogen[54]. Mit einiger Berechtigung, denn die Erwähnung von Frauen in Zunftstatuten sagt noch nichts über deren tatsächliche Teilnahme am Gewerbe aus. Ein Deutungsproblem bieten auch die weiblichen Endungen von Berufsbezeichnungen, was z.B. die Auswertung von Büchers materialreichem Werk „Die Berufe der Stadt Frankfurt" erschwert. Es stellt sich die Frage, ob mit der Berufstätigkeit der betreffenden Frau zu rechnen ist oder die Berufsbezeichnung des Mannes auf die Frau übertragen worden ist. Hinzu kommt, daß im Spätmittelalter Berufsbezeichnungen schon vielfach reine Familiennamen geworden sind.

Für diesen Fragenkomplex bleibt festzuhalten, daß Zunftstatuten – sozusagen das Zunftideal – und Zunftwirklichkeit einander gegenübergestellt werden müssen, um zu zuverlässigen Aussagen über die wirtschaftliche Stellung von Frauen und Frauenarbeit in den Zünften zu kommen. Bei den weiblichen Berufsbezeichnungen kann man davon ausgehen, daß zumindest diejenigen, die typische Frauenberufe anzeigen, auch auf die entsprechende Berufstätigkeit zu beziehen sind.

Die mittelalterlichen Handwerkerzünfte waren nicht nur Berufsorganisationen, sondern auch Gemeinschaften mit gesellschaftlich-religiösem Charakter, was in den meisten Zunftstatuten verankert ist. Frauen war im allgemeinen die Teilhabe am bruderschaftlichen Zunftleben auch dann nicht verwehrt, wenn sie keinen Anteil am Produktionsprozeß in der jeweiligen Zunft hatten.

Zur wirtschaftlichen Stellung der Frau in den Zünften gehört das Witwenrecht mit verschieden ausgeprägten Regelungen, z.B. uneingeschränkte Weiterführung des Betriebes, Weiterführung nur mit Hilfe eines Meisterknechts, Fristsetzung für Wiederheirat, möglichst mit einem

Vertreter des Gewerbes, Verbot der Lehrlingsausbildung. Auch das Töchterrecht konnte unterschiedlich aussehen; im allgemeinen ist darunter der erleichterte Zutritt zur Zunft für Meisterstöchter und deren Ehemänner zu verstehen. Witwen- und Töchterrecht spielten eine wichtige Rolle im Laufe des zunehmenden Schließungsprozesses der Zünfte im späten 15. und im 16. Jahrhundert, ermöglichte doch unter Umständen nur die Heirat mit einer Meisterswitwe oder einer Meisterstochter den Zugang zur Zunft.

Wenn schon die realen Anteile, die Frauen am mittelalterlich-frühneuzeitlichen Handel hatten, von Ort zu Ort sehr unterschiedlich waren, gilt das besonders auch für die verschiedenen Gewerbezweige. Allgemein ist dabei Frauenarbeit, selbständige wie unselbständige, in den Nahrungsmittelgewerben, auf dem Textilsektor und in den Luxusgewerben am häufigsten genannt.

So werden Bäckerinnen in vielen Zunftordnungen berücksichtigt, wobei wohl meistens an die mitarbeitende Ehefrau zu denken ist, die z.B. den Verkauf besorgte. In Köln arbeiteten zahlreiche – allerdings unzünftische – Pisterssen (= Bäckerinnen speziell für geistliche Institute) für Klöster und Stifte. Das mittelalterliche Braugewerbe beschäftigte Frauen, ob als Selbständige oder als Braumägde müßte noch gründlich geklärt werden. Aus Köln sind selbständige Brauerinnen bekannt. Im Fischereigewerbe und im Fischhandel, in einigen Städten zünftisch organisiert, war die Frauenarbeit häufig Beschränkungen unterworfen, was bereits oben erwähnt wurde[55].

Ähnliches ist auch für das Fleischergewerbe zu beobachten. Der Handel mit Fleisch minderer Qualität (Innereien u.ä.) war in Köln eine Domäne der Frauen, die *kotz-* oder *pletzmengerssen* hießen.

Es würde den Rahmen dieser Untersuchung überschreiten, näher darauf einzugehen, in welchen Städten, zu welchen Zeiten und unter welchen Beschäftigungsmodalitäten Frauen in den verschiedensten Gewerbezweigen nachzuweisen sind. Es sollen nur noch einige Beispiele für die regionalen Unterschiede, die sich für die gewerbliche Stellung der Frauen im Spätmittelalter ergeben, geboten werden.

In den 20 schleswigschen und holsteinischen Städten des Spätmittelalters gehen die Zunft-Amtsrollen des 15. und 16. Jahrhunderts im Regelfall von Männerarbeit aus[56]. Witwen durften lediglich eine bestimmte Zeit nach dem Tode des Mannes weiterarbeiten. Erst im späten 16. Jahrhundert kam es in den städtischen Handwerksämtern dieser Region zu einer Gleichstellung von Meister und Meisterin (= Meisterswitwe), *sulffrouwe* genannt, und deren Anerkennung als wirtschaftlich eigenständige Person mit den Rechten eines Meisters. Das galt z.B. seit 1587 bei den Schleswiger Bäckern, seit 1588 auch wohl beim Schnitkeramt. Diese Meisterinnen konnten aber nicht in den Zunftvorstand kommen.

Im spätmittelalterlichen Osnabrück haben Frauen offensichtlich einen geringen Anteil am Wirtschaftsleben der Zünfte gehabt[57]. Selbständige Frauenarbeit ist kaum bezeugt, lediglich 1347 bei den Leinewebern der Alt- und der Neustadt sowie im 15. Jahrhundert bei den Krämern. Weibliches Personal gab es Ende des Jahrhunderts wohl im Schilderamt. Ob das Witwenrecht in den Osnabrücker Zünften ursprünglich gegolten hat, deshalb auch selten formuliert wurde, läßt sich mangels Quellen kaum sagen. Die ersten entsprechenden Regelungen sind aus dem 15. Jahrhundert überliefert.

Die vornehmen Krämer erlaubten in Osnabrück demjenigen, der eine amtsangehörige Witwe heiratete, gegen Zahlung der halben Gebühr den Einkauf in das Krämeramt. Die Schuhmacher gestanden 1474 Witwen das Amtsrecht über die sonst übliche Jahresfrist hinaus zu. Heirateten die Frauen wieder, so konnte der Mann gegen Leistung des Weindienstes und Zahlung von einem Goldgulden das Amt erwerben. Im Schilderamt durfte die Witwe ein Jahr lang das Gewerbe weiterbetreiben. Die Pelzer erlaubten 1489 *erliken unberochteden vrowen* (= ehrlichen, gut beleumundeten Frauen), daß, wenn sie einen des Amts würdigen Mann heirateten, dieser es ebenfalls erwerben konnte. Weitergehende Rechte erhielten die Witwen in den Osnabrücker Zünften erst im 16. Jahrhundert.

Das Töchterrecht haben die Bäcker, die Lohgerber und die Krämer in Osnabrück bis 1500 in ihren Satzungen festgelegt. Es ist anzunehmen, daß es auch in anderen Osnabrücker Zünften praktiziert wurde. 1389 zeigte das dortige Backamt an, daß es den Töchtern, die sich nicht außerhalb des Amtes verheirateten, dieselben Rechte wie den Söhnen gewähren wolle. Die Lohgerber stellten Anfang des 15. Jahrhunderts die

Abb. 141 Gürtlerwerkstatt. Der Meister (links) und zwei Gesellen fertigen die Taschen, während die Frau die Ware verkauft. Holzschnitt, Ende 16. Jahrhundert.

Abb. 142 Schuhmacherwerkstatt. Links die Frau des Meisters beim Verkauf der Ware. Holzschnitt, Ende 16. Jahrhundert.

Töchtermänner den Söhnen gleich. Die Krämer gestatteten 1457 den Töchtern gegen Leistung des Dienstes, aber ohne Gebühr, daß sie *des Ampts bruken gelyck den knechten in den vorscr. ampte geboren* (= das Amt ausüben durften wie die im Amt geborenen Knechte). Das Schilderamt dagegen gestattete nur den Söhnen das Amtsrecht zu: *Item so en hebben de kinder nicht in deme ampte, utgesecht des sones.*

Die zünftische Arbeit von Frauen in mittel- und oberrheinischen Städten hat Kurt Wesoly[58] jüngst vor allem aufgrund von Archivstudien eingehend untersucht. Auf seine Ergebnisse stützen sich die folgenden Ausführungen.

Frauen waren im Weberhandwerk in Basel und Straßburg keine den Männern gleichberechtigten Zunftmitglieder. Zunftangehörige Wollwebermeister haben in oberrheinischen Städten weder Lehrtöchter ausgebildet noch Frauen am Webstuhl beschäftigt. Die bekannten Straßburger Schleierweberinnen, 1330 als zur Weberzunft gehörend genannt, identifiziert Wesoly als Frauen, die ein beginenähnliches Leben geführt haben; sie wären demnach keine „normal" erwerbstätigen Frauen gewesen[59].

Ob Frauen in der Frankfurter Wollweberei vollberechtigte Zunftgenossen waren, ist nicht eindeutig festzustellen. Auf jeden Fall war der Beschäftigungsanteil von Frauen in den textilen Hilfsgewerben erheblich. Ihre Arbeit unterstand sogar der Kontrolle des Rates der Stadt Frankfurt. Die Frauen waren jedoch ausdrücklich auf diese Hilfsarbeiten festgelegt, keinesfalls durften sie weben. Im Frankfurter Leinenhandwerk waren Frauen im 14. Jahrhundert möglicherweise beschäftigt, für das 15. und 16. Jahrhundert fehlen entsprechende Belege.

Abb. 143 Kürschnerwerkstatt. Rechts verkauft die Frau des Meisters einem Patrizier ihre Ware. Holzschnitt, Ende 16. Jahrhundert.

Abb. 144 Seiler beim Spinnen. Links verkauft die Frau Seile an zwei Bauern. Holzschnitt, Ende 16. Jahrhundert.

Ob Frauen in Frankfurt im 15. und 16. Jahrhundert selbständig im Schneiderhandwerk tätig waren, läßt sich nicht eindeutig nachweisen; als Näherinnen waren mithelfende Ehefrauen und Mägde zugelassen. Das ist im 14. Jahrhundert auch für Mainz bezeugt, 1468 dagegen schon nicht mehr. In Speyer wurde 1527 verboten, eine Magd im Nähen zu unterweisen. Entsprechende Verbote gab es im späten 16. Jahrhundert für Dieburg und Darmstadt.

Im spätmittelalterlichen Köln[60] werden Frauen in den Satzungen der meisten Zünfte erwähnt, und zwar als Mitglieder, als Arbeitskräfte, als Witwen und Töchter. Nur neun von insgesamt 46 Kölner Zünften dieser Zeit bieten keinen Hinweis auf Frauen und haben nicht einmal das Witwenrecht formuliert.

Wie weit Frauen nun selbständig als Vollmitglieder in Kölner Zünften gearbeitet haben, ist mangels einschlägiger Quellen nur schwer nachzuvollziehen. Ob die in den wenigen erhaltenen Zunftlisten gelegentlich genannten Frauen selbständig Erwerbstätige waren oder als Witwen den Betrieb weiterführten, ist selten eindeutig zu beantworten, es sei denn, die Witwen sind entsprechend bezeichnet. Arbeitsverbote und Arbeitsbeschränkungen für Frauen sind vergleichsweise selten formuliert. 1378 verboten die Filzhutmacher jegliche Frauenarbeit in ihrem Gewerbe. 1494 wurde den Harnischmachern untersagt, weibliches Personal zu beschäftigen.

Den höchsten Anteil von Frauenarbeit hat es in Köln in den Textilgewerben gegeben, die eine starke Spezialisierung aufwiesen. Die Kölner Leineweber kannten Frauenarbeit, möglicherweise vollberechtigt, was nicht eindeutig festzustellen ist. Das Leinenamt hatte übrigens immer schwer zu leiden unter der Konkurrenz von Nonnen und Beginen, die in ihren Konventen *groisse naronge* mit *lijnendoichern zu weiven* verdienten (= großen Verdienst durch das Leinentuchweben hatten)[61]. Bei den Sartuch- und Barchentwebern waren die Frauen in das Zunftrecht eingeschlossen; die Ordnung der Sartuchweber von 1393/1407 sah auch für Frauen eine Lehrzeit von drei Jahren vor. Bei den Sartuch- und Barchentwebern waren Frauen auch im Lohnwerk beschäftigt; ihre Arbeit unterlag einer strengen Qualitätskontrolle.

Ob es in Köln selbständige Wollweberinnen gegeben hat, ist den Quellen leider nicht zu entnehmen. Die Wollweberei beschäftigte in ihren vielen Hilfsgewerben aber immer eine große Anzahl von Frauen im Lohnwerk. Die Arbeiten von Kämmerinnen, Spinnerinnen und Nopperinnen wurden regelmäßig kontrolliert.

Zahlenmäßig exakt ist der reale Anteil, den Frauen am Lohnwerk in den Kölner Textilgewerben hatten, nicht zu fassen; er muß beträchtlich gewesen sein, eine typische Erscheinung dieser Zeit für Gewerbe mit kapitalistischen Tendenzen, d.h. mit ausgeprägtem Verlagssystem, wobei die Frauen zugleich billige und technisch geschulte Arbeitskräfte waren. Aus der italienischen Wollentuchindustrie des 14. Jahrhunderts sind ähnliche Zustände überliefert[62].

Die wirtschaftliche und soziale Lage der Arbeitskräfte, darunter besonders der Frauen, war in vom Verlagssystem geprägten Gewerben im allgemeinen denkbar schlecht. Im Zusammenhang mit dem Kölner Seidengewerbe wird darauf noch zurückzukommen sein.

Abb. 145 Beim Spinnen, Kardätschen und Weben. Frankreich, 15. Jahrhundert. ▷

In Köln kam es im Spätmittelalter zur Ausbildung von drei bzw. vier Frauenzünften, eine, von Paris abgesehen, einmalige Erscheinung in der westeuropäischen Wirtschaftsgeschichte. Diese Frauenzünfte seien kurz vorgestellt.

Die Garnmacherinnen waren seit 1397 als Zunft organisiert[63]. Sie stellten einen Kölner Markenartikel, das *coelsch garn* her, einen meist blau gefärbten Leinenzwirn, der hauptsächlich in den Hansehandel ging. Zur Organisation der Zunft sei gesagt, daß sie sich nicht von der „normaler" Zünfte unterschied. Die Lehrtöchter mußten vier Jahre lang lernen, dann eine Gesellenprüfung ablegen, bei der ihr Garn auf seine Tauglichkeit als Handelsware (Kaufmannsgut) hin untersucht wurde. Die Zunft hatte ein Witwerrecht ausgebildet.

Der Kölner Garnhandel war bis ins 16. Jahrhundert hinein beträchtlich, was Rückschlüsse auf die wirtschaftliche Bedeutung der Zunft zuläßt. Angaben über Größe und soziale Zusammensetzung dieser Frauenzunft sind nicht zu machen, denn das Amtsbuch ist leider nicht überliefert. Als Garnhändler waren jedenfalls häufig die Ehemänner von Garnmacherinnen tätig, so daß hier wieder eine innerfamiliäre Arbeitsteilung festzustellen ist. Diesmal sind die Frauen die Produzenten, die Männer die kaufmännischen Partner. Das Kölner Garngewerbe hat in der zweiten Hälfte des 16. Jahrhunderts an Bedeutung verloren.

Die Goldspinnerinnen haben sich im Laufe des 14. Jahrhunderts zusammen mit den Goldschlägern als Zunft organisiert[64]. Ihre Produkte, die berühmten Kölner Gold- und Silberfäden, waren ebenfalls Exportartikel und kamen sogar in den oberitalienischen Seidenzentren für die anspruchsvollsten Stoffe zur Verarbeitung. Die Zunft war ähnlich organisiert wie die der Garnmacherinnen; den Zunftvorstand bildeten zwei männliche und zwei weibliche Amtsmeister, wobei die Frauen die Gewerbebetriebe beaufsichtigten, die Männer die Produkte mit der *stede zeichen ind siegel* (= mit dem Zeichen und Siegel der Stadt) versahen, also die Qualitätsprüfung für den Handel vornahmen. Das Gewerbe war zu Anfang des 16. Jahrhunderts stark verlegerisch orientiert, und zwar sowohl durch rein kaufmännische Verleger als auch durch zunftinterne Verlagsformen. Das führte beim Rat der Stadt Köln zu etlichen Klagen von – möglicherweise ledigen – Goldspinnerinnen, die sich ihrer Wettbewerbsmöglichkeiten beraubt sahen.

Auch für diese Zunft wissen wir fast nichts über ihre zahlenmäßige Besetzung und die wirtschaftliche Lage der einzelnen Zunftmitglieder.

Abb. 146 Beim Sammeln von Kokons und Weben von Seide. Frankreich, 15. Jahrhundert. ▷

Es ist jedoch, zumindest am Anfang des 16. Jahrhunderts, damit zu rechnen, daß die sozialen Unterschiede innerhalb der Zunft groß waren, worauf die verlegerischen Tendenzen und die eben erwähnten Probleme hinweisen. Das ändert jedoch nichts daran, daß das Sozialprestige dieses Gewerbes, verwandt dem der vornehmen Goldschmiede, überaus hoch war.

Das Seidengewerbe nimmt unter den Kölner Handwerken des Spätmittelalters in mehrfacher Hinsicht eine Sonderstellung ein. Köln ist die einzige deutsche Stadt, in der die Seidenherstellung vom Hochmittelalter an über mehrere Jahrhunderte hinweg heimisch und von großer wirtschaftlicher Bedeutung war[65]. Dieses Exportgewerbe wurde zudem ausschließlich von Frauen betrieben und geführt, was schon den Zeitgenossen außerhalb Kölns ungewöhnlich vorkam.

Das Seidengewerbe umfaßte zwei Frauenzünfte, die der Seidmacherinnen, seit 1437 als Zunft organisiert, und die der Seidspinnerinnen, die immer ein reines Hilfsgewerbe der Seidenweberei bildeten, aber dennoch 1456 zu einer eigenen Zunft kamen. Die Organisation dieser beiden Zünfte braucht hier nicht detailliert vorgestellt zu werden. Sie bewegte sich im Rahmen des in Köln üblichen Zunftrechts. Zwischen 1437 und 1504 wurden insgesamt 157 Frauen als selbständige Seidmacherinnen zugelassen, von denen 116 nachweislich, wenn auch in unterschiedlichem Maße, einen Gewerbebetrieb unterhielten und zusammen 765 Lehrtöchter aufnahmen und ausbildeten. Die meisten selbständigen Seidmacherinnen waren verheiratet, häufig mit Kaufleuten, die im Groß- und Fernhandel tätig waren, so daß es auch in diesem Gewerbe zur Vereinigung von Rohstoffbeschaffung, Produktion und Handel in „Familienbetrieben“ kam.

Zur sozialen Stellung der selbständigen Seidamtsfrauen sei erwähnt, daß sie überwiegend der kaufmännischen Mittel- bis Oberschicht angehörten, und zwar sowohl durch Geburt als auch durch Heirat. Für fast 30 % der zugelassenen Seidmacherinnen sind Familienmitglieder im Rat nachzuweisen. Dem entsprach im allgemeinen die soziale Herkunft der Lehrtöchter, wenn auch gelegentlich Kinder kleiner Handwerker oder Arbeiter aufgenommen wurden. Doch die selbständige Ausübung des Gewerbes war eindeutig nur wirtschaftlich besser gestellten Frauen möglich, schon bedingt durch den teuren Rohstoff Seide.

Die enge Verquickung von Produktion und Handel in einzelnen Familien, die für diese Zunft durchgängig festzustellen ist, brachte dem

◁ *Abb. 147 Frau beim Sammeln der Kokons von Seidenraupen. Frankreich, 15. Jahrhundert.*

Kölner Seidengewerbe in der zweiten Hälfte des 15. Jahrhunderts einen ungeheuren Aufschwung, was die hohen Rohstoffeinfuhren seit der Jahrhundertmitte belegen. Gleichzeitig mit der Hochkonjunktur des Gewerbes zeigten sich als Folge der kapitalistischen Praktiken, wobei Frauen als Verleger auftraten, erhebliche soziale Mißstände. Davon waren einmal die ärmeren Seidmacherinnen betroffen, zum andern ganz besonders die von den Seidmacherinnen abhängigen Seidspinnerinnen, mit denen es während des ganzen 15. Jahrhunderts zu Streitigkeiten über die Höhe der Spinnlöhne kam. Frauen beuteten hier Frauen aus, das heißt, sie verhielten sich nicht anders als männliche Verleger. Auch ihr Handeln war von Gewinnstreben und Gewinnmaximierung bestimmt.

Während des ganzen 16. Jahrhunderts bestand das Seidengewerbe als Frauenzunft fort, wobei deren Exklusivität zunahm[66], was offensichtlich zu einer sozialen Erstarrung führte. Das war vielleicht – neben einer veränderten Marktlage und verpaßten bzw. bekämpften technischen Innovationen – einer der Gründe für den Niedergang des Gewerbes im späten 16. Jahrhundert[67]. Noch 1599 legte der Kölner Rat in einem neuen Zunftbrief[68] den Zugang zum Gewerbe folgendermaßen fest: *das Seidamt solle bey den Cölnischen Döchtern pleiben, und solchs keiner in andere wegh, dan allein durch heiradt und ehelige vermahlung mit einer Cölnischen Dochter, so vom Seidampt wehere, soll an sich pringen können* (= das Seidenamt soll bei den Kölnischen Töchtern bleiben; allein durch Heirat mit der Kölnerin, die Mitglied ist, soll man es selbst erwerben können). Doch Zeiten und wirtschaftliche Konjunkturen waren über die Frauenzünfte bereits hinweggegangen. Im 17. Jahrhundert, zumindest in der zweiten Hälfte, gab es im Seidamt nur noch männliche Meister, Gesellen und Lehrlinge. Nur ausnahmsweise führten Witwen das Gewerbe des Mannes fort und nahmen Lehrjungen auf[69].

In Nürnberg waren die Erwerbsmöglichkeiten für Frauen sehr viel geringer als in Köln. Selbständige Frauenarbeit hat es wohl auch hier gegeben, offensichtlich jedoch nur in engen Grenzen[70].

Die Rolle der Frau im Handwerk war zudem recht uneinheitlich. Nur in wenigen Handwerkszweigen, z.B. bei den Handschuhmachern, den Schneidern oder auf der Bleiche waren Frauen den Männern annähernd gleichberechtigt. Im 16. Jahrhundert mehrten sich die Arbeitsverbote und Arbeitsbeschränkungen für Frauen; außerdem versuchten Gesellen, deren Aufstiegschancen zunehmend geringer wurden, die weiblichen Arbeitskräfte aus der Produktion zu verdrängen. Im Nürnberger Stadtrecht von 1479, genannt „Neue Reformation" (gedruckt 1484), werden im 10. Gesetz, das die Aufnahme von Lehrlingen im Handwerk regelt, *knaben oder meydlein* erwähnt. Wenn das ähnlich noch 1564 in die „Verneuerte Reformation" einfloß[71], traf es schon nicht mehr die realen

Verhältnisse und Möglichkeiten. Einige Beispiele mögen den Verdrängungsprozeß zeigen.

Gab es im 15. Jahrhundert noch selbständige Schneiderinnen, ist in der Schneiderordnung von 1535 keine Rede mehr davon, daß Frauen handwerksberechtigt sind. Im selben Jahr wurde auch den Beutlern verboten, weibliches Personal zu beschäftigen. Als die Bortenweber 1601 zum geschworenen Handwerk aufstiegen, wurde bei ihnen gleichzeitig die Frauenarbeit untersagt. Noch 1594 hatte der Rat verfügt, daß nur diejenigen, Männer wie Frauen, das Gewerbe ausüben sollten, die es auch ordnungsgemäß gelernt hätten[72].

Das Witwen- und Töchterrecht galt in den üblichen Erscheinungsformen auch in Nürnberger Handwerken, wurde aber im 16. Jahrhundert ebenfalls eingeschränkt[73]. In dieser Zeit der weitgehenden Zurückdrängung der Frauen aus den handwerklichen Berufen bildete sich die Goldspinnerei heraus, das einzige Nürnberger Handwerk, in dem Frauen Meister werden konnten. Das Gewerbe, das – ähnlich wie in Köln – zusammen mit den Goldschlägern organisiert war, erhielt 1595 eine Gewerbeordnung und wurde 1597 zum geschworenen Handwerk erhoben[74]. Im Goldschmiedegewerbe gewann die Frauenarbeit im 16. Jahrhundert, der Zeit der größten Blüte dieses Gewerbes in Nürnberg, ebenfalls an Bedeutung.

Neben den geschworenen Handwerken gab es in Nürnberg die sogenannten freien Künste, die alle möglichen speziellen Berufe umfaßten. Frauen sind in diesen freien Künsten vielfach nachzuweisen[75].Groß war der Anteil, den Frauen in Nürnberg an Hilfs- und Nebenarbeiten in den verschiedenen Gewerben hatten[76]. Die Nürnberger Handwerke waren stark verlegerisch orientiert. Als Verleger traten jeweils einige wenige Meister auf, die andere Meister und vollausgebildete Gesellen im Stückwerk beschäftigten. Diese Stückwerker sollen in Nürnberg fast zwei Drittel aller in der Produktion Beschäftigten ausgemacht haben, zumindest im 16. Jahrhundert. Auch viele Frauen gehörten dazu, ihre soziale Lage muß besonders schlecht gewesen sein.

DIE SOZIALE SITUATION DER FRAU IN DER STADT

Die soziale Lage der Frauen in Mittelalter und Frühneuzeit ist im Laufe dieser Untersuchung mehrfach angesprochen worden. Dazu noch einige ergänzende Sätze.

Steuerlisten und ähnliche Quellen des 14.–16. Jahrhunderts aus verschiedenen Städten und Regionen zeigen, daß Frauen in den Unterschichten und in den niedrigsten Vermögensklassen überrepräsentiert waren[77]. Einige Beispiele mögen das verdeutlichen.

Abb. 148 Eine im Laden eines Goldschmiedes beschäftigte Frau beim Abwiegen von Gold.

1364 waren in Trier 25 % aller Steuerzahler alleinstehende Frauen; von diesen 25 % gehörten wiederum 63 % der Unterschicht an, während insgesamt nur 51 % der Steuerzahler als sozial schwach gelten konnten. Für 20 % der Frauen sind Berufsangaben überliefert, weiter sind 25 % als Witwen, 43 % ohne Berufsangabe, 8 % als Beginen und 4 % als Angehörige der ökonomischen Oberschicht ausgewiesen[78]. 1475 gab es in Wismar 577 Häuser, 1278 Buden, 177 Keller und 19 Buden oder Keller. Der Frauenanteil unter den Hausbewohnern lag bei 7,8 %, während er bei denen, die in Kellern und Buden hausten, bei 26,7 % lag. Zwei Jahre später machte der Anteil der Frauen in diesen schlechten Behausungen 24,8 % aus. Sie zahlten auch meistens den geringsten Steuerbetrag[79]. 1460 stellten Frauen in der Reichsstadt Hall, ledig oder verwitwet, 22 % aller Haushaltsvorstände, im Jahre 1545 28 %[80]. Im selben Jahr sind in Reutlingen für Frauen- und Kinderhaushalte 20,6 %, in Stuttgart 18,9 %, in Leonberg 13 % zu errechnen. Die meisten davon gehörten zu den Armen.

Für Köln liegen aus dem Jahre 1487 für dreizehn der 19 Pfarreien Häuserlisten[81] vor; danach waren Frauen mit ca. 10 % am Hausbesitz beteiligt. Es ist jedoch nicht festzustellen, daß Frauen überwiegend schlechte und ärmliche Häuser besessen haben; so waren sie auch nicht in Stadtvierteln, die als schlechtere Wohnlagen galten, überdurchschnittlich vertreten. Im vornehmsten Kölner Wohnviertel, der Pfarre St. Alban, gehörten 15 % aller Häuser Frauen, darunter die größten und prächtigsten. Zu den wenigen Steuerlisten, die es für Köln gibt[82], gehört eine Kopfsteuerliste aus der Zeit um 1515. Unter den 166 darin aufgeführten reichsten Kölner Bürgern waren allein 40 Frauen[83].

Abb. 149 Im Haus eines Handwerkers oder kleinen Kaufmanns. Holzschnitt, 1473.

SCHLUSSBETRACHTUNGEN

Zusammenfassend läßt sich sagen, daß die Beteiligung von Frauen an Handel und Gewerbe in Mittelalter und Frühneuzeit von Ort zu Ort strukturell sehr unterschiedlich aussah. In dieser Untersuchung konnten nur Grundzüge der Frauenarbeit in dieser Zeit vermittelt werden. Eine vollständige Darstellung aller Hinweise auf Frauen in den verschiedensten kaufmännischen und handwerklichen Berufssparten war hier nicht möglich. Frauen aller Schichten waren im Spätmittelalter erwerbstätig, was in den Unterschichten und sicher auch in vielen Handwerkerfamilien soziale Notwendigkeit war[84]. In besonderem Maße galt das für Alleinstehende, ob verwitwet oder ledig.

Im Kleinhandel und in der Krämerei, besonders auch im Verkauf auf dem innerstädtischen Markt, waren Frauen durchgängig anzutreffen. Kommissionsgeschäfte sind für Frauen ebenfalls häufiger bezeugt. Auch in substituierenden Handelstätigkeiten finden wir sie öfter. Unter den Groß- und Fernhändlern sind Frauen kaum nachzuweisen, die Kölner Frauen nahmen hier eine Sonderstellung ein, wie überhaupt die Frauenarbeit ein wichtiger Bestandteil des Wirtschaftslebens in dieser mittelalterlich-frühneuzeitlichen Großstadt war. In keiner anderen deutschen Stadt haben Frauen in dieser Zeit mehr Rechte, Freiheiten und wirtschaftliche Möglichkeiten gehabt.

Nach neueren Forschungen waren Frauen in den Zünften überwiegend in unselbständigen Positionen beschäftigt, nur in wenigen Zünften galt eine volle Gleichberechtigung von Männern und Frauen. Der Verdrängungsprozeß aus den handwerklichen Berufen, der vor allem das 16. Jahrhundert prägt, bedingt durch die zunehmende Übersetzung und Schließung der Zünfte, konnte an mittelrheinischen Beispielen und an Nürnberg gezeigt werden.

Frauen sind nicht – wie männliche Gesellen – gewandert. Frauen hatten keinen Zugang zum Rat und zu den politischen Ämtern im Stadtregiment.

◁ *Abb. 150 Spinnende Frau mit Mann und Kind. Frankreich, 15. Jahrhundert.*

ANMERKUNGEN

* Dieser Beitrag erschien zuerst in: Die Frau in der deutschen Wirtschaft. Referate und Diskussionsbeiträge des 8. Wissenschaftlichen Symposiums der Gesellschaft für Unternehmensgeschichte e.V. am 8. und 9. Dezember 1983 in Essen, hrsg. von Hans Pohl (= Zeitschrift für Unternehmensgeschichte Beiheft 35), Wiesbaden 1985, S. 30–44. Abdruck mit freundlicher Genehmigung des Herausgebers. – Für die vorliegende Publikation wurden Literaturangaben aktualisiert, ferner einige inhaltliche Veränderungen und Ergänzungen vorgenommen.

1 Wihelm Behaghel, Die gewerbliche Stellung der Frau im mittelalterlichen Köln, Diss. phil., Freiburg 1910. – Julius Hartwig, Die Frauenfrage im mittelalterlichen Lübeck, in: Hans. Geschichtsblätter 14, 1908, S. 35–94. – Gertrud Schmidt, Die berufstätige Frau in der Reichsstadt Nürnberg bis zum Ende des 16. Jahrhunderts, Diss. phil., Masch.schrift, Erlangen 1950. – Margret Wensky, Die Stellung der Frau in der stadtkölnischen Wirtschaft im Spätmittelalter, Köln/Wien 1980 (= Quellen u. Darstellungen zur hans. Geschichte NF 26). – – Teilaspekte behandeln: Franz Bastian, Das Manual des Regensburger Kaufhauses Runtinger und die mittelalterliche Frauenfrage, in: Jahrbuch f. Nationalökonomie u. Statistik 115, 1920, S. 385–442. – Hans-Dieter Loose, Erwerbstätigkeit der Frau im Spiegel Lübecker und Hamburger Testamente des 14. Jahrhunderts, in: Zeitschrift d. Vereins f. Lübeckische Geschichte u. Altertumskunde 60, 1980, S. 9-20. – Klaus-Joachim Lorenzen-Schmidt, Zur Stellung der Frauen in der frühneuzeitlichen Städtegesellschaft Schleswigs und Holsteins, in: Archiv f. Kulturgeschichte 61, 1979, S. 317–339. – Kurt Wesoly, Der weibliche Bevölkerungsanteil in spätmittelalterlichen und frühneuzeitlichen Städten und die Betätigung von Frauen im zünftigen Handwerk (insbesondere am Mittel- und Oberrhein), in: Zeitschrift f.d. Geschichte des Oberrheins 128, 1980, S. 69–117. – Annette Winter, Studien zur sozialen Situation der Frauen in der Stadt Trier nach der Steuerliste von 1364, in: Kurtrier. Jahrbuch 15, 1975, S. 20–45. – – Weitgehend den Erkenntnissen der älteren Literatur ist verhaftet: Barbara Händler-Lachmann, Die Berufstätigkeit der Frau in den deutschen Städten des Spätmittelalters und der beginnenden Neuzeit, in: Hess. Jahrbuch f. Landesgeschichte 30, 1980, S. 131–175. – Einen Vergleich der wirtschaftlichen Tätigkeit der Frauen in den spätmittelalterlichen Städten Leiden/NL und Köln bietet neuerdings: Martha C. Howell, Women, Production and Patriarchy in Late Medieval Cities, Chicago 1986. – Eine gute Übersicht über die Gesamtproblematik gibt die Einführung des Herausgebers Hans Pohl, in: Die Frau in der deutschen Wirtschaft, Wiesbaden 1985, S. 1–17. Eine Materialsammlung zu dem Thema bringt: Peter Ketsch, Frauen im Mittelalter, Bd. 1, Frauenarbeit im Mittelalter. Quellen und Materialien, Düsseldorf 1983 (= Geschichtsdidaktik 14). – Jüngst (Wien 1986) erschien ein umfangreicher Sammelband, Ergebnis einer Tagung in Krems a.d. Donau 1984, über: „Frau und spätmittelalterlicher Alltag“, hrsg. von Harry Kühnel.

2 Vgl. dazu Edith Ennen, Die Frau in der mittelalterlichen Stadtgesellschaft Mitteleuropas, in: Hans. Geschichtsblätter 98, 1980, S. 1–22 und dies., Frauen im Mittelalter, München [3]1987, bes. S. 141–194.

3 Wensky, Stellung der Frau, S. 25f. (s. Anm.1).

4 Köln mußte 1498 die Stadt Antwerpen eigens bitten, die eidlichen Aussagen Kölner Frauen in Handelsangelegenheiten anzuerkennen, H.v. Loesch, Die Kölner Zunfturkunden, Bd. 2, Bonn 1907, Nr. 665 A.

5 Olof Ahlers (Hrsg.), Civilitates. Lübecker Neubürgerlisten 1317–1356, Lübeck 1967 (= Veröffentlichungen z. Geschichte d. Hansestadt Lübeck 19). – Zusätze zu den Nameneinträgen, die auf die Berufe der Neubürgerinnen schließen lassen, finden sich 1319–1331; später sind nur noch die Namen verzeichnet.

6 Besonders häufig genannte Berufe.

7 Die Nürnberger Bürgerbücher I: Die Pergamentenen Bürgerlisten 1302–1448, Nürnberg 1974 (= Quellen z. Geschichte u. Kultur d. Stadt Nürnberg 9).

8 Die Bürgerbücher der Reichsstadt Frankfurt 1311–1400 und das Einwohnerverzeichnis von 1387. Hrsg.v. Dietrich Andernacht u. Otto Stamm, Frankfurt/M. 1955. – Die Bürgerbücher der Reichsstadt Frankfurt 1401–1470. Hrsg. v. Dietrich Andernacht u. Erna Berger, Frankfurt/M. 1978. – Berufsbezeichnungen hauptsächlich bei den Eintragungen der ersten Hälfte des 14. und des 15. Jahrhunderts zu finden.

9 Kölner Neubürger 1356–1798, 3 Teile, Köln/Wien 1975 (= Mitteilungen aus d. Stadtarchiv v. Köln 61–63).

10 Ebenda, Teil 1, S. XXXIf.; zu den Ausnahmen: Wensky, Stellung der Frau, S. 16f.

11 Kölner Neubürger, Teil 1, S. XXXVIff.

12 Friedrich Keutgen, Urkunden zur städtischen Verfassungsgeschichte, 1901, Nachdr. 1965, Nr. 126 § 52, S. 96f.; zur Datierung des Stadtrechts: Philippe Dollinger, Le premier statut municipal de Strasbourg (XIIe siècle), in: L'Annuaire de la Société des Amis du Vieux-Strasbourg 1972–73, S. 13-35.

13 G.K. Schmelzeisen, Die Rechtsstellung der Frau in der deutschen Stadtwirtschaft, Stuttgart 1935 (= Arbeiten z. deutschen Rechts- u. Verfassungsgeschichte 10), S. 9f.

14 Zitiert nach Wilhelm Ebel, Forschungen zur Geschichte des lübischen Rechts, Teil 1, Lübeck 1950 (= Veröffentlichungen z. Geschichte d. Hansestadt Lübeck 14), S. 101.

15 Ebenda, S. 102.

16 Ebenda, S. 101f.

17 Loose, Erwerbstätigkeit, S. 16 (s. Anm. 1).

18 Schmelzeisen, Rechtsstellung, S. 99f. (s. Anm. 1).

19 Loose, Erwerbstätigkeit, S. 18f.; Schmelzeisen, Rechtsstellung, S. 11f., bes. Anm. 29; Wensky, Stellung der Frau, S. 193ff., dort auch Frauen mit typischem Krämereisortiment genannt. – Hingewiesen sei auch auf die häufigen Nennungen von Krämerinnen in den Neubürgerlisten von Lübeck und Frankfurt.

20 Bruno Kuske, Die Frau im mittelalterlichen deutschen Wirtschaftsleben, in: Zeitschrift f. handelswissenschaftl. Forschung 11, 1959, S. 148–157, bes. S. 154ff.

21 Abbildungen z.B. bei: Ernst Mummenhoff, Der Handwerker in der deutschen Vergangenheit, 1924, Nachdr., S. 41–43, 45.– Georg Steinhausen, Kaufleute und Handelsherren in alten Zeiten, Leipzig 1899, Nachdr. 1970, S. 64; vgl. auch Schmelzeisen, Rechtsstellung, S. 11 Anm. 29.

22 Für Nürnberg und Augsburg: Schmelzeisen, Rechtsstellung, S. 21f., dort weitere Hinweise auf entsprechende Verbote und Beschränkunen in anderen Orten.
Für Köln: Wensky, Stellung der Frau, S. 286-290.

23 Für Hamburg und Lübeck: Loose, Erwerbstätigkeit, S. 18f.
Für Köln: Wensky, Stellung der Frau, S. 290–292.

24 Wensky, Stellung der Frau, S. 292.

25 Bastian, Manual, S. 434 (s. Anm. 1); Wensky, Stellung der Frau, S. 290f.

26 Loose, Erwerbstätigkeit, S. 15.

27 Gertrud Susanna Gramulla, Handelsbeziehungen Kölner Kaufleute zwischen 1500 und 1600, Köln, Wien 1972 (= Forschungen z. internationalen Sozial- und Wirtschaftsgeschichte 4), S. 389. – Zu Agnes van Homburg vgl. auch Wensky, Stellung der Frau, S. 120, 141, 226, 297.

28 Loose, Erwerbstätigkeit, S. 17.

29 Alexander Dietz, Frankfurter Handelsgeschichte, Bd. 1, Frankfurt 1910, S. 144–260.

30 Lorenzen-Schmidt, Stellung der Frauen (s. Anm. 1).

31 Vgl. dazu insgesamt Wensky, Stellung der Frau, S. 187–305.

32 In Köln herrschte das System der indirekten Steuern vor.

33 Vor allem in folgenden Arbeiten: Franz Irsigler, Die wirtschaftliche Stellung der Stadt Köln im 14. und 15. Jahrhundert. Strukturanalyse einer spätmittelalterlichen Exportge-

werbe- und Fernhandelsstadt, Wiesbaden 1979 (= VSWG. Beiheft 65) u. ders., Kölner Wirtschaft im Spätmittelalter, in: Zwei Jahrtausende Kölner Wirtschaft, Bd. 1, Köln 1975, S. 217–319. Ferner auch: Wensky, Stellung der Frau.

34 Wensky, Stellung der Frau, S. 223–241.

35 Ebenda, S. 233–236.

36 Ebenda, S. 241–250.

37 So war z.B. 1423 die Witwe Bruwer nicht mehr in der Lage, so viele Güter wie zu Lebzeiten des Mannes am Zoll von Kaiserswerth vorbeizuführen, Bruno Kuske, Quellen zur Geschichte des Kölner Handels und Verkehrs im Mittelalter, Bd.1, Bonn 1923, Nr. 687. –1545 übertrug Katharina Meinertshagen das Geschäft, das sie zusammen mit ihrem verstorbenen Mann geführt hatte, ihrem Neffen, weil es ihr als einer betagten Frau und Witwe schwer falle, den Handel fortzuführen, Stadtarchiv Köln, Briefbuch 66 fol. 123 v.

38 Wensky, Stellung der Frau, S. 274f.

39 Zahlreiche Belege dafür auch bei Gramulla, Handelsbeziehungen, und dies., Kölner Kaufleute im Handel mit dem Ostseeraum am Ende des 15. und im 16. Jahrhundert, in: Köln, der Rhein und das Reich, Köln 1971 (= Mitteilungen aus d. Stadtarchiv v. Köln 60), S. 553–598.

40 Das Buch Weinsberg. Kölner Denkwürdigkeiten aus dem 16. Jahrhundert, Bd. 1–2, bearb. v. K. Höhlbaum. Bd. 3–4, bearb. v. F. Lau, Bd. 5, bearb. v. J. Stein, Leipzig und Bonn 1886–1926.

41 Vgl. dazu Margret Wensky, Die Stellung der Frau in Familie, Haushalt und Wirtschaftsbetrieb im spätmittelalterlich-frühneuzeitlichen Köln, in: Haus und Familie in der spätmittelalterlichen Stadt, Köln/Wien 1984 (= Städteforschung R. A/18).

42 Z.B. 1547 über seine Nichte Maria Heresbach anläßlich ihrer Heirat mit einem Weseler Kaufmann, Buch Weinsberg I, S. 191.

43 Hansisches Urkundenbuch, Bd. 8, bearb. v. W. Stein, Leipzig 1899, Nr. 430.

44 Traugott Geering, Handel und Industrie der Stadt Basel, Basel 1886, S. 193. Wensky, Stellung der Frau, S. 294f.; eine systematische Durchsicht der Kölner Briefbücher ergäbe, daß Kölner Frauen auch in der Folgezeit noch regelmäßig die Frankfurter Messen besucht haben, so bekümmerte z. B. 1601 dort zur Messezeit eine Kölner Bürgerin einen anderen Kölner Bürger, Stadtarchiv Köln, Briefbuch 116 fol. 34v.

45 Wensky, Stellung der Frau, S. 184, 295.

46 Ebenda, S. 296 = Leipzig. – 1534 plante die Witwe Mettel Drugermullen eine Reise nach Joachimsthal, um die vier Kuxe, die ihr verstorbener Mann am dortigen Silberbergwerk besaß, zu verkaufen und den Ausbruch einzufordern, Stadtarchiv Köln, Briefbuch 58 fol. 140r – 141r.

47 Wensky, Stellung der Frau, S. 296. Der Besuch von Jahrmärkten in der Umgebung war auch im 16. Jahrhundert noch üblich, was u.a. auch dem Buch Weinsberg zu entnehmen ist, z.B. reiste Hermanns Frau Weisgin regelmäßig mit ihrem Scharzenhandel auf die Märkte in der Umgebung Kölns. – Leinentuch verkaufte die Kölner Bürgerin Bela Fassbenders 1575 auf den Märkten in Bonn und Remagen, Stadtarchiv Köln, Briefbuch 92 fol. 446v. – 1557 beauftragte der Kölner Rat eine Kölner Bürgerin, anläßlich ihrer *neysten uffreise* (= nächsten Reise) von Mainz her Korn mit nach Köln herabzuführen, ebenda 76 fol. 360v; 1553 handelte die Kölnerin Alheit von Lennep mit Tüchern im Oberland, ebenda 73 fol. 172v. – Die Reihe der Beispiele für Frauen, die auf Handelsreisen gingen, ließe sich beliebig fortsetzen.

48 Z.B. Stadtarchiv Köln, Briefbuch 42 fol. 320r–321r, 1504, mehrere Handelsmägde des verstorbenen Kaufmanns Frank van Greveroide genannt.49

49 Dietz, Frankfurter Handelsgeschichte, Bd. 1, S. 164f.

50 Schmelzeisen, Rechtsstellung, S. 20 Anm. 68 = Lübeck. – Karl Bücher, Die Berufe der Stadt Frankfurt im Mittelalter, Leipzig 1914, dort zahlreiche Belege. – Kuske, Frau im

Wirtschaftsleben, S. 156; Wensky, Stellung der Frau, S. 299–303 = Köln.

51 Bücher, Berufe Frankfurt, S. 127; 1382 eine *undirkoufern* als Neubürgerin bezeugt, Bürgerbücher Frankfurt 1311–1400, S. 113. – In Köln sind Frauen in dieser Funktion bislang nicht nachzuweisen.

52 1401 wird z.B. eine Zöllnerin als Nürnberger Neubürgerin verzeichnet, Nürnberger Bürgerbücher I, Nr. 1503. – Wensky. Stellung der Frau, S. 302f.

53 Die Frauenfrage im Mittelalter, Tübingen 1882, 2. Aufl. Tübingen 1910.

54 Z.B. Wesoly, Bevölkerungsanteil, bes. S. 116f.; Loose, Erwerbstätigkeit, bes. S. 10; Ketsch, Frauen im Mittelalter, bes. S. 11 (Anmerk. 1).

55 Wensky, Stellung der Frau, S. 53–55, 56f.

56 Lorenzen-Schmidt, Stellung der Frauen, S. 323.

57 Margret Wensky, Die Osnabrücker Gilden im Mittelalter, in: Stadt im Wandel. Kunst und Kultur des Bürgertums in Norddeutschland 1150–1650, Ausstellungskatalog, Bd. 3, Stuttgart-Bad Cannstatt 1985, S. 371–383, bes. S. 378f.

58 Wesoly, Bevölkerungsanteil.

59 Gustav Schmoller, Die Straßburger Tucher- und Weberzunft, Urkunden und Darstellung, Straßburg 1897, Nr. 2 = 1330, Ratsurteil der Schöffen über die Anteilnahme der Frauen am Dienst der Weber; Nr. 25 = 1430, Vergleich der Webermeister mit den Schleier- und Leineweberinnen über Verteilung der Zunftlasten. – Aus der letztgenannten Urkunde liest Wesoly Hinweise auf einen möglichen beginenähnlichen Status der Frauen, und zwar in der Anrede *jungfrouwe*, mit der vier namentlich genannte Frauen bezeichnet werden, ferner darin, daß diejenige Weberin, die eine(n) *gehusen* (Hausgenossin) bei sich hat, die ebenfalls einen Webstuhl unterhält, entsprechend höhere Gebühren zahlen muß. – Daß Frauen gelegentlich zusammen einen Gewerbebetrieb unterhalten haben, ist auch aus dem Kölner Seidengewerbe bekannt; es kann sich also in Straßburg durchaus um „Gesellinnen" gehandelt haben, die im Hause einer selbständigen Schleier- und Leineweberin arbeiteten – und, wie für Gesellen üblich, auch lebten. Da die Schleier- und Leineweberinnen einen Sonderstatus in der Weberzunft hatten, waren die vier genannten *jungfrouwen* vielleicht die Vertreterinnen – im Sinne von Zunftmeisterinnen? – der in der Zunft tätigen Frauen. Das würde alles gegen den beginenähnlichen Status sprechen.

60 Wensky, Stellung der Frau, S. 30–60, auch für die folgenden Ausführungen.

61 Z.B. die Nonnen von St. Maximin, was der Rat der Stadt Köln 1456 zu unterbinden suchte, Loesch, Zunfturkunden, Bd. 2, Nr. 554.

62 Alfred Doren, Italienische Wirtschaftsgeschichte, Bd. 1, Jena 1934.

63 Wensky, Stellung der Frau, S. 61–71. – Zu den Frauenzünften vgl. auch dies., Women's Guilds in Cologne in the Later Middle Ages, in: Journal of European Economic History 11, 1982, S. 631–650.

64 Wensky, Stellung der Frau, S. 72–82.

65 Ebenda, S. 83–186. – Hans Koch, Geschichte des Seidengewerbes in Köln vom 13. bis zum 18. Jahrhundert, Leipzig 1907 (= Staats- und sozialwissenschaftl. Forschungen 128).

66 Das zeigt das Mitgliedsbuch des Kölner Seidamtes aus dem 16. Jahrhundert, Stadtarchiv Köln, Zunft 456.

67 Seit der Mitte des 16. Jahrhunderts verlor das Kölner Seidengewerbe stark an Bedeutung, wurde u.a. ab etwa 1570 vom Frankfurter Seidengewerbe übertroffen, Dietz, Frankfurter Handelsgeschichte, Bd. 2, Frankfurt 1921, S. 288ff. – 1591 ist im Seidamt selbst nicht mehr bekannt, wie bedeutend das Gewerbe einmal war. So wird bezweifelt, daß es vor 30–40 Jahren in Köln 60–70 Seidenhändler gegeben habe, von denen jeder jährlich mehr an 100. Pfennig gezahlt habe als das ganze Seidamt jetzt; denn das würde bedeuten, daß man 2400 Ballen Seide jährlich verarbeitet habe, was gänzlich unmöglich sei. Der Seidenhandel sei schon deshalb besser gewesen, weil er in der

Zwischenzeit an vielen anderen Orten in Gang gekommen sei, außerdem sei die in Köln hergestellte Seide teurer als andere, Stadtarchiv Köln, Zunft 462. – Dazu insgesamt auch Koch, Seidengewerbe, S. 68–92.

68 Abdruck bei Koch, Seidengewerbe, S. 99–103.

69 Das zeigt das Einschreibbuch für Lehrjungen, Gesellen und Meister 1672–1721, Stadtarchiv Köln, Zunft 458.

70 Rudolf Endres, Zur Lage der Nürnberger Handwerkerschaft zur Zeit von Hans Sachs, in: Jahrbuch f. fränk. Landesforschung 37, 1977, 107–123. – Zur Frauenarbeit in Nürnberg vgl. auch insgesamt Schmidt, Berufstätige Frau (Anm. 1).

71 Quellen zur Neueren Privatrechtsgeschichte Deutschlands, bearb. v. Franz Beyerle, Weimar 1936, S. 1–94: Nürnberger Reformation, bes. S. 52f. Vgl. dazu auch Gerhard Pfeiffer (Hrsg.), Nürnberg – Geschichte einer europäischen Stadt, Nürnberg 1971, S. 175f.

72 Schmidt, Berufstätige Frau, S. 25 = Schneider, 21–23 = Beutler; 18f. = Bortenweber.

73 Endres, Nürnberger Handwerkerschaft, S. 122f.

74 Schmidt, Berufstätige Frau, S. 12–14.

75 Ebenda, S. 38–41.

76 Ebenda, S. 41–46; vgl. dazu und zu den folgenden Ausführungen insgesamt Endres, Nürnberger Handwerkerschaft.

77 Vgl. dazu Erich Maschke, Die Unterschichten der mittelalterlichen Städte Deutschlands, in: Gesellschaftliche Unterschichten in den südwestdeutschen Städten, hrsg. v. Erich Maschke u. Jürgen Sydow, Stuttgart 1967 (= Veröffentlichungen d. Kommission f. geschichtl. Landeskunde in Baden-Württemberg B 41), S. 1–74, bes. S. 27f. Bei Ketsch, Frauen im Mittelalter, S. 32–50, findet sich eine Zusammenstellung von Frauenanteilen in Steuer- und Häuserlisten verschiedener deutscher Städte vom 14.–16. Jahrhundert.

78 Winter, Studien zur sozialen Situation (Anm. 1).

79 Maschke, Unterschichten, S. 27.

80 Gerd Wunder, Unterschichten der Reichsstadt Hall, in: Gesellschaftliche Unterschichten (Anm. 77), S. 101–118, bes. S. 104f.

81 Wensky, Stellung der Frau, S. 312–314.

82 In Köln herrschte das System der indirekten Steuern vor; die Stadt griff nur in Ausnahmefällen zum Mittel der direkten Besteuerung.

83 Hermann Kellenbenz, Die wohlbehabendsten Kölner Bürger um 1515, in: Geschichte in der Gesellschaft. Festschrift für Karl Bosl zum 65. Geburtstag, Stuttgart 1974, S. 264–291. – Eine Zusammenstellung der 40 Frauen bei Wensky, Stellung der Frau, S. 316f.

84 Vgl. dazu ausführlich Erich Maschke, Die Familie in der deutschen Stadt im späten Mittelalter, Heidelberg 1980 (= Sitzungsberichte d. Heidelberger Akademie d. Wissenschaften, Phil.-hist. Klasse, 4. Abt.).

Erika Glassen

Nimm den Schleier, Schwester!

IRANISCHE FRAUEN IM BANNE DES ISLAM

„Und sprich zu den gläubigen Frauen, daß sie ihre Blicke niederschlagen und ihre Scham hüten und daß sie nicht ihre Reize zur Schau tragen, es sei denn, was außen ist, und daß sie ihren Schleier über ihren Busen schlagen und ihre Reize nur ihren Ehegatten zeigen oder ihren Vätern ... Und sie sollen nicht ihre Füße zusammenschlagen, damit nicht ihre verborgene Zierat bekannt wird ...“ Koran 24, 30 (31).

„O ihr, die ihr glaubt, tretet nicht ein in die Häuser des Propheten – es sei denn, daß er es euch erlaubt – ... Und wenn ihr sie (d.h. die Gattinnen des Propheten) um einen Gegenstand bittet, so bittet sie hinter einem Vorhang; solches ist reiner für eure und ihre Herzen ...“ Koran 33, 52 (53).

„O Prophet, sprich zu deinen Gattinnen und deinen Töchtern und den Weibern der Gläubigen, daß sie sich in ihren Überwurf verhüllen. So werden sie eher (d.h. als ehrwürdige Frauen) erkannt und werden nicht verletzt. Und Allah ist verzeihend und barmherzig.“ Koran 33, 58 (59)[1].

Auf diese Verse aus dem Koran, dem heiligen Buch der Muslime, beruft man sich in allen Diskussionen über die Verschleierungsfrage. Dabei werden sie von den gelehrten Autoritäten eng oder weit ausgelegt, und man streitet über einzelne Begriffe, z.B. darüber, was das Wort sinat (Reiz, Zierat) genau bedeuten soll. Den Kennern des Koran und der historischen Überlieferungen ist auch nicht verborgen, daß die Verse aus Sure 33 und ihr Kontext sich auf gewisse Haremsprobleme des Propheten Muḥammad beziehen und daher nicht unbedingt auch für alle Frauen gelten müssen[2].

Für die verhüllenden Utensilien werden in diesen Koranversen verschiedene Wörter verwendet: ḫimār, pl. ḫumur (sprich: chimār, chumur = längerer Kopfschleier), ḥiǧāb (sprich: hidschāb = Vorhang), ǧilbāb, pl. ǧalābīb (sprich: dschilbāb, dschalābīb = überwurfartiges Gewand). Gegenwärtig gilt in der islamischen Republik Iran das Wort ḥiǧāb als Terminus für die vom Gesetz gebotene Verhüllung der Frauen. Wir können es daher mit Verschleierung oder Verhüllung übersetzen. Wenn wir das Kleidungsstück, daß muslimische Frauen anlegen, um sich keusch zu verhüllen, ganz allgemein als „Schleier" bezeichnen, sollten wir bedenken, daß sich in den einzelnen islamischen Ländern ganz unterschiedliche „Schleier"-Moden entwickelt haben, die sich neben der westlichen Importmode auch mehr oder weniger erhalten konnten. Die Kleidung der muslimischen Frauen war und ist also regional verschieden, denn sie blieb auch nach der Bekehrung zum Islam den überkommenen Traditionen verbunden. Dies sicher auch deshalb, weil sie den klimatischen Gegebenheiten angemessen war. Der „Schleier" schützt nicht nur vor den Blicken der Männer, sondern auch vor Sonne und Staub.

Wenn die Entschleierung der modernen muslimischen Frau nur als emanzipatorischer Akt und die erneute Verschleierung der frommen Muslimin nur als bekennerischer Gestus begriffen wird, reduziert man ein komplexes kulturelles Phänomen auf eine ideologische Komponente. Selbst der angesehene iranische zwölferschiᶜitische Theologe und Märtyrer Mutahharī (ermordet 1979), der ein Buch über die Verschleierungsfrage verfaßt hat, gerät in dem Kapitel über die Philosophie der Verschleierung unversehens in den Bereich der Poesie[3]. In der klassischen persischen Liebespoesie enthält die subtile Bildwelt, in der sich hinter Vorhang oder Schleier nicht nur das geliebte irdische Wesen, sondern auch Gott verbirgt, eine mystische Dimension. Die mystisch verfeinerte Erotik, die den Schleier als Symbol für eine reine Liebesbeziehung versteht, findet ihr grobes Pendant in der aggressiven Sexualität der gefährlichen Verführerin, die hinter den Schleier verbannt wird, weil sich die Männer von ihr bedroht fühlen.

Das Spektrum der Zwischentöne ist breit. Der Pionier der modernen persischen Literatur, Muhammad Ali Dschamalsade, hat das traditionelle poetische Bild vom blitzartigen Blick hinter den gelüfteten Schleier voll melancholischer Ironie in einer Prosaerzählung entfaltet, in der er den alternden Molla Qorban n-Alī zum verrückten Liebenden werden läßt. Als sich der Schleier eines jungen Mädchens im Gezweig eines Rosenbusches verfängt und vom Kopf rutscht, erblickt der Molla für einen Augenblick ihr vor Scham wie eine Rose erglühtes Gesicht und ihre offenen Zöpfe. Verwirrt siecht er nun dahin voll unerfüllter Liebe[4]. Das alles gehörte zur Atmosphäre des Orients: die Gewalt der Blicke, das weibliche Haupthaar als sinnlicher Reiz, der Schleier als Requisit der Verführung – sei es, er wird vom Rosenstrauch entrissen, vom Wind gelüftet oder bewußt benutzt als Vermummung, um sich unerkannt in Abenteuer stürzen zu können.

Lady Mary Montagu, die Frau des englischen Gesandten bei der Hohen Pforte, konnte durch enge freundschaftliche Kontakte mit ihren Geschlechtsgenossinnen mit den Sitten und Gebräuchen im Osmanischen Reich zu Beginn des 18. Jahrhunderts einigermaßen vertraut werden. Sie geht so weit, „das türkische Frauenzimmer als das einzig freie Volk im

Reiche" zu bezeichnen[5]. In einem Brief an ihre Schwester beschreibt sie recht genau die damalige osmanische Schleiermode und kommt zu dem Schluß: „Sie können sich vorstellen, wie gut die Frauen hierdurch vermummt werden, so daß die vornehme Dame nicht mehr von ihrer Sklavin zu unterscheiden ist. Es ist dem eifersüchtigsten Ehemann nicht möglich, seine Frau zu erkennen, wenn er sie trifft, und niemand darf auf der Straße ein Frauenzimmer anrühren oder ihr folgen. Diese ewige Mummerei gibt ihnen völlige Freiheit, ihrer Neigung ohne Gefahr der Entdekkung zu folgen."[6] Von dieser Freiheit machten die Damen nach ihren Beobachtungen ausgiebig Gebrauch.

Während die osmanische Damenwelt etwa seit Ende des 19. Jahrhunderts eine schon fast raffinierte Schleiermode kreierte, müssen die Straßengewänder der Perserinnen damals ganz besonders plump und häßlich gewesen sein. Einem europäischen „Experten" in einer anderen Erzählung Dschamalsades, durch dessen Mund der Literat herbe Gesellschaftskritik übt, erscheint die Hälfte der persischen Bevölkerung nur als lautlos wandelnde, schwarze Säcke, in denen er kaum menschliche Wesen vermuten mag[7].

Durch solche westlich gebildeten Literaten oder Politiker, die Kritik an den sozialen und politischen Verhältnissen in ihrer Heimat übten, wurde auch das Problembewußtsein für die Frauenfrage im Islam geweckt. Sich aus den Säcken zu befreien, den Schleier abzuwerfen, das bedeutete für viele muslimische Frauen nun den ersten Schritt zur Emanzipation. Doch es brachte auch fast automatisch eine gewisse Distanzierung von der islamischen Religion mit sich, die die nun als demütigend empfundene Verhüllung gesetzhaft vorschrieb.

Verwestlichung, Säkularisierung, Loslösung von einer jahrhundertealten Tradition, die die Frauen hinter den Schleier und in den Harem verbannt hatte: Unter diesen Parolen schlossen sich seit den zwanziger und dreißiger Jahren unseres Jahrhunderts muslimische Frauen der internationalen Frauenbewegung an. Sie durften von Anfang an mit dem Verständnis ihrer westlichen Schwestern rechnen[8].

Doch seit einiger Zeit fällt eine Gegenbewegung ins Auge. Viele muslimische Frauen bekennen sich wieder demonstrativ zu ihrem Glauben, dem Islam (wörtlich: Ergebung in den Willen Gottes), als der ihnen gemäßen Religion und Lebensform, und sie akzeptieren damit auch die Verschleierung, jene Vorschrift und jenen Brauch, der im Westen als Symbol der Abgeschlossenheit und Unterdrückung der Frauen in der islamischen Welt begriffen wird.

Wie in der Überschrift dieses Beitrags angedeutet, soll hier versucht werden, diese von unserem Standpunkt aus gesehen „reaktionäre" Frauenbewegung zu Wort kommen zu lassen. Ich möchte – so objektiv wie möglich – ihre historische Position und ihre Argumente verständlich machen. Denn diese engagierten muslimischen Frauen – ich meine damit nicht religiöse Fanatikerinnen oder betuliche Frömmlerinnen – sind uns fremd geblieben. Viel näher stehen uns jene Oppositionellen, die uns mit einsichtigen Argumenten und düsteren Berichten das Leben in einer vom Islam beherrschten Gesellschaft abschreckend vor Augen führen. Mit ihnen fühlen wir uns solidarisch. Deshalb registrieren wir mit ungläubigem Erstaunen, daß im Zuge der sog. Re-Islamisierung, d.h. der Wiederbelebung islamischer Werte und Normen, in der seit etwa einem Jahrhundert und länger von westlicher Lebensart infizierten islamischen Welt viele Frauen als öffentliches Bekenntnis ihres Glaubens nun auch wieder freiwillig den Schleier nehmen oder sich mit als islamisch verstandener züchtiger Kleidung bedecken. Der Höhepunkt dieser islamischen Erneuerungsbewegung war die islamische Revolution in Iran 1978/79. Und es wird in den Presseberichten damals und von den religiösen Führern noch heute übereinstimmend bezeugt, daß die aktive Teilnahme Tausender iranischer Frauen entscheidend zum Sieg der Revolution beigetragen habe.

Eine Konzentration meiner Ausführungen auf die Entwicklung in Iran halte ich daher für sinnvoll, zumal dort unter dem Schah-Regime die Emanzipation der Frauen auch besonders augenfällig fortgeschritten erschien. Diese Eingrenzung hat auch einen subjektiven Grund. Im Februar des Jahres 1985 hatte ich Gelegenheit, in Iran eine Zeitlang in engem Kontakt mit gläubigen, systemtreuen Musliminnen zu leben, mit ihnen Gespräche zu führen, sie näher kennenzulernen. Mit oppositionellen Frauen konnte ich nicht zusammentreffen.

Längere historische Exkurse lassen sich nicht vermeiden, wenn man das Geschichtsbewußtsein der zeitgenössischen Muslime, ihre antiwestliche Einstellung und die Motive der Re-Islamisierungsbewegung begreifen will.

Die islamische Welt war und ist kein monolithischer Block. Besonders seit dem 19. Jahrhundert und endgültig nach dem ersten Weltkrieg haben die verschiedenen Länder des Nahen Ostens nach ihrer eigenen politischen und nationalen Identität gesucht. Iran hatte, im Gegensatz etwa zu den arabischen Ländern, seine territoriale Gestalt seit Jahrhunderten bewahren und daher viel tiefer verwurzelte Traditionen entwikkeln können. Dies gilt besonders für den religiösen Bereich; denn seit dem Jahre 1501 war in Iran die sog. Zwölferschiᶜa, eine der beiden Hauptrichtungen des Islam, Staatsreligion. Darauf werde ich noch zurückkommen.

Trotz der Zersplitterung und der Sonderentwicklungen in der islamischenWelt kann man in der modernen Geschichte der Länder des Nahen Ostens gemeinsame Züge erkennen, dazu gehört auch die Behandlung der Frauenfrage, die eng mit der Verwestlichung verknüpft ist.

Abb. 151, 152 „Abendliche Frauenparty" in der ehemaligen Dachbar des Intercontinental (heute „Lale")-Hotels in Teheran. Februar 1985.

Die politischen und ökonomischen Interessen der europäischen Mächte im Nahen Osten hatten seit dem 19. Jahrhundert zu einer intensiven Einmischung in die inneren Angelegenheiten der islamischen Länder geführt. Nicht nur der osmanische Sultan, der sog. „kranke Mann am Bosporus“, sondern auch der iranische Qadscharenschah in Teheran konnte sich der erdrückenden Einflußnahme der Europäer, in Iran vor allem der Engländer und der Russen, kaum erwehren. Der enge Kontakt mit den Europäern führte die Orientalen zu der Erkenntnis der ökonomischen und militärischen Überlegenheit der Europäer und der eigenen Dekadenz. Immer mehr Orientalen – Araber, Perser und Türken – hielten sich in Europa zur Information oder zum Studium auf. So begann man allmählich, Überlegungen anzustellen, ob etwa die gemeinsame Religion, der Islam, schuld sei an der Rückständigkeit des Orients gegenüber Europa. Um aus der Krise herauszufinden, suchte man das Heil in Reformen. Unter den islamischen Reformer-Persönlichkeiten gab es religiöse Gelehrte, die modernes europäisches Denken mit dem Islam durch Neuinterpretation des Koran in Einklang bringen wollten, und andere, die den Islam aus dem öffentlichen Leben verbannen und zur Privatangelegenheit des Individuums deklarieren wollten. Sie strebten also eine Säkularisierung an, wie sie sie im christlichen Europa vorfanden.

Als Voraussetzung für Reformen wurde allgemein die Einführung eines öffentlichen säkularisierten Schulwesens angesehen, wobei auch westliche Bildungsinhalte, zunächst vor allem Sprachen, vermittelt werden sollten. Bei solchen von Europa inspirierten Reformbestrebungen tauchte bald die Frage nach der Rolle der Frau in der Gesellschaft auf. Manche Reformer plädierten im Sinne eines modernistischen Islam dafür, die muslimische Frau aus ihrer Abgeschiedenheit zu erlösen und sie, die Hälfte der Menschheit, zum Wohle der Gemeinschaft an den neuen Bildungseinrichtungen zu beteiligen.

Wir wissen sehr wenig über die Reaktionen der muslimischen Frauen auf die ersten, schüchternen Versuche, ihren Status zu verändern. In Iran tauchen erst in der Zeit des Kampfes um eine Verfassung und eine Nationalversammlung, durch die man die absolute Monarchie des Qadscharenschahs einzuschränken versuchte, d.h. in den Jahren zwischen 1905 und 1912, hin und wieder Berichte über öffentliche Aktivitäten iranischer Frauen auf.

Die erste größere Frauendemonstration, die in den Quellen erwähnt wird, fand am 10. Januar 1906 statt. Sie richtete sich gegen den Qadscharenschah, der gegen die Interessen seines Volkes mit den europäischen Mächten paktierte und den Europäern wirtschaftliche Konzessionen einräumte, um seine Staatskasse durch Kredite zu füllen. Als der Schah an diesem Tag in seiner Kutsche durch Teheran fuhr, trat ihm eine größere Gruppe verschleierter Frauen in den Weg und blockierte

Abb. 153 Im Hof des Hauses von Ayatullah Montazari in Qom. Warten auf Audienz. Februar 1985.

sein Fahrzeug. Sie riefen im Chor: „O Herrscher der Muslime, respektiere die Befehle der muslimischen Führer, verachte nicht die Gelehrten des Islam. O Herrscher des Islam, wenn England und Rußland dir zur Hilfe kommen, werden Millionen von Iranern den heiligen Krieg (dschihad) erklären." Dann händigte eine Frau dem Schah einen Drohbrief aus: „Fürchte dich vor der Zeit, da wir dir die Krone vom Haupt und den Herrscherstab aus der Hand reißen!"

Obwohl die erste iranische Verfassung von 1906 den Frauen kein Stimmrecht gewährte, forderten die iranischen Frauen anscheinend nichts für sich selbst, sondern sie beteiligten sich am nationalen Kampf der Männer. Zu diesen gehörten damals als führende Persönlichkeiten viele schiᶜitische Geistliche, die auch bei den Frauen Popularität besaßen. Wie eine Zusammenstellung der bekannten Namen der politisch aktiven Frauen jener Zeit ergeben hat, zählten dazu vor allem weibliche Angehörige der schiᶜitischen Geistlichen und der Abgeordneten der Nationalversammlung, aber auch Qadscharen-Prinzessinnen. Die Frauen bildeten Klubs und Organisationen und gaben eine eigene Zeitschrift heraus unter dem Titel „Wissen" (danesch) und förderten die Frauen- und Mädchenbildung. Bis 1910 entstanden 50 Mädchenschulen in Teheran.

Abb. 154 In einer alten, aber heute sehr lebendigen Frauenhochschule (Theologie) in Qom. Februar 1985.

Alle diese Frauen trugen den Tschador, einen den Kopf und den ganzen Körper verhüllenden Umhang, und sie scheinen ihn nur auf dem Gipfel höchster nationaler Erregung gelüftet zu haben, sozusagen um den feigen, kompromißbereiten Männern einen Schock zu versetzen. Wie leidenschaftlich sie damals das politische Geschehen verfolgten und mit ihren Männern diskutierten, zeigt ein tragisches Ereignis aus dem Jahre 1908. Die Mitglieder der iranischen Nationalversammlung und andere nationale Gruppen führten einen monatelangen diplomatischen Machtkampf mit dem Schah, der den fremden Mächten immer mehr wirtschaftliche Konzessionen gewährte. Auf dem Höhepunkt der Krise drohte Rußland mit militärischer Intervention zugunsten des Schah gegen das iranische Volk. Die Mehrheit der Abgeordneten beschloß, vor der Drohung zu kapitulieren und die Nationalversammlung aufzulösen. Da beging einer der Männer Selbstmord, nachdem er erklärt hatte, er getraue sich nicht mehr nach Hause zu gehen und seiner Frau zu gestehen, daß nach all den mutigen Demonstrationen und Diskussionen die Nationalversammlung sich aufgelöst habe, ohne daß die Freiwillige Garde, zu der er anscheinend gehörte, einen einzigen Schuß abgegeben habe.

Unter dem Tschador lassen sich auch Waffen verbergen. Es wird von mehreren Vorkommnissen berichtet, bei denen Frauen von dieser Möglichkeit Gebrauch machten. Eine Frau erschoß auf einer öffentlichen Versammlung einen reaktionären Molla, der sich gegen die Verfassung ausgesprochen hatte.

Im Krisenjahr 1911 drangen 300 Frauen in die Nationalversammlung ein. Ein westlicher Berichterstatter schreibt: „Aus ihren ummauerten Höfen und Harems marschierten 300 Angehörige des „schwachen Geschlechts" heran, mit der Röte einer unerschütterlichen Entschiedenheit auf den Wangen. Sie waren in ihre einfachen schwarzen Umhänge gekleidet, mit weißen Netzschleiern über den Gesichtern. Viele hielten Pistolen unter den Röcken oder in den Ärmeln. Sie liefen geradewegs in die Nationalversammlung, scharten sich dort zusammen und forderten von dem Präsidenten, sie einzulassen ... Diese wohlbehüteten persischen Mütter, Frauen und Töchter zogen drohend ihre Revolver hervor, schoben ihre Schleier beiseite und gaben ihre Entscheidung bekannt, daß sie zuerst ihre Ehemänner und Söhne töten würden und dann sich selbst, wenn die Abgeordneten ihre Pflicht vernachlässigen sollten, die Freiheit und Würde des persischen Volkes aufrechtzuerhalten."

Noch ein letztes Dokument aus dieser Zeit der sog. Verfassungsrevolution der Jahre 1905–1911 soll zitiert werden, das, wie mir scheint, nichts an Aktualität eingebüßt hat. Es geht um die internationale Frauensolidarität und ihre Grenzen. Als Rußland zugunsten des Schah mit militärischer Intervention drohte, sandten iranische Frauen ein Telegramm an das britische Suffragettenkomitee in London mit folgendem Hilferuf: „Die russische Regierung verlangt durch Ultimatum von uns, unsere Unabhängigkeit aufzugeben. Die Ohren der Männer in Europa sind taub, könnt Ihr Frauen uns nicht zur Hilfe kommen?" So abgedruckt in der London Times im Dezember 1911. Das gleiche Blatt veröffentlichte wenige Tage später auch die Antwort der Suffragetten: „Leider können wir die britische Regierung nicht dazu bewegen, uns, ihren eigenen Frauen, politische Rechte zu gewähren. Wir sind daher ohnmächtig, ihre Maßnahmen gegenüber Persien zu beeinflussen."[9]

Resümee aus dieser ersten Phase der iranischen Frauenbewegung: Die Bildungschancen können von einer bestimmten Schicht wahrgenommen werden. Trotz fehlender politischer Rechte zeigen die Frauen ein leidenschaftliches politisches Engagement, das sich gegen die Einmischung fremder Mächte in Iran und gegen den Schah richtet. Die Führung der progressiven schiᶜitischen Geistlichkeit wird anerkannt. Der Tschador wird bewußt als weibliche Waffe eingesetzt.

Doch dieser Kampf für die nationale Unabhängigkeit und die konstitutionelle Monarchie in Iran, an dem sich die Frauen so glühend beteiligt hatten, ging verloren. 1912 wurde die Nationalversammlung aufgelöst. Die Einmischung der europäischen Mächte im Nahen Osten erreichte während des 1. Weltkrieges und danach ihren Höhepunkt. Rußland und England teilten Iran in Interessenzonen auf. Damals erlebt die gesamte islamische Welt eine ihrer schwersten Krisen. Mit dem Zusammenbruch des Osmanischen Reiches erhielt die letzte, seit langem dahinsiechende islamische Großmacht ihren Todesstoß. Im Jahre 1924 schickte der Begründer der modernen Türkei, Mustafa Kemal Atatürk, den letzen sunnitischen (Schatten-)Kalifen aus dem Hause Osman ins Exil und dekretierte die Auflösung des mehr als tausendjährigen Kalifats. Die Türkische Republik, die auf dem Rumpfterritorium des Osmanischen Reiches begründet wurde, ist laut ihrer Verfassung ein laizistischer Staat, d.h., die Religionsausübung ist Privatangelegenheit des Gläubigen. Atatürk hat auch rigoros die religiösen Institutionen angetastet. Er hat die islamische Zeitrechnung und die arabische Schrift, die Schrift des heiligen Koran, in der auch die osmanisch-türkische Sprache seit Jahrhunderten geschrieben worden war, abgeschafft. In der türkischen Verfassung von 1924 erhielten die Frauen die gleichen Rechte wie die Männer, und Atatürk trat vehement für die Entschleierung ein.

Der Begründer der modernen Türkei hat mit der Schaffung eines unabhängigen türkischen Nationalstaates der offenen politischen Einmischung der europäischen Mächte in seinem Land ein Ende gesetzt. Er ist aber auch durch den harten Bruch mit der kulturellen und religiösen Tradition und der konsequenten Propagierung und rigorosen Durchsetzung der Verwestlichung auf allen Gebieten des Lebens einer echten Auseinandersetzung mit der Vergangenheit ausgewichen und hat damit die Ansätze eines möglicherweise fruchtbaren islamischen Modernismus im Keime erstickt. In der heutigen Türkei ist der offizielle Islam eine abgezogene islamische Morallehre, während der im Untergrund fortwirkende oppositionelle Islam für jeden Obskurantismus und Fanatismus anfällig ist.

Atatürks Handstreich hatte Auswirkungen auf die gesamte, ohnehin der Zersplitterung anheimgefallene islamische Welt. Die Institution des sunnitischen Kalifats konnte bis heute nicht wiederbelebt werden. Der Nationalismus, auch ein westlicher Import, wurde als eine Art Ersatzreligion propagiert. Atatürk hatte das Ei des Kolumbus gefunden: Die totale Absage an die islamische Vergangenheit, die bedingungslose Übernahme der westlichen Zivilisation sollten endlich die politische Unabhängigkeit und die wirtschaftliche Prosperität bringen.

Zurück zu Iran: Iran hatte zwar nicht, wie die arabischen Länder, zum Osmanischen Reich gehört, es war als zwölferschi^{c}itischer Staat auch nicht unmittelbar von der Abschaffung des sunnitischen Kalifats betroffen. Aber es hatte, wie angedeutet, ähnliche politische und wirtschaftliche Probleme, nämlich die Einmischung fremder Mächte und ökonomische Rückständigkeit. So wurde Atatürk zum großen Vorbild Resa Chans, der seine Karriere als Offizier einer Kosakenbrigade unter den letzten iranischen Qadscharenschahen begann und sich, nachdem er den letzten Qadscharen ins Exil geschickt hatte, 1925 von der neuen verfassungsgebenden Nationalversammlung zum Schah wählen ließ. Damit wurde er zum Begründer der Pahlawiden-Dynastie.

Was unter Resa Schah eingeleitet wurde – und darin folgte er seinem Vorbild Atatürk –, war eine bedeutende Serie modernisierender Reformen. Dazu gehörten, was uns hier besonders interessiert, die Gründung öffentlicher Schulen, die auch von Mädchen besucht werden konnten, und im Jahre 1936 das Gesetz, daß die Frauen in der Öffentlichkeit unverschleiert und in westlicher Kleidung auftreten *mußten*. Bis zur Abdankung Resa Schahs im Jahre 1941 wurde dieses Gesetz mit gelegentlichen Polizeieinsätzen hart überwacht. Damit ging er über Atatürk hinaus.

Eine Engländerin, die Gattin des bekannten persischen Dichters und Universitätslehrers Suratgar, kam im Jahr der Entschleierung 1936, wenige Wochen nach der Verkündung des Gesetzes, nach Iran, um dort mit ihrem Mann zu leben. Sie berichtete in ihren 1951 veröffentlichten Erinnerungen[10] über diese für die iranischen Frauen so entscheidenden Jahre.

Resa Schah hatte sich etwas einfallen lassen, um seine Entschleierungsreform auch spektakulär in Szene zu setzen. Er ordnete an, daß in dem Monat nach der Verkündung des Gesetzes die Gehälter sämtlicher Staatsbediensteter – davon gab es in Iran immer übermäßig viele! – nur an deren Frauen ausgezahlt werden durften. Die Damen mußten in europäischer Kleidung mit dazugehörigen Hüten in den Ämtern vorstellig werden. Wie Olive Suratgar bemerkt, hatten damals die armenischen Hutgeschäfte in Teheran Hochkonjunktur, und geschäftstüchtige Damen reisten nach Paris und verkauften eilig nach Teheran eingeführte Pariser Modelle zu Höchstpreisen.

Olive berichtet, daß manche Frauen ihren Tschador außerhalb der Städte heimlich wieder anlegten und andere, besonders ältere Frauen, sich nie daran gewöhnen konnten, in europäischer Kleidung auszugehen, und daher ihr Leben lang das Haus nicht mehr verließen. Sie überliefert auch die Gechichte, daß die Gattin Resa Schahs und deren Hofdamen in einem schiᶜitischen Heiligtum in der Nähe Teherans ein Exempel statuieren wollten, indem sie es in europäischer Kleidung besuchten. Als die Mollas ihnen den Zutritt ohne Tschador verwehrten, schickte die Schahbanu einen Boten an den Schah, der angeblich persönlich herbeieilte, zwei der aufsässigen Mollas beim Kragen packte und in das Wasserbecken tauchte. Die Damen verrichteten unterdessen ungestört ihre Gebete, entzündeten Kerzen und fuhren triumphierend zurück in den Palast[11].

Abb. 155 Rast während einer Busfahrt an die iranisch/irakische Front nach Ahwaz. Februar 1985.

Diese Anekdote, die auch anderswo in verschiedenen Versionen überliefert wird, birgt sicher einen historischen Kern und zeigt, daß Resa Schah vor allem mit der schi^citischen Geistlichkeit als Hemmschuh für seine Reformen rechnen mußte. Es gelang ihm nicht, wie es seinem Vorbild Atatürk weitgehend glückte, den Einfluß der Religion und der Religionsführer in der Öffentlichkeit auszuschalten. Das liegt sicher an den unterschiedlichen Glaubensrichtungen in Iran und in der Türkei. Für die Schi^citen, zu denen die überwiegende Mehrheit der Perser gehört, war das Leben in Opposition zu den etablierten Machthabern, selbst wenn diese sich auch zur Schi^ca bekannten, seit Jahrhunderten zur Tradition geworden. Während die Sunniten nach dem Tode des Propheten Muhammad im Jahre 632 den von der islamischen Gemeinde gewählten Kalifen anerkannten – und sich auch später mit jeder etablierten Macht, solange sie sich als islamisch verstand, arrangierten –, hielten die Schi^citen allein Ali, den Vetter und Schwiegersohn des Propheten und dessen Nachkommen aus der Ehe mit der Prophetentochter Fatima für legitimiert, als religiöse und politische Führer (Imame) zu fungieren.

Nach der schi^citischen Geschichtsauffassung gelang es aber stets den ungerechten Herrschern, die Macht zu usurpieren. So starb Husain, der

Abb. 156 Waschung vor dem Gebet auf der Fahrt zur Front.

Sohn Alis und Fatimas, im Kampf gegen die sunnitischen Omayyaden auf dem Schlachtfeld von Kerbala im Jahre 680. Er wurde zum Typ des Märtyrers, dem noch die jungen Golfkrieger der letzten Jahre nacheiferten. In Erinnerung an Husains Märtyrertod werden Trauerzeremonien, Lesungen, Umzüge und Theateraufführungen veranstaltet, die das Leben der schi^{c}itischen Gläubigen bestimmen. Keiner der Imame aus dem Geschlecht Alis konnte die reale politische Macht erlangen. Die Zwölferschi^{c}iten glauben, daß der zwölfte Imam im Jahre 874 als Kind entrückt wurde und in der Verborgenheit weiterlebt. Er ist der am Ende der Zeiten erwartete Mahdi-Messias, der ein Reich der Wahrheit und Gerechtigkeit errichten wird. Die jeweiligen zwölferschi^{c}itischen Geistlichen sind seine Statthalter auf Erden. Auch das staatspolitische Denken in der gegenwärtigen islamischen Republik Iran steht in dieser Tradition[12].

Diese mystisch-transzendentale Komponente der schi^{c}itischen Religiosität führt zu Realitätsfremdheit, unbedingter Gefolgschaftstreue gegenüber charismatischen Führerfiguren und Opferbereitschaft durch eine Märtyrerideologie, wobei Blut- und Tränenkult in einer seit Jahrhunderten geübten Tradition zum Ritual gworden sind. Die Kräfte, die sich durch eine enthusiasmierte schi^{c}itische Gläubigenschar mobilisieren

Abb. 157 Frauen besuchen die Front bei Huwaiza. Februar 1985.

lassen, erscheinen uns bedrohlich und unbegreiflich. Doch weder der Sieg der islamischen Revolution in Iran noch der Rückzug der Israelis aus dem Südlibanon, dem zweiten großen Zentrum der Zwölferschiᶜiten, das enge historische Bindungen zu Iran hat, lassen sich ohne dieses Phänomen erklären. In beiden Fällen hat ein modernes hochgerüstetes Heer vor der unbedingten schiᶜitischen Märtyrerbereitschaft kapituliert.

Der schiᶜitische Islam weist der Frau einen besonders hohen Rang zu, ja er wird geradezu als Religion der wahren Frauenbefreiung verstanden. Darauf werde ich noch zurückkommen.

Eines der höchsten schiᶜitischen Heiligtümer in Iran ist das Grabmal einer heiligen Frau, der Maᶜsuma, der Tochter des siebten Imams Musa al-Kasim in Qom. Wie Olive Suratgar in ihren Erinnerungen berichtet, waren es die Frauen, die in der Zeit Resa Schahs solche schiᶜitischen Heiligtümer besuchten und die schiᶜitischen Bräuche bewahrten. Der Schah verbot die blutigen Prozessionen zu Ehren des Märtyrers Husain und zwang die Jugendlichen, stattdessen an Sport- und Militärübungen teilzunehmen. Er versuchte, die Emotionen des Volkes, die bei der Trauer um Husain verströmt wurden, in patriotische Gefühle abzuleiten. Doch wie die Entwicklung gezeigt hat, ist das weder ihm noch seinem Sohn Muhammad Resa Schah bei den einfachen Gläubigen gelungen.

Daß die westliche Lebensart für solche Schichten, die es sich leisten konnten, an den importierten Kultur- und Konsumgütern zu partizipieren, durchaus verlockend war, zeigt auch Olive Suratgar, die in diesen Frauenkreisen verkehrte. Übrigens stand sie als Engländerin, die sich in die iranische Gesellschaft integrieren wollte, selbstverständlich den Reformen des Schahs, besonders auch der Entschleierung, positiv gegenüber. Aber sie registriert als hautnahe Beobachterin auch die negativen Seiten der von oben verordneten Frauenbefreiung. Die Mehrheit der gutsituierten persischen Damen wurde nach ihrer Meinung bald allzu frivol.

Ich paraphrasiere aus ihren Erinnerungen: Sie befaßten sich nur noch mit sich selbst, ihrer Kleidung und Wohnungseinrichtung und suchten einander in Äußerlichkeiten auszustechen. Die Freiheit, die ihnen von oben allzu rasch aufgezwungen worden war, verwechselten sie mit Zügellosigkeit. Das war wohl in hohem Maße dem falschen Bild über das westliche Leben zuzuschreiben, wie es durch amerikanische Filme vermittelt wurde. Die Frauen gaben sich den Glücksspielen hin und verloren oft in einer Nacht Unsummen Geldes. Olive beklagt die mangelnde Solidarität der Damen der Oberschicht mit den Frauen der niederen Klassen, die im Lebenskampf zerrieben wurden. Bis 1942 gab es keine Wohlfahrtseinrichtungen, in denen die Damen sich hätten betätigen können, und obwohl sie Einfluß gehabt hätten, taten sie nichts, gesetzliche Freiheiten zu erkämpfen, die sie noch nicht hatten.

Sie führten eine glücklich-sorglose Existenz, hätte man denken können, aber sie nahmen alles unheimlich ernst. Für das Studium der Modejournale, die Wahl eines neuen Lippenstifts, Nagellacks oder der Farbe eines Crêpe de Chine-Stoffes wandten sie eine Energie auf, die höherer Zwecke würdig gewesen wäre. In all diesen Dingen machten sie denn auch bald große Fortschritte. Olive zeigt das an einer konkreten Beobachtung: Bei einer offiziellen Garden Party im Sommer 1936 zeugten die Toiletten der persischen Damen noch von ihrem jämmerlich schlechten Geschmack in Modedingen, sie hatten ja gerade den Tschador abgelegt. Dagegen übertrafen bei dem gleichen Anlaß sieben Jahre später, 1943, die Perserinnen die Engländerinnen der Botschaftsangehörigen und der Ölgesellschaft an Chic und Eleganz bereits weit[13].

Olive Suratgars Aufzeichnungen bieten, gerade weil sie eine längere Zeitspanne der Entwicklung von innen überblicken konnte, einen Beleg dafür, daß jenes Bild, das die Ideologen der islamischen Erneuerung von der hohlen Larve der verwestlichten Frau der Pahlawi-Zeit zeichnen, kein reines Zerrbild ist. Wie Olive Suratgar richtig bemerkt, ließ die gewaltsame Frauenbefreiung von oben, durch einen Diktator drastisch verordnet, die spontane engagierte Mitarbeit der persischen Frauen im öffentlichen Leben, die wir in der Verfassungsperiode beobachten konnten, erlahmen.

Selbstverständlich hat es während der Pahlawi-Zeit auch viele Frauen gegeben, die die neu eröffneten Bildungs- und Berufschancen nutzten. An der 1934 gegründeten Universität Teheran durften seit 1938 auch Frauen studieren, und 1973 gab es 374 Professorinnen und Dozentinnen. Im März 1963 erhielten die iranischen Frauen das aktive und passive Wahlrecht, sechs Frauen wurden bei den folgenden Parlamentswahlen gewählt.

Eine staatlich geförderte Frauenvereinigung, die seit 1958 alle übrigen Frauenorganisationen schluckte, wurde von Prinzessin Aschraf, der Schwester des jungen Schah Muhammad Resa Pahlawi, der seinem Vater, der 1941 abdanken mußte, auf dem Thron gefolgt war, geleitet und setzte sich für die vollkommene gesellschaftliche Gleichstellung der Frauen ein.

1967 erließ der Schah ein neues sogenanntes Familienschutzgesetz, das in vielen Punkten der schari^{c}a, dem göttlichen islamischen Recht, widersprach. Das Scheidungsrecht schränkte die traditionellen Rechte der Männer ein. Die Scheidung bedurfte nun der richterlichen Zustimmung, und beide Partner konnten sie beantragen. Das Gericht entschied über das Schicksal der Kinder und die Unterhaltszahlungen. 1973 hatte Iran laut einer Statistik die viertgrößte Scheidungsrate der Welt[14].

Muhammad Resa Schah mußte wie vormals sein Vater mit der Opposition der Mehrheit der schi^{c}itischen Geistlichkeit rechnen. Doch auch er hütete sich davor, areligiös zu erscheinen und besuchte gelegentlich die populären schi^{c}itischen Kultstätten. Das Frauenwahlrecht von 1963 und das Familienschutzgesetz von 1967 führten zum Widerstand eines starken Flügels der schi^{c}itischen Geistlichkeit gegen das Schahregime. Es gelang den Mollas, ihre Anhänger zu mobilisieren. Ayatullah Chomaini war schon 1963 einer der einflußreichsten religiösen Führer. Er wurde nach den Demonstrationen und Zusammenstößen mit der Polizei zunächst interniert und 1964 ins Exil geschickt.

Zu dieser religiös motivierten Opposition der 60er und 70er Jahre gehörten auch viele Frauen, die nun wieder im Tschador an den Demonstrationen teilnahmen. Im Westen wurde lange nur die linke Opposition gegen den Schah wahrgenommen, weil sie hier an den Universitäten aktiv war.

Hans Magnus Enzensberger schrieb 1967 in seinem Nachwort zu dem damals unter Studenten populären Buch von Bahram Nirumand „Persien, Modell eines Entwicklungslandes oder Die Diktatur der freien Welt“: „Der iranische Islam ist nicht imstande, revolutionäre Energien freizusetzen. Er gehört im Gegenteil zu den Stützen des Regimes, sofern dieses Regime seine Privilegien respektiert.“[15]

Abb. 158 Libanesische Märtyrermutter mit dem blutigen Leichentuch ihres von den Israelis im Südlibanon ermordeten Sohnes an der iranisch/irakischen Front Ahwaz-Huwaiza-Abadan. Februar 1985.

So hat man denn im Westen winzige, exotisch anmutende Presseberichte über eine islamische Opposition in Iran nur mit Irritation wahrgenommen. Am 10. Januar 1978 lasen wir in der Süddeutschen Zeitung eine Notitz unter der Überschrift „Sehnsucht nach dem Schleier", die von Demonstrationen in mehreren iranischen Städten berichtete, wo Hunderte von verschleierten Frauen am 42. Jahrestag der Abschaffung des Schleierzwangs *für* die Wiedereinführung des Schleiers eintraten. Damals wurden in Qom, der Hochburg der schi^c^itischen Theologie, mindestens fünf Menschen von der Polizei erschossen.

Diese Vorgänge waren die Vorboten der islamischen Revolution, die im Februar 1979 mit der Rückkehr Ayatullah Chomainis aus dem französischen Exil ihren Höhepunkt erlebte. Für viele iranische Frauen wurde der Tschador zum Symbol der Revolution gegen das verhaßte Schahregime. Während der Straßenkämpfe in Teheran koalierten die Linken bis hin zu den Kommunisten mit der religiösen Opposition. Auch viele Anhängerinnen der linken Gruppierungen zeigten sich demonstrativ im Tschador.

Die Unterstützung der islamischen Bewegung hielt im Westen und auch unter verwestlichten Persern an. Man sah in der Macht der Mollas eine vorübergehende Erscheinung. Die iranischen Frauen würden den Tschador bald wieder ablegen. Westliche Feministinnen begaben sich nach Persien, wie die Amerikanerin Kate Millett, die ausgewiesen wurde[16]. Die Deutsche Alice Schwartzer reiste zum Internationalen Frauentag im März 1979 nach Teheran und traf sich mit der winzigen Feministinnengruppe, die maximal ein paar Dutzend Aktivistinnen zählte, die ausnahmslos aus dem Exil importiert waren.

Die Entrüstung und die Enttäuschung waren groß: Chomaini verkündete den Schleierzwang und die Annulierung des Familienschutzgesetzes. Es gab Demonstrationen und Gegendemonstrationen. Der „Zwang zum Schleier" wurde zur „Pflicht zur islamischen Kleidung" abgemildert. Bis heute wird man durch widersprüchliche Presseberichte irritiert, was nun eigentlich gilt. Im Februar 1985 zeigten mir meine Begleiterinnen überall in Teheran Frauen und Mädchen mit Kopftüchern und bedekkender Kleidung, zum Beweis, daß es den „Schleierzwang" nicht gäbe. Sie selbst waren stolz darauf, den schwarzen Tschador freiwillig zu tragen.

Aus Gesprächen mit ihnen habe ich das Folgende verstanden: Der Schleier oder Tschador besitzt vor allem Symbolwert. Ihn tragen zu *müssen*, verbittert, erniedrigt, macht rebellisch. Er wird zum Symbol der Unterdrückung der Frau. Ihn tragen zu *wollen*, kann aber durchaus frei und stolz machen. Er wird zum Symbol der Unabhängigkeit – etwa vom westlichen Mode-Konsumzwang, von männlicher Zudringlichkeit, man kann sich anonym in der Öffentlichkeit bewegen –, oder er wird zum Symbol der Gleichheit – weder Reichtum noch Schönheit oder Alter kann man einer Frau auf den ersten Blick ansehen. Sie erklärten mir ihre Schleier-Ideologie: Wenn du den Tschador trägst, mußt du deine Persönlichkeit entwickeln. Wenn du die Männer beeindrucken willst, sie neugierig machen willst auf dich, kommt es nicht auf die schönen Beine, Kurven und Kleider an, sondern auf das freundliche Wesen, die Klugheit, das soziale Verhalten. Nur das kannst du zeigen. Wie das offene Zurschaustellen der Frauen und Männer als Sexualobjekte die Sexualisierung der Gesellschaft, die Zerstörung der Familien und schließlich die Demoralisierung der ganzen Nation zur Folge haben kann, so kann die Verhüllung unter dem Tschador zur Verinnerlichung der Gesellschaft beitragen, ein heiles Familienleben und die moralische Anhebung der ganzen Nation bewirken. Das ist der göttliche Wille. Ihm zu gehorchen ist Islam. Manche – fast alle waren westlich gebildet – hatten erst nach der Revolution zum Islam gefunden. Sie wollten sich nun auch nicht so rasch wieder durch Auswüchse des Regimes von ihrer Überzeugung abbringen lassen.

Verwestlichung und Re-Islamisierung wurden also gewissermaßen zu reziproken Bewegungen. Um die Re-Islamisierung zu verstehen, müssen wir die Desillusionierung über die Segnungen der Verwestlichung nachvollziehen. Die islamische Reaktion auf die Verwestlichung fand schon in der Pahlawi-Zeit ihre Ideologen, und die religiöse Opposition wurde keineswegs nur von finsteren Turbanträgern repräsentiert. Auch unter jüngeren Schriftstellern und Intellektuellen war die Rückbesinnung auf den Islam seit den sechziger Jahren im Schwange. Die Euphorie der Verwestlichung, die unter den Intellektuellen meist mit einer gewissen Distanzierung vom Islam verbunden gewesen war, war allmählich einer Ernüchterung gewichen. Die wahllose Rezeption alles Westlichen wurde von dem persischen Schriftsteller Dschalal Al-e Ahmad (geb. 1923) in einer Schrift aus dem Jahre 1962 als die Seuche der Westomanie oder Westbesessenheit[17] diagnostiziert. Es wird die Frage nach der eigenen Identität und kulturellen Tradition gestellt und die Verwestlichung des Denkens als geistiger Kolonialismus angeprangert. Bei der Suche nach den eigenen Wertvorstellungen wendet sich der Sohn eines Geistlichen und zeitweilige Kommunist Al-e Ahmad wieder zum Islam. Bereits 1964 äußert er in einem Interview: „Mein traditioneller Unterbau ist jedenfalls der Islam."[18]

Einen Schritt weiter ging der Kultursoziologe Ali Schari^{c}ati (geb. 1933), der nach Studium und Lehrtätigkeit in Iran in Frankreich studierte und 1964 an der Pariser Sorbonne promovierte. Nach der Rückkehr in seine Heimat hielt er zwischen 1969 und 1973 öffentliche Vorträge an der Husainiye-ye Erschad in Teheran, einer fortschrittlichen islamischen Institution, wo er viele begeisterte Zuhörer unter der jüngeren Generation fand. Schari^{c}ati begriff den schi^{c}itischen Islam als eine Ideologie, die mit allen modernen Denkrichtungen konkurrieren könne. Er war kein systematischer Denker, sondern Eklektizist und spickte seine Vorträge und Schriften nicht nur mit Koranversen und Aussprüchen Alis, sondern auch mit Zitaten von Marx, Weber, Sartre, Heidegger, Husserl und anderen. Vor allem aber muß er ein faszinierender Redner gewesen sein. Seine Vorträge wurden meist auf Band mitgeschnitten und während und nach der Revolution in billigen Drucken in Umlauf gebracht. Eine seiner Vorlesungen aus dem Jahre 1971 ist zum „Kultbuch" der islamischen Frauenbewegung geworden. Es ist unter dem Titel „Fatima ist Fatima" auch ins Deutsche übersetzt worden[19].

Schari^{c}ati hat die schi^{c}itische Geistlichkeit scharf attackiert, doch er hat zwischen progressiven und reaktionären Geistlichen unterschieden. Den Einfluß der reaktionären Geistlichen auf die iranische Gesellschaft hielt er für ebenso schädlich wie die kritiklose Nachäffung des Westens. Das bezieht sich vor allem auch auf die Frauenfrage. Schari^{c}ati sah die Frau der Pahlawizeit entweder in einer verfälschten und erstarrten islamischen Tradition befangen oder einem aufgezwungenen westlichen Modernismus verfallen. Er möchte der einen helfen, aus ihrer Passivität

Abb. 159 Blutbrunnen auf dem Teheraner Märtyrerfriedhof Behescht-e Zahra (Paradies der Fatima). Februar 1985.

und der anderen, aus ihrer Orientierungslosigkeit herauszufinden. Die islamische Frau müsse ein neues Selbst- und Geschichtsbewußtsein entwickeln: Als Vorbild hält ihr Schari^cati einen Idealtyp vor Augen, nämlich in der Persönlichkeit Fatimas, der Tochter des Propheten, der Gattin Alis, der Mutter Hasans, aber vor allem des Märtyrers Husain und der tapferen Tochter Zainab. Schari^cati leitet aus der Stellung Fatimas geradezu den gottgewollten hohen Rang der Frau im Islam her. Denn der Prophet des Islam war der Vater von Töchtern, seine beiden Söhne starben im unmündigen Alter. In der vorislamischen, patriarchalischen Gesellschaft pflegte man oft die Mädchen gleich nach der Geburt zu töten. Einen Mann, der keine Söhne hatte, nannte man „gestutzt", er galt als unfruchtbar, weil er keine männlichen Nachkommen hatte. Muhammad hatte vier Töchter. Drei von ihnen starben vor ihm. Zuletzt blieb ihm nur seine jüngste Tochter Fatima. „Sie ist die Erbin aller ruhmreichen Eigenschaften der Familie, Erbin einer neuen Elite, die ihr Selbstverständnis nicht auf Gut und Blut zurückführt, sondern auf die göttliche Offenbarung … Nun wird eine Tochter zum Prüfstein für die Wertvorstellungen ihres Vaters …" Diese Passage läßt Schari^cati in dem Satz gipfeln: „Die Revolution, die Freiheit der Frau konnte nur aus dieser Religion hervorgehen."[20] Er schildert dann die Erziehung Fatimas durch ihren Vater, eine sehr harte Erziehung: Anstatt materieller Güter schenkt er ihr Worte, lehrt sie die Lobformel „Allāhu akbar – Gott ist größer". Er kann ihr nur helfen, ihre eigene Persönlichkeit zu entwickeln, ganz sie selbst, eben Fatima zu werden. Daher der Titel der Schrift „Fatima ist Fatima".

So zeigte Schariᶜati den jungen Iranerinnen mit diesem selbstbewußten Frauentyp der Fatima die Alternative zu dem Typ der verwestlichten, entwurzelten Frau einerseits und der traditionsverhafteten, frömmelnden Frau andererseits, die, wie er es pointiert formuliert, noch zu Hause vor dem männlichen Fisch im Aquarium den Schleier trägt.

Ali Schariᶜatis islamische Ideologie – vielen der dogmatischen schiᶜitischen Geistlichen ein Greuel – wurde zum Identifikationsmodell der vorrevolutionären Jugend in Iran und führte viele zum Islam zurück. Während der Demonstrationen 1979 sah man Transparente mit seinem Bild neben denen mit dem Bild des Revolutionsführers Chomaini. Aber Schariᶜati war bereits 1977 in London gestorben. Die Revolution, zu deren geistigen Vätern er gehörte, hat er ebenso wie Al-e Ahmad nicht mehr erlebt. Schariᶜati und Al-e Ahmad wie übrigens auch Bani Sadr, der erste Präsident der islamischen Republik und ein Freund Schariᶜatis, stammen aus den Familien schiᶜitischer Geistlicher.

Abb. 160 Gräber auf dem Märtyrerfriedhof Beheschte-e Zahra in Teheran. Februar 1985.

Abb. 161 Auf der Tribüne. Massenveranstaltung zum 6. Jahrestag der Revolution 1985 in Teheran.

Die schi^{c}itische Geistlichkeit in Iran, im Westen oft als eine Clique von Mollas und Ayatullahs hingestellt, die zwar politische Machtkämpfe untereinander ausfechten, aber sonst alle gleichermaßen reaktionären, mittelalterlichen Ideen huldigen, bildet eine komplizierte Hierarchie und barg und birgt in den höheren Rängen manchen bekannten und unbekannten originellen Denker. Noch immer erscheint – trotz wiederholter Unkenrufe aus dem heillos zerstrittenen Emigrantenlager – Ayatullah Chomaini als der starke Führer, der die Linie der Politik bestimmt. Das heißt zur Zeit: die Durchsetzung der Rechtsnormen der schari^{c}a und – im Zeichen des Golfkrieges – die suggestive Popularisierung der Märtyrerideologie. Doch das darf nicht darüber hinwegtäuschen, daß in diesem autoritären islamischen System hinter den Kulissen noch eine Vielfalt zwölferschi^{c}itischen Denkens möglich ist, ja auch geradezu von Chomaini gefordert wird.

Wie hätte nun eine engagierte Muslimin den Stand der Frauenfrage in der islamischen Republik im Jahre 1985 charakterisiert?

1. In der Verfassung der islamischen Republik Iran haben die Frauen das aktive und passive Wahlrecht erhalten, sie können sogar zum Mini-

sterpräsidenten gewählt werden. Gewährt wurde ihnen auch das Recht der freien Berufswahl und Ausübung. Diese beiden in der Verfassung verankerten Rechte[21] geben der Frau die Möglichkeit, in der Öffentlichkeit zu wirken, sie wird nicht zu Hause eingesperrt. Wenn man bedenkt, daß Chomaini im Jahre 1963 gegen die Einführung des Frauenstimmrechts predigte und protestierte, scheint dieser Sinneswandel des greisen Revolutionsführers doch ein Erfolg der revolutionären islamischen Frauenbewegung zu sein.

2. In den vielen Veröffentlichungen über die Stellung der Frau im Islam werden von den verschiedenen religiösen Gelehrten und gelehrten Laien die aus dem islamischen Gesetz (schari^{c}a), d.h. die aus dem Koran und der Sunna, das ist die Sammlung vorbildhafter Worte und Handlungen des Propheten, abzuleitenden Rechte und Pflichten der Frau neu interpretiert, und es wird jede Diskriminierung der Frau vermieden. Im Gegenteil, der Islam wird als einzige Religion begriffen, in der Freiheit und Würde der Frau gewährleistet sind. Das zeigt sich, wie gern hervorgehoben wird, in den verschiedenen Auffassungen von Schöpfung und Sündenfall. Danach ist Eva nicht aus der Rippe Adams, sondern Mann und Frau sind aus der gleichen Substanz geschaffen, und Eva wird nicht der Sündenfall angelastet, sondern Adam und Eva erliegen beide gleichermaßen den Verführungskünsten des Teufels[22]. Die Dominanz des Mannes über die Frau, die in einigen Koranversen unmißverständlich zum Ausdruck kommt, wird als Schutz- und Sorgeverpflichtung und Mittel zur Aufrechterhaltung der Familiendisziplin ausgelegt und daher eher als Bürde für den Mann empfunden, die ihm von Gott als dem physisch und psychisch robusteren Geschöpf zugemutet wird.

3. Die islamische Republik Iran versteht sich als Modell einer islamischen Gesellschaft, die auch für die anderen islamischen Länder als Vorbild dienen soll, dabei wird die islamische Einheit betont. Die kleinste Zelle der Gesellschaft ist die heile Familie, die geschaffen und erhalten werden muß. Eindringlich werden die bösen Erfahrungen in der zwangsverwestlichten Gesellschaft der Pahlawizeit, aber auch die Dekadenzerscheinungen der westlichen Welt vor Augen geführt.

Man bemüht sich, westliche Selbstanalysen und Selbstkritik auszuwerten, und es werden Berichte und Statistiken aus westlichen Ländern veröffentlicht über den Zerfall der Familie, die seelische Einsamkeit und wirtschaftliche Not der unverheirateten oder geschiedenen Frauen, Alkoholsucht, Drogenmißbrauch, Jugendkriminalität, Selbstmordraten, Prostitution, Unisex, Homosexualität und Aids, die Frau als Sexobjekt und Ware und ausgebeutete Konsumentin. Alle diese Symptome der westlichen Dekadenz sollen in der heilen islamischen Gesellschaft, die sich streng nach den Geboten und Verboten der schari^{c}a richtet, verschwinden. Das göttliche Gesetz dient, richtig verstanden, vor allem der

Familie als dem Kernstück der Gesellschaft. Dahingehend werden sogar das Erlaubtsein von Polygamie und schiᶜitischer Zeitehe[23] interpretiert, deren Gesetzlichkeit dem nun einmal angeborenen stärkeren männlichen Sexualtrieb und einem etwaig existierenden Frauenüberschuß Rechnung tragen. Diese Legalisierung rechnet mit der menschlichen Realität und trägt zum Abbau von Schuldgefühlen bei, denn so betonen etwa die Apologeten der Zeitehe (d.h. nach schiᶜitischem Recht können neben der Dauerehe mit maximal vier Frauen noch beliebig viele zeitlich begrenzte Ehen, etwa auf Reisen oder während eines Auslandsstudiums, geschlossen werden), das Konkubinat bestehe im Westen faktisch auch, nur der Islam bringe es unter Kontrolle. Das Ideal bleibe aber die Einehe, denn die Bedingungen, die nach dem Koran an die Mehrehe geknüpft sind, überfordern die Männer materiell, physisch und psychisch.

In einem Sammelband, der von der islamischen Propaganda-Organisation zum 6. Jahrestag der islamischen Revolution im Frühjahr 1985 verbreitet wurde, hat auch eine Frau, Lois Lamya al-Faruqi, einen Aufsatz veröffentlicht, den sie „Frauen in einer koranischen Gesellschaft"[24], also nicht „islamischen Gesellschaft", nennt. Sie will ihren Gesellschaftsentwurf damit bewußt von den real existierenden pseudo-islamischen Gesellschaften abgrenzen. Sie plädiert vor allem für die räumlich zusammenlebende Großfamilie, deren Vorteile für Mann und Frau gegenüber der isolierten Einzelfamilie sie herausarbeitet. Neben anderen sozialen und psychologischen Argumenten, die auch durchaus diskutabel sind, wie etwa gesicherte Altersversorgung, Vermeidung des Generationenkonflikts usw., fällt besonders Punkt 2 ins Auge: „Die Großfamilie gestattet die Berufskarriere der Frau ohne Schaden für sie selbst, ihren Gatten, ihre Kinder oder Eltern, denn es sind immer Erwachsene im Hause, die die berufstätige Frau und Mutter entlasten können."[25]

Daraus wird wohl deutlich, daß die engagierten muslimischen Frauen sich das ihnen in der Verfassung garantierte Recht auf freie Berufsausübung nicht nehmen lassen wollen. Der Schleier bedeutet für sie also keineswegs Unterdrückung und Abgeschiedenheit, sondern vor allem, und das wollte ich durch die historische Perspektive zeigen, die Abwehr der aufgezwungenen Verwestlichung, die u.a. als Demoralisierung und Gefährdung der traditionellen Familienstruktur begriffen wurde. Der Schleier ist damit in dieser Phase auch ein Schutzschirm gegen uns westliche Schwestern. Als wollten sie sagen: Laßt endlich eure Einmischung, wir wollen unsere eigene Persönlichkeit entwickeln. Die Wurzeln ihrer Identität suchen sie aber in der jahrhundertealten Tradition des Islam. Mit ihr wollen sie sich produktiv auseinandersetzen. Ob ihnen das gelingen kann und ob sie zukünftig ihr Engagement für das islamische System beibehalten werden, hängt von der Einsicht der führenden schi^citischen Geistlichkeit ab[26]. Die Lösung der Frauenfrage aber, und d.h., ob die aktive Teilnahme der Frauen an der kreativen Gestaltung einer islamischen Gesellschaft von den Männern akzeptiert wird, kann letztlich, so möchte man prophezeien, über Erfolg oder Mißerfolg des islamischen Experiments in Iran entscheiden.

ANMERKUNGEN

1 Die Koranverse sind zitiert nach der Übersetzung von Max Henning, Reclam Universal-Bibliothek Nr. 4206–10, Stuttgart 1960. Die Zählungen der Verse weichen von den maßgeblichen arabischen Ausgaben ab. Bei Henning gilt die in Klammern gesetzte Zahl. Als wissenschaftlich fundierte deutsche Koranübersetzung gilt diejenige von Rudi Paret, Stuttgart 1962.

2 Solche „Weibergeschichten" des Propheten erzählt besonders lebendig nach den historischen Quellen Maxime Rodinson, Mohammed, Luzern und Frankfurt/M. 1975, S. 192–201.

3 Murtaża Muṭahharī, Mas^cala-yi hidschāb (Das Problem der Verschleierung), Qom 1984, S. 70f.

4 Mohammad-Ali Dschamalsade, Der Herzenserguß des Molla Qorban-Ali, in: Moderne Erzähler der Welt, Iran (Auswahl und Redaktion Faramarz Behzad, Johann Christoph Bürgel, Gottfried Herrmann), Stuttgart 1978, S. 24–39.

5 Lady Mary Montagu, Briefe aus dem Orient, Frankfurt a. Main 1982, S. 116.

6 ebd. S.115.

7 Mohammad-Ali Dschamalsade, Yeki bud, yeki nabud, Teheran 2536 (= 1977), S. 104f.

8 Siehe dazu: Ruth Frances Woodsmall, Der Aufstieg der mohammedanischen Frau, Zürich–Leipzig 1938, S. 170–190.

9 Diese Phase der iranischen Frauenbewegung ist dargestellt bei Mangol Bayat-Philipp, „Women and Revolution in Iran, 1906–1911" in: Lois Beck and Nikki Keddie (ed.), Women in The Muslim World, Cambridge, Massachusetts and London, England 1979^2, S. 295–308.

10 Olive Suratgar, I sing in the Wilderness, An Intimate Account of Persia and the Persians, London 1951.

11 ebd. S. 133.

12 Siehe dazu das instruktive Buch von Yann Richard, Der verborgene Imam, Die Geschichte des Schiismus im Iran, Berlin 1983.

13 Olive Suratgar, op.cit., S. 143.

14 Zusammenstellung der Frauenorganisationen in Persien und eine Chronologie über wichtige Daten, den Status der Frauen in Iran betreffend, in: Azar Tabari and Nahid Yeganeh, In the Shadow of Islam. The Women's Movement in Iran, London 1982.

15 Bahman Nirumand, Persien, Modell eines Entwicklungslandes oder Die Diktatur der Freien Welt. Nachwort Hans Magnus Enzensberger, Hamburg 1967, S. 152.

16 Kate Millett, Im Iran, Hamburg 1982.

17 Jalal Al-e Ahmad, Plagued by the West (Gharbzadegi), translated from the Persian by Paul Sprachman, Bibliotheca Persica (Modern Persian Literature Series), Nr. 4, New York 1982.

18 Moderne Erzähler der Welt, Iran (s. Anm. 4), S. 21.

19 Ali Schariati, Fatima ist Fatima, übersetzt und herausgegeben von der Botschaft der Islamischen Republik Iran, Bonn 1981.

20 ebd., S.92.

21 The Constitution of the Islamic Republic of Iran, published by: Islamic Propagation Organization, Teheran o.J., Artikel 28 (Recht auf Arbeit), Artikel 135 (Wahlrecht).

22 Koran, Suren IV, 1; II, 33; VII,18f.

23 Werner Ende, Ehe auf Zeit (mutᶜa) in der innerislamischen Diskussion der Gegenwart, in: Die Welt des Islam 20, 1980, S. 1–43.

24 Status of Women in Islam, published by Islamic Propagation Organization, Teheran 1984–1405, S.45–63.

25 ebd., S.56f.

26 Wie aus den Verlautbarungen der iranischen Presse zu entnehmen ist, scheinen Ayatullah Montazari, der designierte Nachfolger Chomainis, und der Parlamentspräsident Rafsandschani einer allzu rigorosen Durchsetzung der Verschleierung mäßigend gegenüberzustehen. Montazari zitierte öffentlich aus dem Brief einer alten Frau, die sich über einen jungen Mann beklagte, der sie auf der Straße als Hure beschimpft habe, weil ihr der Tschador vom Kopf gerutscht war; und Rafsandschani behandelt in seinen Teheraner Freitagspredigten häufig die Frauenfrage. Kayhan-e hawāᶜī, 28.8.1986 warnt er vor übertriebener Strenge in der hidschab-Frage. Dagegen verfolgt Präsident Chameneᶜi eine härtere Linie, doch auch er beteuert, daß die Forderung nach strikter Einhaltung der Verschleierung nicht bedeute, daß es den Frauen verwehrt sei, außerhalb des Hauses zu arbeiten. Sie könnten alle Tätigkeiten in Ämtern und Werkstätten und alle politischen und gesellschaftlichen Funktionen ausüben, allerdings unter Einhaltung des hidschab-Gebotes, und der beste hidschab sei nun einmal der Tschador. So in einer Freitagspredigt Anfang November in Teheran, abgedruckt in Kayhan-e hawāᶜī, 6.11.86, S. 9.

LITERATURHINWEISE

Im Gegensatz zu der Tendenz des Vortrages wird hier vor allem auf Abhandlungen verwiesen, die sich kritisch mit der Stellung der Frau im Islam auseinandersetzen.
Titel, die bereits vollständig in den Anmerkungen erscheinen, werden nicht nochmals aufgeführt.

Alliata, Vittoria, Harem – Die Freiheit hinter dem Schleier, München 1981

Baraheni, Reza, Der Clan der Kannibalen, München 1979

Beck, Lois and Keddie, Nikki (ed.), Women in the Muslim World, Cambrige (Massachusetts) and London (England) ²1979

Benard, Cheryl and Schlaffer, Edit, Die Grenzen des Geschlechts, Hamburg 1984

Davies, Miranda (compiled), Third World – Second Sex, Women's Struggles and National Liberation, Third World Women Speak out, London 1983

Enderwitz, Susanne, „Der Schleier im Islam", in: Feministische Studien, Heft 2, 1983, S. 95–112

Fathi, Asghar (ed.), Women and Family in Iran, Social, Economic and Political Studies of the Middle East, Vol. XXXVIII, Leiden 1985

Ferdows, Adele K., „Frauen in der islamischen Revolution. Shiᶜitisch-Islamische Vorstellungen ihrer Befreiung", in: Greussing (s.d.), S. 197–216

Fernea, Elizabeth W. u.a. (ed.), Middle Eastern Muslim Women Speak, Austin and London 1978

Greussing, Kurt (Hrsg.), Religion und Politik im Iran, mardom nameh –Jahrbuch zur Geschichte und Gesellschaft des Mittleren Orients, hrsg. vom Berliner Institut für Vergleichende Sozialforschung, Frankfurt/M. 1981

Minai, Naila, Schwestern unterm Halbmond, Muslimische Frauen zwischen Tradition und Anpassung, Stuttgart 1984

Otto, Ingeborg und Schmidt-Dumont, Marianne, Frauenfragen im Modernen Orient. Eine Auswahlbibliographie, Dokumentations-Leitstelle Moderner Orient, Hamburg 1982

el-Saadawi, Nawal, Tschador – Frauen im Islam, Bremen 1980

Timm, Klaus und Aalami, Schahnas, Die muslimische Frau zwischen Tradition und Fortschritt, Frauenfrage und Familienentwicklung in Ägypten und Iran, Berlin (DDR) 1976

Torkan, Tufan, Brief an einen islamischen Bruder, Hamburg 1983

Walther, Wiebke, Die Frau im Islam, Leipzig 1980 und Stuttgart 1980

Abbildungsnachweis

Ägyptisches Museum Berlin SMPK: 41.
Arch. Institut Bonn: 118.
Arch. Museum Nauplia (Photo n. Umzeichnung von H. Lorimer): 132.
A. Baumeister (Hg.), Denkmäler des klassischen Altertums III, München 1988: 122.
C. Bérard, J.-P. Vernant, Die Bilderwelt der Griechen, Mainz 1985: 81, 82, 84, 94.
Bibliothèque Nationale, Paris: 140, 145, 147.
J. Boardman, Schwarzfigurige Vasen aus Athen, Mainz 1974: 114, 120.
J. Boardman, Rotfigurige Vasen aus Athen, Mainz 1981: 77–79, 83, 90, 97, 98, 102–104.
J. Boardman, Griechische Plastik. Die archaische Zeit, Mainz 1981: 116.
D. v. Bothmer, Amazons in Greek Art, Oxford 1957: 106, 109, 112, 119, 127, 133.
British Library, London: 136, 146.
British Museum, reproduced by Courtesy of the Trustees of the British Museum, London: 8, 28, 40, 50, 65, 126.
The Brooklyn Museum, Brooklyn N. Y.: 1.
N. de G. Davies, The Rock Tombs of El Amarna VI, London 1908: 15.
N. de G. Davies, The Tomb of Rekh-mi-Re at Thebes, New York 1923: 12.
N. de G. Davies, Two Ramesside Tombs, New York 1927: 3.
B. Deppert-Lippitz, Griechischer Goldschmuck, Mainz 1985: 101.
P. Duell, The Mastaba of Mereruka, Chicago 1938: 34, 36.
École nationale supérieure des Beaux-Arts, Paris: 150.
Egypt Exploration Society (Committee), London: 20.
Eremitage Leningrad: 105.
D. Faltings, Heidelberg: 2, 5, 11a–b, 19, 21–26, 37–39, 43.
H. G. Fischer, New York: 7.
A. Furtwängler, K. Reichhold, Griechische Vasenmalerei, München 1900–1932: 107, 108, 115, 117, 123, 124, 134, 135.
E. Glassen, Istanbul: 151–161.
Hirmer, München: 44, 45, 51, 56, 58, 60, 61a–b, 62–64, 73.
Hochschul-Film- und Bildstelle der Karl-Marx-Universität Leipzig: 13.
Iraq Museum, Bagdad: 48, 49, 52, 59, 67, 69, 70, 76.
H. Junker, Giza VI, Wien – Leipzig 1943: 30.
H. Junker, Giza X, Wien 1951: 17.
P. Ketsch, Frauen im Mittelalter Bd. 1, Düsseldorf 1983: 137, 148, 149.
Kestner-Museum, Hannover: 9, 10.
W. Kraiker, Malerei der Griechen, Stuttgart 1958: 92.
W. K. Lacey, Die Familie im Antiken Griechenland, Mainz 1983: 80, 89, 91, 93, 95, 96.
A. Moortgat, Die Kunst des Alten Mesopotamien, Köln 1967: 57.
E. Mummenhoff, Der Handwerker in der deutschen Vergangenheit, Leipzig 1924: 141–144.
Mus. Arch. Florenz: 125.
Mus. of Fine Arts, Boston: 113, 128.
Mus. für islamische Kunst, Berlin SMPK: 46.
Nationalmuseum, Aleppo: 53, 71, 74.

Nationalmuseum, Damaskus: 75.
Nationalmuseum, Neapel: 111.
P. E. Newberry, Beni Hasan I, London 1893: 4, 6.
Österreichische Nationalbibliothek, Wien [MS. s. n. 2644, f. 105v]: 139.
Oriental Institute of the University of Chicago, Chicago: 68.
Pelizaeus-Museum, Hildesheim: 14, 18, 27, 29, 31, 33.
Propyläen Kunstgeschichte Bd. 14 (Alter Orient, hrsg. v. W. Orthmann), Berlin 1975: 54, 55.
E. Pfuhl, Malerei und Zeichnung, München 1923: 100, 110.
C. Robert, Homerische Becher. In: 50. Berl. Winckelmannsprogramm, Berlin 1930: 130.
H. Rühfel, Das Kind in der griechischen Kunst, Mainz 1984: 86, 87.
H. Rühfel, Kinderleben im klassischen Athen, Mainz 1984: 88.
Staatliche Museen zu Berlin/DDR, Ägyptisches Museum und Papyrussammlung: 32.
Staatliche Sammlung Ägyptischer Kunst, München: 16, 35, 42.
V.-M. Strocka, Piräusreliefs und Parthenosschild. Versuch einer Wiederherstellung der Amazonomachie des Phidias, Berlin 1967: 121.
E. Strommenger-Nagel, Berlin: 72.
The University Museum, University of Pennsylvania, Philadelphia: 66.
J. J. Winckelmann, Monumenti inediti: 129, 131.
M. Gräfin Witzleben, Erzählungen zu den Wundern der alten Welt, Berlin 3. Aufl. 1902: 47.
E. Zwierlein-Diehl, Helena und Xenophon, Mainz 1974: 85.

Die Autoren

Prof. Dr. Manfried Dietrich: geb. 1935. Studium der Evangelischen Theologie und Orientalistik in Neuendettelsau/Mfr. und Tübingen. Promotion 1958 in den Fächern Semitistik, Islamwissenschaften und Alttestamentliche Wissenschaft. Assistententätigkeit in Tübingen. 1969 Habilitation für das Fach Keilschriftkunde. Lehrtätigkeit an der Universität Hamburg. Seit 1974 Professor für Altorientalistik an der Universität Münster. Begründer mehrerer wissenschaftlicher Reihen.

Prof. Dr. Hartmut Döhl: geb. 1941. Studium der Klassischen Archäologie, Kunstgeschichte und Griechisch in Göttingen und Tübingen. 1969 Promotion in Klassischer Archäologie in Göttingen. 1977 Habilitation mit einer Arbeit zur pompejanischen Plastik. Langjähriger Mitarbeiter an der deutschen Tirynsgrabung; Mitarbeit an der deutschen Pergamongrabung. Mehrere Forschungsaufenthalte in Italien, Griechenland und der Türkei. Schliemann-Forschung. Als Professor tätig an den Universitäten Bloomington (USA), Trier und Göttingen.

Prof. Dr. Erika Endesfelder: geb. 1935. 1954 – 1959 Studium der Ägyptologie und Afrikanistik an der Humboldt-Universität in Berlin/DDR. 1962 Promotion in Ägyptologie mit einer Arbeit über die Arbeiter der thebanischen Nekropole im Neuen Reich. 1980 Dr. sc. phil., anschließend Dozentur, seit 1984 Ordentlicher Professor für Ägyptologie an der Humboldt-Universität, Berlin/DDR. Forschungen zur Gesellschaftsanalyse des Alten Ägypten und zur Geschichte der Ägyptologie.

Prof. Dr. Erika Glassen: geb. 1934. Studium der Islamwissenschaften in Freiburg. 1968 Promotion, anschließend Wissenschaftliche Assistentin am Orientalischen Seminar der Universität Freiburg. Habilitation 1977. Privatdozentin in Freiburg. 1981 – 1983 Referentin am Orient-Institut der DMG in Beirut. Seit 1984 Professorin in Freiburg. Mehrere Forschungsaufenthalte im Vorderen Orient. Publikationen zur Geschichte des Islam.

Dr. Ruth Röwer-Döhl: geb. 1950. Studium der Klassischen Archäologie, Alten Geschichte, Kunstgeschichte und Christlichen Archäologie in

Hamburg, Freiburg, Göttingen und München. 1980 Promotion in Klassischer Archäologie mit einer Untersuchung zum griechischen Porträt, anschließend Wissenschaftliche Angestellte am Archäologischen Institut der Universität München. 1983 – 1985 Volontariat an den Staatlichen Museen in Bayern. 1985 – 1987 Mitarbeit am Čertomlyk-Grabungsprojekt der Universität Göttingen. Seit 1988 Stadtarchäologie Duderstadt.

Dr. Margret Wensky: geb. 1948. Studium der Geschichte und Germanistik in Münster und Bonn. Promotion über „Die Stellung der Frau in der stadtkölnischen Wirtschaft im Spätmittelalter". Seit 1974 Redaktionsleiterin des „Rheinischen Städteatlas" beim Landschaftsverband Rheinland. Publikationen zur Geschichte rheinischer Städte und zu Frauen im Mittelalter.

Ute Steffgen M. A., geb. 1957, studierte Vor- und Frühgeschichte, Ethnologie und Klassische Archäologie in Bonn, Göttingen und München. 1982–1985 Wissenschaftliche Mitarbeiterin am Roemer- und Pelizaeus-Museum in Hildesheim.

Dr. Bettina Schmitz, geb. 1948, studierte Ägyptologie, Keilschriftkunde sowie Vor- und Frühgeschichte in Hamburg und Heidelberg; nach der Promotion zunächst Tätigkeit an der Universität Hamburg, seit 1978 Wissenschaftliche Mitarbeiterin am Roemer- und Pelizaeus-Museum Hildesheim, verantwortlich für den Bereich Altägypten, Mitarbeit an den Archäologie-Sonderausstellungen.